W0206596

Das **DaZ-Buch**
Lehrerhandbuch

1. Auflage 1 5 4 3 2 1 | 2021 20 19 18 17

Internetadresse: www.klett-sprachen.de

Autorinnen:
Irene Mommertz, Kerstin Reinke (Phonetik)
unter Mitarbeit von Nicole Nolte

Redaktion: Sibylle Krämer, Bayreuth; Nicole Nolte
Konzept: Nicole Nolte, Sebastian Weber
Layout, Satz und Gestaltung: Eva Mokhlis, Stuttgart
Illustrationen: Tobias Dahmen, Utrecht; Friederike Ablang, Berlin
Foto Umschlag: Gunther Pagel, Viernheim
Umschlaggestaltung: Maja Merz

Druck und Bindung: Medienhaus Plump GmbH, Rheinbreitbach

Printed in Germany.

978-3-12-666872-9

Das
DaZ-Buch

Lehrerhandbuch

Ernst Klett Sprachen
Stuttgart

Liebe Lehrerinnen und Lehrer,

Deutschland ist ein beliebtes Einwanderungsland. Das heißt auch, dass immer mehr schulpflichtige Kinder und Jugendliche in Deutschland beschult werden, die kein oder nur sehr wenig Deutsch sprechen. Meist werden für diese Schülerinnen und Schüler sogenannte Seiteneinsteigerklassen eingerichtet, in denen sie in der Regel ein Schuljahr lang intensiv die deutsche Sprache erlernen. Das Unterrichten in diesen sehr heterogenen Klassen, in denen die Schülerinnen und Schüler häufig auch unterjährig hinzukommen oder die Klasse verlassen, stellt Sie als Lehrkräfte vor besondere Herausforderungen. Hierbei unterstützt Sie nun *das DaZ-Buch*, das erste DaZ-Lehrwerk für die Sekundarstufe: Das Lehrwerk bietet lebensnahe Themen, große Aufgabenfülle mit einfachen, wiederkehrenden Aufgabenformaten, Differenzierung, einen Fokus auf Schul- und Bildungssprache sowie den Aufbau schulischer Strategien und bereitet Ihre Schülerinnen und Schüler sprachlich auf den Regelunterricht vor. Denn: Sprache ist der Schlüssel zur Bildung.

Das vorliegende **Lehrerhandbuch** möchte Ihnen die Vorbereitung für einen differenzierenden Unterricht zusätzlich erleichtern. Es ergänzt Schüler- und Übungsbuch durch unkompliziert umsetzbare Tipps und Anregungen, vier Kopiervorlagen zur weiteren Differenzierung und einen Test pro Lektion. Mit den Lektionen 1–6 enthält es alle methodischen Hinweise für das *DaZ-Buch 1*. Im Anhang finden Sie eine „Werkzeugkiste" mit vielfältig einsetzbaren Unterrichtsideen.

Der **Onlineservice zum Lehrerhandbuch** bietet Ihnen darüber hinaus ein umfassendes Angebot an weiteren Downloads, zum Beispiel die Kopiervorlagen für die Bild-Wort-Karten zu allen Lektionen, Wörterlisten und Glossare, die Lösungen zu den Übungsbüchern sowie die Transkriptionen der Audio-Dateien beider Bände.

Vor allem aber erhalten Sie dort auch Zugriff auf die *Lektionskommentare*, *Kopiervorlagen* und *Tests zu Band 2*, die nach und nach zum Download bereitgestellt werden. Sobald alle Inhalte des zweiten Bandes freigegeben wurden, können Sie diese auf Wunsch auch in gedruckter Form kostenlos anfordern. Nutzen Sie dafür bitte den Vordruck auf Seite 120.

Der Onlineservice zum Lehrerhandbuch – so funktioniert's:

- Geben Sie unter www.klett-sprachen.de/daz-lehrerhandbuch Ihr persönliches Passwort ein.
  › Ihr Passwort lautet: ka879bR
- Melden Sie sich über Ihr Kundenkonto an, dann können Sie auf die Lehrermaterialien zugreifen.

Die Audio-Dateien zum Schüler- und zum Übungsbuch können Sie wie folgt hören und herunterladen:

- im Internet unter www.klett-sprachen.de/daz-buch-online
  oder
- über die Klett-Augmented-App › www.klett-sprachen.de/augmented

Alternativ ist auch eine CD mit den Audio-Dateien im MP3-Format zu jedem Band erhältlich.

Viel Freude und Erfolg beim Unterrichten mit dem *DaZ-Buch*!

Symbole und Abkürzungen

Symbole

	Ideen für Stundeneinstiege und gemeinsame Aktivitäten im Klassenverband
	Tipps und Erläuterungen zu einzelnen Übungen
	Tafelbilder
	Ideen zur Differenzierung
	Tipps für schul- und fächerspezifische Inhalte und Strategien
	Interkulturelles / Mehrsprachigkeit
	Kopiervorlagen
	Werkzeuge
	Lektionsquiz
	Test
	als Download (s. hierzu Seite 5)

★/★★/★★★	Kennzeichnung von Förder-, Basis- und Forderaufgaben
▶ 21	Hörtext (hier: Track 21)

Abkürzungen

S	Schüler/in
SuS	Schülerinnen und Schüler
EA	Einzelarbeit
PA	Partnerarbeit
GA	Gruppenarbeit
SB	Schülerbuch
ÜB	Übungsbuch
L1	Lektion 1
A1	Aufgabe A1 im Schülerbuch der entsprechenden Lektion
ÜB4	Aufgabe 4 im Übungsbuch der entsprechenden Lektion
Wdh.	Wiederholung

Inhaltsverzeichnis

Einführung

Das DaZ-Buch wurde aus langjähriger unterrichtspraktischer Erfahrung heraus speziell für den Einsatz in heterogenen Seiteneinsteigerklassen in der Sekundarstufe entwickelt. Der Unterricht in einer Seiteneinsteigerklasse muss vielen Anforderungen gerecht werden, es steht nicht ausschließlich die Vermittlung der deutschen Sprache im Mittelpunkt. Die Schülerinnen und Schüler (SuS) bringen neben ihren unterschiedlichen Ausgangssprachen und Biografien auch unterschiedlichste Schulbildung- und -erfahrung mit. So verläuft auch der Lernprozess individuell sehr unterschiedlich. Dennoch sollen die SuS alle in möglichst kurzer Zeit auf die Teilnahme am Regelunterricht vorbereitet werden.

Daher ist für *Das DaZ-Buch* die Schule Ausgangs-, Mittel- und Zielpunkt der Sprachvermittlung. Im Rahmen einer fiktiven Seiteneinsteigerklasse bieten sich den SuS im Buch unterschiedliche Identifikationsmöglichkeiten. Inhaltlich finden überwiegend schulrelevante Themenfelder Beachtung. Diese gehören zum Erfahrungsbereich der SuS, nehmen aber auch die Sprache in der Schule an sich in den Fokus. Zusätzlich werden immer auch schulische Kompetenzen vermittelt.

Das DaZ-Buch bereitet die SuS gezielt auf den Übergang in die Regelklassen vor. Dabei orientiert es sich an den Niveaustufen des Gemeinsamen Europäischen Referenzrahmens und vermittelt Sprachanfängern in zwei Bänden grundlegende Sprachkenntnisse bis zum Niveau A2 / B1. Lerninhalte und Progression sind den Anforderungen der Zielgruppe angepasst.

Komponenten und Aufbau

Jeder Band besteht aus den Komponenten Schülerbuch, Übungsbuch, Audiodateien zum Download oder auf CD, Wörterheft, Lehrerhandbuch und dem Onlineservice zum Lehrerhandbuch (s. hierzu Seite 5).

Jede der sechs Lektionen pro Band ist folgendermaßen aufgebaut:
A – Wortschatz, Hören & Sprechen
B – Hören & Sprechen, Aussprache
C – Grammatik
D – Lesen & Schreiben
E – Schul- und Fachsprache

Die Lektionen im Schülerbuch umfassen jeweils 10 Seiten mit einer Doppelseite für jeden dieser Lektionsteile. In Teil A wird mit einem motivierenden audiovisuellen Einstieg der thematische und sprachliche Rahmen der Lektion vorgestellt. Alle SuS können eingebunden werden, gemeinsam in die Lektion einsteigen und ihr Vorwissen einbringen. Der klare Aufbau, ein transparentes Layout sowie einfache Verweise zu den Übungsbuchaufgaben sorgen in der Folge für eine schnelle Orientierung und unterstützen die SuS im zunehmend selbstständigen Umgang mit dem Lehrwerk. Zum Nachschlagen befindet sich im Anhang des Schülerbuchs zu jeder Lektion eine Übersicht zur Grammatik.

Die Übungsbücher bieten auf 20–24 Seiten pro Lektion reichhaltig Material zum Üben, Vorentlasten oder Vertiefen und Erweitern der Inhalte des Schülerbuchs. Die Aufgaben sind mit ein bis drei Sternchen jeweils als Förder-, Basis- oder Forderaufgabe gekennzeichnet. Jede Lektion schließt mit je einer Doppelseite *Mein Wortschatz* und *Meine Grammatik*. Hier finden die SuS den Lernwortschatz der Lektion mit Übungen zur Vernetzung des Lernwortschatzes bzw. Grammatikübungen, anhand derer sie eigene Übersichten zur Grammatik erstellen können. So kann das Übungsbuch auch dann noch als Nachschlagemöglichkeit dienen, wenn das Schülerbuch vielleicht entliehen und längst wieder abgegeben wurde.

Das Schüler- und das Übungsbuch sind stark miteinander verwoben und haben ein einfaches Verweissystem. Auf den Einstiegsseiten der Bücher finden Sie wie auch die SuS eine einfache Einführung in Aufbau, Symbole und Bestandteile der Bücher.

Arbeits- und Lernstrategien und Kapitel zum Kompetenzaufbau

Um die Teilnahme am Regelunterricht gezielt vorzubereiten, werden im *DaZ-Buch* schulische Kompetenzen, Arbeits- und Lernstrategien systematisch vermittelt. Passend zu den Themen und Situationen sowie den sprachlichen Strukturen werden Bildungs- und Fachsprache in den Blick genommen und die Fertigkeiten Lesen und Schreiben als Schlüsselkompetenzen nach und nach entwickelt und besonders trainiert.

Die schul- und fächerspezifischen Inhalte haben einen festen Platz auf der Doppelseite E jeder Lektion, finden sich aber auch punktuell in den Lektionen. Sie sind durch blaue Unterlegungen gekennzeichnet.

Ab Lektion 3 beleuchtet die letzte Seite jeder Lektion unter der Überschrift *Extra zu* ... ein Schulfach genauer. Die Seite knüpft an die Lektionsinhalte an und setzt keinen speziellen Wissensstand voraus. Ziel ist hier weniger die Wissensvermittlung, vielmehr soll auf Sprache und Kompetenzen für das Fach eingegangen werden.

Des Weiteren gibt es in jedem Band je zwei zwischengeschaltete Kapitel zum Kompetenzaufbau, die sogenannten *Tipps & Tricks*:

Das DaZ-Buch 1	Tipps & Tricks 1: Wörter lernen und üben Tipps & Tricks 2: Mündliches Erzählen
Das DaZ-Buch 2	Tipps & Tricks 3: Lesen Tipps & Tricks 4: Aussprache

Die *Tipps & Tricks* greifen bereits Gelerntes aus den vorangegangenen Lektionen auf, systematisieren, erweitern und fassen zusammen. In den nachfolgenden Lektionen werden die Kompetenzen weiter entwickelt. Im Übungsbuch entsteht am Ende der *Tipps & Tricks* mit der Bearbeitung der Aufgabe *Meine Zusammenfassung* eine Nachschlagemöglichkeit für die Hand der SuS.

Differenzierung

Die Differenzierung findet im *DaZ-Buch* vor allem, aber nicht ausschließlich, im Übungsbuch statt. Die Aufgaben sind dort mit Sternchen gekennzeichnet.

★ **Förderaufgaben:** Diese Aufgaben unterstützen lernungewohnte oder auch später hinzugekommene SuS. Sie helfen bei Bedarf aber auch anderen SuS in einem kleinschrittigeren Übungsaufbau und / oder wiederholen bereits Gelerntes als Grundlage für nachfolgende Aufgaben.

★★ **Basisaufgaben:** Diese Aufgaben sollten alle SuS durchlaufen.

★★★ **Forderaufgaben:** SuS, die schneller arbeiten und / oder sprachbegabter sind, finden hier anspruchsvollere Aufgaben, Vertiefung oder Erweiterung zu den Basisaufgaben.

Das Schülerbuch konzentriert sich auf das mittlere Niveau. Es bietet aber punktuell auch Differenzierungsideen, die dann mit den aus dem Übungsbuch bekannten Sternchen ausgezeichnet sind.

Im Schüler- wie auch im Übungsbuch gibt es ein einfaches Verweissystem, das den Aufgabenablauf kennzeichnet. Zu manchen Schülerbuchaufgaben gibt es vorgeschaltete Aufgaben im Übungsbuch, die bereits Gelerntes wiederholen und / oder der gezielten Vorentlastung der nachfolgenden Schülerbuchaufgabe dienen. Diese Aufgaben sind nicht mit Sternchen gekennzeichnet.

Die Aufgaben im Übungsbuch sind für das weitgehend selbstständige Arbeiten der SuS im Unterricht oder zu Hause gedacht, sie üben gezielt die Lerninhalte, schleifen Gelerntes ein und vertiefen. Anders als bei einem klassischen Übungsbuch-Konzept gibt es aber auch Aufgaben, die Lerninhalte erarbeiten, die im Schülerbuch nur angerissen sind. Diese Lerninhalte sind im Inhaltsverzeichnis des Schülerbuchs blau gekennzeichnet. Das heißt, dass das Übungsbuch ein umfangreiches und differenzierendes Übungsangebot bietet, aber auch ein unverzichtbarer Bestandteil im Unterrichtsablauf bzw. Lernprozess der SuS ist.

Ein Leitfaden zur allgemeinen Unterrichtsorganisation in einer Seiteneinsteigerklasse, die durch die bereits erwähnte große Heterogenität sowie die ständige Fluktuation in den Klassen vor besondere Herausforderungen gestellt wird, sprengt den Rahmen dieses Lehrerhandbuchs. Dennoch sei an dieser Stelle erwähnt, dass das Bilden von drei bis vier Lerngruppen, in denen SuS mit ähnlichem Sprachstand arbeiten, sowie das Arbeiten mit Wochenplänen die Unterrichtsorganisation immens erleichtern. Während die SuS an ihren Wochenplänen arbeiten, haben Sie die nötigen Freiräume für sprachintensive Phasen mit einzelnen SuS oder Lerngruppen und können diese gezielt einplanen. Auch das Tandemlernen bietet sich zeitweise an. Starke und schwache SuS lernen gemeinsam, die schwächeren SuS profitieren von den stärkeren, die stärkeren SuS profitieren vom „Lernen durch Lehren". Bei manchen Aufgaben sind gemischte Gruppen sinnvoll, zum Beispiel beschäftigen sich Anfänger mit dem Wortschatz, andere bearbeiten die Schüler- oder Übungsbuchaufgaben, die ihrem Niveau entsprechen. So kann die Klassengemeinschaft gemeinsam an einem Thema arbeiten.

Sozialformen und wiederkehrende Aufgabenformate

Das DaZ-Buch erleichtert das selbstständige Arbeiten der SuS durch das Einführen der Sozialformen sowie wiederkehrende Aufgabenformate, Automatisierungsübungen und Lernspiele, die den SuS nach einer kurzen Eingewöhnungszeit mit dem Buch vertraut sind, zum Beispiel *1-2-alle* („think-pair-share"), *Wechselkärtchen*, *Dialogvariationen* oder die *Arbeit mit Satzmodellen*. Diese werden im Buch Schritt für Schritt eingeführt und in den *Werkzeugen* im Anhang ab Seite 104 genauer beschrieben.

Das DaZ-Buch wie auch die Tipps und Ideen im vorliegenden Lehrerhandbuch sind in der Regel schüleraktivierend ausgerichtet. Das ist für einige SuS möglicherweise ungewohnt, wenn sie einen stark lehrerzentrierten Unterricht kennen und wenig vertraut sind mit anderen Sozialformen und Aufgabenformaten. Führen Sie diese SuS behutsam – und zu Beginn auch lehrerzentrierter – an die für sie neuen Formate heran.

Wortschatz

Um im deutschen Umfeld kommunizieren zu können, müssen den SuS im DaZ-Unterricht Wortschatz sowie die Kenntnis grammatikalischer Strukturen vermittelt werden. Dabei sollen sowohl der Wortschatz als auch die Grammatik immer in einem thematischen Kontext eingeführt und geübt werden.

Der Wortschatz unterscheidet sich in einen passiven Wortschatz (Verstehenswortschatz) und einen aktiven Wortschatz, den man zielgerichtet anwenden kann. Dabei ist der passive Wortschatz – wie auch bei Muttersprachlern – deutlich größer. Zum Wortschatzlernen gehören in erster Linie Wortbedeutung, Aussprache, Rechtschreibung sowie die kontextabhängigen Verwendungsmöglichkeiten. Der Wortschatz muss vermittelt, gefestigt und ständig erweitert werden. SuS sollen Strategien lernen, um ihren Wortschatz selbstständig zu vergrößern. Dabei gelten folgende Prinzipien: Nomen werden immer mit Artikel und Plural gelernt, Verben mit der Konjugation im Präsens, später auch im Perfekt und Präteritum, Adjektive z.T. mit Komparation. Neue Wörter sollten beim Lernen auch in Sätze eingebunden werden.

Im *DaZ-Buch* gehört zum Teil A jeder Lektion, in dem der Wortschatz gezielt erweitert wird, auch eine differenzierende Wortschatzarbeit mithilfe der Bild-Wort-Karten, die zu jeder Lektion als Download zur Verfügung stehen. Im Übungsbuch gibt es zu jeder Lektion die Doppelseite *Mein Wortschatz*. Hier wird der Lernwortschatz der jeweiligen Lektion in den Kategorien Nomen, Verben, Adjektive und andere Wörter aufgeführt. Übungen zur Vernetzung des Lernwortschatzes schließen sich an. › Zum Umgang mit den Bild-Wort-Karten und der Lernwortschatzliste vgl. Seite 106ff.

Die *Tipps & Tricks 1* stellen das Wörterlernen und -üben in den Mittelpunkt. Außerdem führt *Das DaZ-Buch* punktuell in die Arbeit mit dem Wörterbuch ein, sodass die SuS zunehmend selbstständig unbekannte Wörter klären können.

Zu beiden Bänden des Lehrwerks ist ein Wörterheft erhältlich, das den Lernwortschatz der Lektionen in chronologischer Abfolge enthält. Die Einträge umfassen die Markierung des Wortakzents, Zusatzinformationen wie Plural der Nomen oder Konjugation der Verben, das Wort im Kontext sowie Platz zum Eintragen der muttersprachlichen Entsprechung. So können die SuS den Wortschatz passend zu ihrem Lernstand und in kleinen Portionen lernen.

Grammatik

Um sich verständigen zu können, Gesprächen und dem Unterricht folgen sowie Texte verstehen oder selbst produzieren zu können, müssen die SuS über grammatikalische Kenntnisse verfügen. Sie erwerben eine Grammatikkompetenz, indem sie Strukturen in thematisch sinnvollen Zusammenhängen kennenlernen und anzuwenden lernen. Auch Sprachvergleiche helfen beim Grammatikerwerb. Meist ist die Grammatik der Erstsprache nicht deckungsgleich mit der deutschen Grammatik, ein Vergleich der Strukturen hilft aber beim Verständnis und fördert das Wissen um Sprache.

Neue grammatische Strukturen werden im *DaZ-Buch* schriftlich oder über das Hörverstehen präsentiert. Signalgrammatische Markierungen, Satzmodelle für die Positionen im Satz, Tipps und eine durchdachte Aufgabenfolge erleichtern das schrittweise Entdecken und Verstehen der neuen Strukturen.

Im Übungsbuch gibt es zu jeder Lektion die Doppelseite *Meine Grammatik* mit Grammatikübungen, anhand derer die SuS eigene Übersichten zur Grammatik erstellen können. Im Anhang des Schülerbuchs befindet sich zum Nachschlagen eine Übersicht zur Grammatik jeder Lektion, unterstützt durch signalgrammatische Visualisierungen und Tipps.

Die Grammatikprogression im *DaZ-Buch* orientiert sich am Gemeinsamen Europäischen Referenzrahmen sowie an den Erkenntnissen der Diagnostik von Grießhaber/Heilmann[1]. Hierbei wurden Anpassungen im Hinblick auf die Zielsetzung des Lehrwerks, die SuS möglichst effektiv auf den Übergang in die Regelklasse vorzubereiten, aber auch im Hinblick auf die sonstige Situation der SuS, das Deutschlernen in Deutschland, vorgenommen. So wird beispielsweise das Perfekt – wichtig für das mündliche Erzählen und Verstehen in Schule und Alltag – vorgezogen, aber auch das bildungssprachlich relevante Präteritum früh behandelt. Das Inhaltsverzeichnis im Schülerbuch bietet Ihnen einen Überblick über die Grammatikprogression. Im Sinne eines spiralcurricularen Vorgehens werden die Lerninhalte konsequent wiederholt, vertieft und erweitert, was aus Platzgründen im Inhaltsverzeichnis nicht nochmals vermerkt ist. Vorbereitend auf die Teilnahme am Regelunterricht finden sich die Fachtermini zur Grammatik im Buch.

Hören

Um erfolgreich am Unterricht einer Regelklasse teilnehmen zu können, müssen die SuS dem Unterricht auditiv folgen können. Das Hörverstehen erfordert große Aufmerksamkeit von den SuS. Sie können das Sprechtempo nicht beeinflussen und beim Hören einer Aufnahme fehlt zusätzlich die Gestik und Mimik, die das Hörverstehen in einer Kommunikationssituation mit einem Gegenüber stützen. Daher wird im *DaZ-Buch* das Hörverstehen insbesondere beim Lektionseinstieg visuell unterstützt. Die Hörtexte sind schon zu Beginn relativ komplex, aber die SuS müssen nicht alles verstehen. Genau das müssen die SuS vorbereitend auf den Alltag und den Regelunterricht lernen: Sie müssen beim Hören das Wichtige vom Unwichtigen trennen. Es ist verlockend, Transkriptionen zu nutzen, um das Hörverstehen zu erleichtern, allerdings wird so aus einer Hör- eine Leseaufgabe.

Gehen Sie das Hörverstehen mit den SuS schrittweise an. Die Hörverstehensaufgaben im Lehrwerk unterstützen Sie darin. Je nach Hörtext und Aufgabe können die SuS schon vor dem Hören Vermutungen anstellen, beim ersten Hören Thema und/oder Schlüsselwörter erkennen und bei einem zweiten Hören ihre Vermutungen überprüfen. Wenn sie sich auf Details konzentrieren müssen, sollten sie die Aufnahme mehrmals hören dürfen. Geben Sie zusätzliche Hilfen, heben Sie zum Beispiel den Finger, wenn die für die Fragestellung relevante Stelle zu hören ist. Tipps zur Differenzierung finden Sie auch in den Kommentaren zu den Lektionen.

Sprechen

Das DaZ-Buch möchte die SuS von Anfang an zum Sprechen anregen. Die Entwicklung der Sprechfertigkeit verläuft dabei möglichst kleinschrittig. Zu Beginn lernen die SuS einige Chunks, die sie dann spielerisch und in verschiedenen Dialogsituationen anwenden. Die Unterrichtssprache selbst wird immer wieder thematisiert, sodass sich die SuS im Unterricht verständlich machen, aber auch wichtige Fragen und Anweisungen verstehen können. In diesem Zusammenhang wird auch das Nachfragen geübt, das in Unterricht und Alltag für Sprachanfänger sehr wichtig ist. Die SuS werden im Lehrwerk auf Dialoge und andere Sprechsituationen stets vorbereitet: Chunks, Redemittel, Strukturen und/oder Wortschatz werden zur Verfügung gestellt, vorentlastet oder gesammelt.

Die *Tipps & Tricks 2* dienen nach der Einführung des Perfekts in Lektion 5 dem Anbahnen und Üben des mündlichen Erzählens. Hier sollen die SuS üben, etwas in richtiger Reihenfolge und Zeitform und vielleicht mit einer Pointe zu erzählen. Hier findet auch eine erste Sensibilisierung für Gesprächsregeln statt, diese werden in Lektion 6 noch einmal thematisiert und von der Klasse selbst festgelegt. Nur, wenn man sich gegenseitig zuhört, ausreden lässt, nicht auslacht etc., ist das Gesprächsklima entsprechend entspannt, dass sich auch schüchterne oder leistungsschwächere SuS zu sprechen trauen.

Bauen Sie feste Zeitpunkte für Erzählkreise in die Woche ein, z. B. als Montagmorgenkreis. Zum Gelingen trägt das regelmäßige Üben bei, aber auch, dass sich die SuS kurz darauf vorbereiten dürfen. Daher sollte das Thema des Erzählkreises festgelegt sein, zum Beispiel: „Was hast du am Wochenende/gestern/in den Ferien/... gemacht?“, „Was hast du letzte Woche im Unterricht gelernt?“, „Was möchtest du diese Woche üben?“, ... Geben Sie weitere Impulse dazu, z. B. für das Erzählen von Erlebnissen in der Freizeit: „Wo?“, „Wer war dabei?“, ... Die SuS können vorab Wortschatz sammeln und strukturieren, unbekannte Wörter im Wörterbuch nachschlagen und sich dann 2–3 Sätze überlegen, wobei sie zunehmend auch auf Einstieg, Reihenfolge und Pointe/Schluss achten. Wer möchte, kann sich einen „Spickzettel“ mit Notizen, Strichzeichnung oder wichtigen Wendungen anfertigen. Dann erst wird erzählt. Nach und nach können

1 Grießhaber, Wilhelm (Hg.)/Heilmann, Beatrix: Diagnostik & Förderung – leicht gemacht. Das Praxishandbuch. Ernst Klett Sprachen, Stuttgart 2012

Sie die Vorbereitungszeit dazu verkürzen und mit den SuS schließlich spontanes Erzählen üben. Auch im Erzählkreis selbst sollte es Rituale geben, die SuS können beispielsweise einen „Erzählstein" weitergeben. Wer diesen in Händen hält, erzählt, alle anderen hören zu. Nach dem Erzählen wird die Ausgangsfrage wiederholt und der Stein weitergegeben.

Sukzessive bereitet *Das DaZ-Buch* in den beiden Bänden auch auf schulische Sprechsituationen vor, wie das mündliche Zusammenfassen, Präsentieren, Halten eines Referats oder Argumentieren und Diskutieren.

Aussprache

Das Erkennen und die richtige Aussprache typisch deutscher Laute und Lautverbindungen ist eine Schlüsselkompetenz, ohne die die deutsche Sprache nicht erschlossen und gesprochen werden kann. Die SuS müssen Wort- und Satzgrenzen erkennen, Wortakzente und Satzmelodie wahrnehmen. Aussprachefehler beeinträchtigen häufig das Verstehen und Verstandenwerden.

In den Lektionen finden Sie zum Abschluss von Teil B im Schüler- und im Übungsbuch Übungen zur Aussprache. Diese unterstützen die SuS bei einer entspannten und effektiven Aneignung einer gut verständlichen Aussprache. Einen besonderen Schwerpunkt auf das Training der Aussprache legen außerdem der Einstieg von Band 1 mit den Kapiteln *Hallo! Guten Tag!* (SB) und *Buchstaben aussprechen* (ÜB) sowie die *Tipps & Tricks 4* zur Aussprache in Band 2.

Raps und Ausspracheübungen im Schülerbuch: In jeder Lektion wird ein ausgewähltes Aussprachethema im Kontext eines rhythmisch gesprochenen Textes bzw. Raps präsentiert. Der Rap greift den Wortschatz, die grammatischen Strukturen und das Thema der jeweiligen Lektion auf. Er verdeutlicht das Aussprachethema durch besondere Markierungen, zum Beispiel Hervorhebungen in der Schrift, und hat die Funktion, eventuelle Ausspracheprobleme der Lernenden zu verdeutlichen und gleichzeitig die Aussprache und den typischen deutschen Sprechrhythmus zu üben. Gleichzeitig können die Raps zum Automatisieren des Wortschatzes, der grammatischen Strukturen und Redemittel / Chunks genutzt werden.

So gehen Sie im Allgemeinen vor:
1. ERKLÄREN: Weisen Sie die SuS auf das Aussprachethema und die besonderen Markierungen im Rap hin, z. B. die größere Schrift für betonte Silben.
2. HÖREN UND MITMACHEN: Spielen Sie den Rap zwei- oder mehrmals ab und ermuntern Sie die SuS, beim zweiten Mal mitzubrummen (wie bei einem Lied) oder leise mitzusprechen, den Rhythmus zu klopfen (mit der Hand oder mit Gegenständen) und sich zum Rhythmus zu bewegen.
3. ÜBEN: Machen Sie die Übungen zum Aussprachethema und achten Sie darauf, ob die SuS bei dem ausgewählten Aussprachethema noch Fehler machen. Dann sollten diese SuS anschließend oder später die Übungen aus dem Übungsbuch durchführen.
4. HÖREN UND MITSPRECHEN: Spielen Sie den Rap noch mehrmals ab und ermuntern Sie die SuS, erst als ganze Gruppe, dann in kleinen Gruppen oder einzeln mitzusprechen und den Rhythmus körpersprachlich zu begleiten.
5. AUSWENDIG SPRECHEN: Einzelne oder mehrere SuS führen den Rap wie einen „echten" Rap vor, möglichst mit Körpereinsatz: klatschen, klopfen, tanzen, …
6. VARIIEREN: Je nach Thema können andere Wörter eingesetzt oder die (emotionale) Sprechweise verändert werden. Anregungen hierzu bieten Ihnen die Kommentare zu den Lektionen.
7. WIEDERHOLEN UND AUTOMATISIEREN: Hören Sie in den nachfolgenden Unterrichtsstunden jeden Rap wiederholt an und lassen Sie die SuS sprechen, um Redemittel und Aussprache zu festigen.

! Die Raps funktionieren am besten, wenn Sie als Lehrkraft mitmachen und Freude am Rhythmus zeigen. Während des Rappens werden Aussprache- und andere Fehler nicht korrigiert, da sonst Leichtigkeit und Spaß verloren gehen. Notieren Sie sich eventuelle Fehler der SuS und üben Sie später gezielt mit den Übungen aus dem Übungsbuch.

Ausspracheübungen im Übungsbuch: Hier werden – auch zum Abschluss von Teil B – die im Schülerbuch behandelten Aussprachethemen aufgegriffen und mit einer entsprechenden Übungsschrittfolge zum Hören und Aussprechen kontinuierlich geübt. Die Übungen sind für jene SuS bestimmt, die mit den jeweiligen Aussprachethemen noch Probleme haben. Wichtig ist, dass die SuS alle dort angegebenen Übungen mindestens einmal durchführen. Alle Übungen können mehrmals gemacht und durch weiteren passenden Wortschatz oder entsprechende sprachliche Strukturen ergänzt werden.
Weitere Hilfestellungen und zusätzliche Tipps finden Sie in den Kommentaren zu den Lektionen.

Lesen

Die Vorbereitung auf den Regelunterricht bedeutet auch, dass die SuS lernen müssen, mit geschriebenen Texten selbstständig umzugehen, in vertretbarer Zeit einen Text sinnentnehmend zu lesen und ihm wichtige Informationen zu entnehmen. Das ist für den Deutsch- und Fachunterricht unabdingbar. Das Lesen gehört bei der Arbeit mit dem *DaZ-Buch* von Anfang an dazu. Nach und nach wird die Lesetechnik trainiert, das Lesen und Verstehen von Schaubildern, Gebrauchs-, Fach- und Sachtexten und literarischen Texten sowie das Vorlesen geübt. Bei den *Tipps & Tricks 3* in Band 2 steht das Lesen im Mittelpunkt. Hier wird das bis dahin Gelernte zusammengefasst und geübt, um in den folgenden Lektionen noch erweitert zu werden.

Das Lehrwerk leitet die SuS an, Texthilfen, wie Bilder und Schaubilder, Überschriften, Randnotizen und Bildunterschriften, zum Textverständnis zu nutzen. Mit ihrer Hilfe können die SuS Vermutungen über den Inhalt des Textes anstellen. Diese Texthilfen sind in der Regel auch Bestandteil der Texte im Fachunterricht. Sie sollen auch den muttersprachlichen SuS den Zugang zu den Texten erleichtern. Neben den Texthilfen bekommen die SuS im *DaZ-Buch* kontinuierlich immer mehr „Textknacker"-Tipps an die Hand. Sie üben das Klären unbekannter Wörter, indem sie diese aus dem Zusammenhang schließen, analysieren oder nachschlagen. Sie klären Pronomen, finden Zusammenhänge, analysieren Sätze und erkennen zeitliche Zusammenhänge. So trainieren sie, sich Texte systematisch zu erarbeiten. Sie lernen, Textsorten zu unterscheiden, die Leseabsicht zu klären und entsprechend das überfliegende, suchende und/oder genaue Lesen anzuwenden. Sie lesen Texte auf eine bestimmte Aufgabenstellung hin und entnehmen erfragte Informationen.

Vor dem Lesen verschaffen sich die SuS einen Überblick über den Text und stellen Vermutungen über das Thema des Textes an. **Beim mehrfachen Lesen** wenden sie Schritt für Schritt gelernte Textknacker-Tipps an und finden Schlüsselinformationen im Text. **Nach dem Lesen** üben sie das Zusammenfassen und Darstellen des Textinhalts oder der erfragten Informationen.

Wenn Sie Ihren Unterricht um Texte aus verschiedenen Schulbüchern des Regelunterrichts oder Zeitungen anreichern, so helfen Sie Ihren SuS zusätzlich, Berührungsängste gegenüber Texten auf Deutsch abzubauen und ihnen den zumeist entmutigenden Anspruch zu nehmen, einen Text Wort für Wort verstehen zu müssen. Stattdessen üben sie mithilfe der erlernten Lerntechniken, das Thema und wichtige Informationen des Textes zu erfassen.

Schreiben

Besonderes Augenmerk muss auch auf die Entwicklung der Schreibfertigkeit gelegt werden. Im Regelunterricht wird von den SuS verlangt, dass sie abschreiben und sich Notizen machen können, dass sie ein Heft führen können sowie verschiedene Textsorten produzieren, Zusammenhänge und Gelerntes schriftlich wiedergeben oder zusammenfassen können. Auch die Schreibgeläufigkeit der SuS sollte in Ausführung und Tempo dem Stand der Regelklasse entsprechen.

Das DaZ-Buch setzt die Alphabetisierung der SuS voraus. Sind die SuS in ihrer Erstsprache und der lateinischen Schrift alphabetisiert, sollten immer wieder Sprachvergleiche (vgl. S. 105) gemacht werden. Denn die SuS hören bestimmte Laute und setzen damit eine bestimmte Verschriftlichung gleich. Das deckt sich aber in vielen Fällen nicht mit der deutschen Schreibweise und Rechtschreibung. Sonst ergeben sich für diese SuS meist keine Probleme bei der Verschriftlichung. SuS aus anderen Schriftsystemen haben vielfach durch den Englischunterricht in den Herkunftsländern Kenntnisse der lateinischen Schrift. Diese haben sie aber oft nicht im Schreibablauf gelernt. Sie malen die Buchstaben ab, und es entwickelt sich keine automatisierte, flüssige Schrift. Die Ober- und Unterlängen machen zusätzliche Probleme. Für diese SuS ist es wichtig, ein altersentsprechendes Schreibtempo zu entwickeln. Ob es sinnvoll ist, SuS in diesem Alter neben der Druckschrift auch die Schreibschrift beizubringen, wird kontrovers diskutiert. Man sollte hierbei bedenken, dass unter anderem die Tafelaufschriebe im Regelunterricht sowie persönliche schriftliche Mitteilungen, Notizen und Briefe meist in Schreibschrift verfasst sind, sodass zumindest eine passive Beherrschung der Schreibschrift sinnvoll ist. Das Erstellen von Plakaten, das Schreiben von Wortkarten u.ä. bieten sich hier als Übungsmöglichkeiten an. Wenn andere SuS die Schrift lesen müssen, ist auch der Sinn eines klaren Schriftbildes einsichtig.

Das Schreiben im DaZ-Unterricht soll parallel zum Sprechen eingeübt werden, muss aber behutsam aufgebaut werden. Auch wenn die SuS sich nach und nach mündlich besser ausdrücken können, so fehlt ihnen beim Schreiben die Unterstützung eines direkten Gegenübers sowie die Mimik und Gestik, die sie beim Sprechen für unbekannte Wörter oder Strukturen nutzen können. *Das DaZ-Buch* geht entsprechend kleinschrittig vor: Die SuS beginnen mit dem Schreiben einzelner Wörter und Chunks, die sie mündlich gelernt haben. Das Schreiben ist von Anfang an Teil des Sprachlernprozesses, die Aufgabenstellungen erfordern vielfach eine schriftliche Lösung und auch das Führen eines Hefts wird angeregt und angeleitet (zur Heftführung, s. Seite 104). Erste „echte" Schreibaufgaben gibt es schon in den ersten Lektionen, zum Beispiel das Erstellen eines Steckbriefs. Dann führt die Entwicklung der Schreibfertigkeit in den zwei Bänden des Lehrwerks über das Bilden eigener Sätze, das schriftliche Formulieren von Antworten usw. hin zu den typischen schulischen Schreibaufgaben, wie Vorgänge oder Personen beschreiben, private und später offizielle Briefe schreiben, Bildergeschichten, Inhaltsangaben und Berichte schreiben oder schriftlich argumentieren als Anbahnung der Erörterung. Auch das Anfertigen von Notizen wird immer wieder angeregt. Die Schreibaufgaben werden immer vorentlastet und angeleitet, dabei sind in den Aufgabenstellungen in der Regel Differenzierungsmöglichkeiten angedacht. Nach und nach gibt es dann auch Anregungen zum Überarbeiten fremder und eigener Texte.

Mehrsprachigkeit und Interkulturelles

Die SuS in der Sekundarstufe verfügen überwiegend über eine gefestigte Erstsprache. Diese Sprachkenntnisse erleichtern den Erwerb der deutschen Sprache. Sprachvergleiche und der Gebrauch eines zweisprachigen Wörterbuchs werden dadurch erst möglich. *Das DaZ-Buch* bietet hier einige Aufgaben, die zum Ziel haben, die Muttersprache einzubeziehen und wertzuschätzen, die Sprachenvielfalt der Klasse darzustellen, Experte in der eigenen Sprache zu sein und Ähnlichkeiten in unterschiedlichen Sprachen zu entdecken. Helfen Sie beim Versprachlichen oder über das Darstellen mit grafischen Mitteln. Wenn die SuS Sprachenplakate anfertigen, können diese so aufgehängt werden, dass ähnliche Sprachen beieinanderhängen. SuS, die in ihrer Muttersprache nicht alphabetisiert sind, sprechen und Sie verschriftlichen lautgetreu.

Vermitteln Sie den SuS, dass ihre Erstsprachkenntnisse wichtig und wertvoll für ihre weitere schulische und berufliche Laufbahn sein werden. Wenn sie irgendwann über ausreichende Deutschkenntnisse verfügen, haben sie gegenüber ihren einsprachig aufgewachsenen Mitschülern oder Mitbewerbern im Beruf den Vorteil einer weiteren Sprache.

SuS, die schon einige Zwischenstationen zwischen ihrem Heimatland und Deutschland gemacht haben, haben nicht immer eine gefestigte Erstsprache. Sie sprechen zwar umgangssprachlich mehrere Sprachen, verfügen aber in keiner Sprache über einen für den schulischen Erfolg nötigen Wortschatz. Unterstützen Sie diese SuS mit den Bild-Wort-Karten und bebilderten Wörterbüchern. Leider gehen die Lücken im Wortschatz meist mit Wissenslücken einher, die die betreffenden SuS nur langsam und mit viel Ausdauer schließen können.

Das DaZ-Buch thematisiert punktuell auch interkulturelle Unterschiede. Die SuS werden so angeregt, über kulturelle Gemeinsamkeiten und Unterschiede ihrer Herkunftsländer nachzudenken und diese auch mit deutschen Gepflogenheiten zu vergleichen. Gehen Sie dabei unbedingt wertschätzend und niemals herabwürdigend mit den Beiträgen Ihrer SuS um und achten Sie auf einen respektvollen Umgang der SuS untereinander.

Tests

Mithilfe der Tests können Sie sich einen Überblick verschaffen, inwieweit die SuS den Lernstoff beherrschen und anwenden können. Nur wenn Sie wissen, wo Ihre SuS stehen, können Sie sie in ihrem Lernfortschritt fördern. Die SuS festigen durch die Vorbereitung auf die Tests den Lernstoff und bekommen die Möglichkeit, ihre Leistungen einzuschätzen. Im Regelunterricht gehören Tests und Klassenarbeiten dazu. Üben Sie mit Ihren SuS Schritt für Schritt, wie man sich vorbereitet und an einen Test herangeht. Tipps für fortgeschrittene SuS kurz vor dem Übergang in die Regelklasse finden sich in Lektion 12, Teil E.

Die Tests sind umfangreich und überfordern schwächere SuS zu Anfang möglicherweise. Daher bietet es sich an, hier differenziert vorzugehen: Teilen Sie die Tests und lassen Sie sie nicht am Stück bearbeiten. Schreiben Sie für schwächere SuS nach dem Prinzip eines Laufdiktats Auswahllösungen an die Tafelrückseite. Bieten Sie schon vor dem Test eine Vorentlastung der Lesetexte an. Wenn einige Ihrer SuS noch nicht so weit sind, eine Testsituation zu bewältigen, üben Sie mit Ihnen durch ein gemeinsames Bearbeiten des Tests und führen sie dann Schritt für Schritt hin zum selbstständigen Lösen der Aufgaben. Für leistungsstarke SuS dagegen können Sie Auswahlkästen aus den Aufgaben nehmen.

Auch die Bewertung der Tests hängt stark vom Stand Ihrer SuS ab. Die Punkteverteilung unterstützt Sie in einer Gewichtung der einzelnen Aufgaben. In den vier Teilen des Tests können die SuS folgende Punkte erreichen:

1. Fragen und Antworten: 10 Punkte
2. Wortschatz und Grammatik: 20 Punkte
3. Lesen und Verstehen: 10 Punkte
4. Schreiben: 10 Punkte

! *Statt Noten könnten Sie z.B. für 50–42 Punkte ein „sehr gut", für 41–33 Punkte ein „gut", für 32–24 Punkte ein „noch in Ordnung" und für alles darunter die Bewertung „bitte noch üben" vergeben.*

Einstieg in das Lehrwerk

Gleich richtig sprechen: Band 1 beginnt mit dem Kapitel *Hallo! Guten Tag!* Mit dem *Start-Rap* findet hier ein erstes Bewusstmachen von Sprechrhythmus und Wortakzent statt und Sie finden dort erste Anregungen zur Aussprache. Die SuS lernen erste Chunks zum Begrüßen, Verabschieden und sich Vorstellen. Der *Start-Rap* eignet sich für den Beginn der ersten Stunde, kann aber auch als Begrüßungsritual in den ersten Wochen und immer dann eingesetzt werden, wenn neue SuS in die Klasse kommen, für die fortgeschrittenen SuS dann auch schon erweitert: „Ich heiße ... Ich komme aus ..." - „Du heißt ... Du kommst aus ..." - „Sie / Er heißt ... Sie / Er kommt aus ...". Gehen Sie behutsam vor: Spielen Sie den Rap mehrmals vor, zwingen Sie niemanden, mitzusummen, mitzuklatschen, Bewegungen dazu zu machen oder mitzusprechen, denn auch allein durch mehrmaliges Hören prägen sich Inhalt und Rhythmus der Sprache ein.

Mit dem *ABC-Rap* und den folgenden Hörübungen kann das Alphabet und das Buchstabieren von internationalen Wörtern geübt werden. Anschließend können Sie erste Übungen zum Alphabet machen, z.B. die „deutschen Lieblingswörter" der SuS sammeln, buchstabieren, nach dem Alphabet sortieren, ein Schmuckblatt zum Alphabet erstellen, mit dem Alphabet in der Muttersprache vergleichen etc. Das Alphabet ist nochmals Thema in Lektion 1, weitere Übungen und Ideen finden Sie dort und im Anhang, Seite 109.

Das Übungsbuch beginnt mit der Doppelseite *Buchstaben aussprechen*. Anhand einer vereinfachten Tabelle erfolgt mit einfachen Beispielwörtern eine erste Sensibilisierung für die Buchstaben-Laut-Beziehungen im Deutschen, deren Aussprache die SuS durch erste Imitationsversuche ausprobieren können. Eine gegebenenfalls notwendige Fehlerkorrektur sollte hier noch sehr sensibel vorgenommen werden. Die schwierigsten Laute werden später in den Lektionen gezielt geübt. > Aussprache s. Seite 112

Die Lektionen 1 *(Willkommen)* und 2 *(In der Schule)* dienen dem Einstieg in die Klasse und das Deutschlernen. Sie unterstützen die SuS beim Ankommen in Deutschland, in der Schule und in der Klasse und vermitteln erste Chunks und einen „Überlebenswortschatz" für Alltag, Schule und Unterricht.

So funktioniert das Lehrerhandbuch

Im Anschluss finden Sie die Kommentare zu den Lektionen. Auf der ersten Seite zu einer Lektion finden Sie ergänzend zum Inhaltsverzeichnis im Schülerbuch die Inhalte und Lernziele zu den Lektionsteilen A–E sowie eine Übersicht über die Zusatzmaterialien der Lektion. Es folgt je eine Seite zu den Lektionsteilen A–E. Die Unterrichtsideen und Tipps sind jeweils um die verkleinerte Abbildung der Schülerbuchdoppelseite gruppiert und mit einfachen Symbolen (vgl. Seite 6) versehen. So können Sie sich bei Ihrer Vorbereitung und im Unterricht schnell orientieren. Oben auf der Seite finden Sie unter „Sie brauchen" das benötigte Material zu den Unterrichtsideen.

Im Anschluss an die methodischen Hinweise zur Lektion finden Sie jeweils 4 Kopiervorlagen und einen vierseitigen Test. Die Bild-Wort-Karten, die für Lektion 1 prototypisch im Lehrerhandbuch abgedruckt sind, stehen ab Lektion 2 als Download zur Verfügung. Diese sowie die weiteren Angebote aus dem Onlineservice zum Lehrerhandbuch (vgl. Seite 5) runden das Angebot zu jeder Lektion ab.

Anhang Werkzeuge

Im Anhang des Lehrerhandbuchs ab S. 104 finden Sie *Werkzeuge* für eine gelingende Differenzierung. Hier werden Methoden, Aufgabenformate und Spiele beschrieben, die sich für die Differenzierungsarbeit besonders eignen und immer wieder, z.T. auch zu unterschiedlichen Lerninhalten, eingesetzt werden können. Werden diese Aufgabenformate und Spielideen im Unterricht wiederholt aufgegriffen und von den SuS eingeübt, sind sie den SuS schnell vertraut und sie können entsprechend selbstständig üben. Der Anhang soll Ihnen als Fundgrube, aber auch als Nachschlagemöglichkeit dienen. In den Kommentaren zu den Lektionen wird an geeigneten Stellen mit dem Symbol und einer Seitenangabe auf den Anhang verwiesen.

1 Willkommen

Inhalte und Lernziele

A	Personen, Schulsachen und Dinge im Klassenzimmer
	erste einfache Fragen und Antworten; sich selbst und andere vorstellen; Herkunftsland und Sprache erfragen und angeben
	Alphabet (ÜB) und buchstabieren
	Länder und Sprachen
	Zahlen bis 12
	ein Heft anlegen
B	Befinden und Alter erfragen und angeben
	begrüßen und verabschieden
	Zahlen bis 20
	[Schul-/Fächerspezifisches] Fachwortschatz Mathematik: *Ziffer, Zahl, Zahlwort, Rechenzeichen,* Versprachlichen einfacher Rechenoperationen (ÜB)
	[Aussprache] Silben, lange und kurze betonte Vokale, Diphthonge
C	Aktivitäten in der Schule, Schulsachen und Dinge im Klassenzimmer, Familie
	[Grammatik] • Personalpronomen und Konjugation Präsens: *kommen, lernen, wohnen, leben, heißen, sprechen, sein* u. a. regelmäßige und Verben mit Vokalwechsel • Nomen: best. und unbest. Artikel • Positionen im Satz: einfache Aussagesätze, erste W-Fragen
D	ein Interview hören und lesen
	einen Steckbrief schreiben, ein Formular lesen und schriftlich Sätze dazu ergänzen, Adressen notieren
	[Aussprache] Wort- und Satzakzent
	[Rechtschreibung] Groß- und Kleinschreibung (ÜB)
E	**[Schul-/Fächerspezifisches]** • Im Unterricht: Wortschatz, Aktivitäten, Anweisungen, wichtige Sätze • Heftführung • Satzzeichen

Eine Gesamtübersicht zur Lektion finden Sie im Schülerbuch, Seite 6/7.

Zusatzmaterial

Bild-Wort-Karten: Seite 22–25 /
Kopiervorlagen: Seite 26–29 /
Lektionstest: Seite 30–33 /

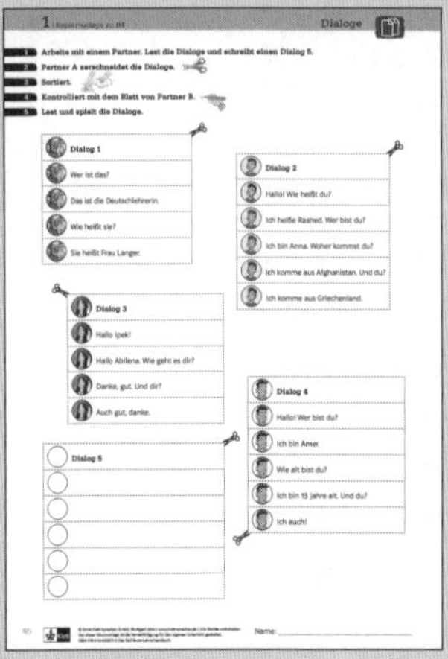

KV zu B4 | Seite 26

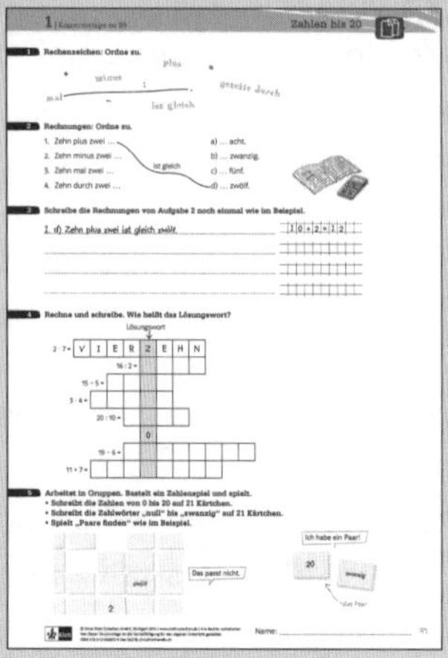

KV zu B5 | Seite 27

KV zu C1 | Seite 28

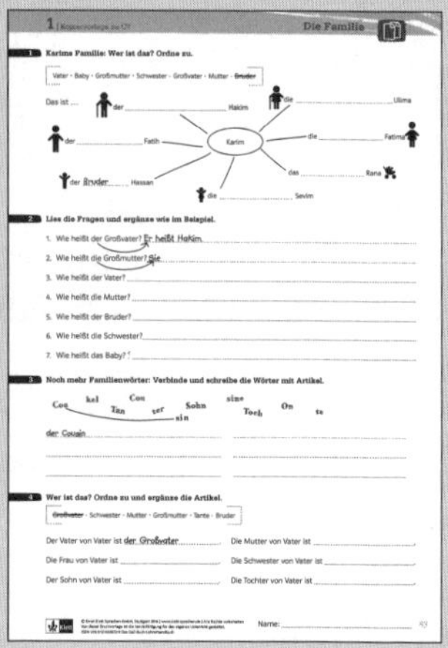

KV zu C7 | Seite 29

Sie brauchen: Klebezettel, Artikelkärtchen, Kartons und Schnur (A1); Wechselkärtchen (A3); Namensschilder (A4); Weltkarte (A5); Karten mit Flagge, Land und Sprache, evtl. PC, Smartphone o.Ä. (A6); mehrere Würfel mit Augen und/oder Ziffern (A8); Plakate (A9)

Vorwissen aktivieren: Zeigen Sie auf Dinge im Klassenzimmer und fragen Sie: „Was ist das?" SuS, die die Dinge schon benennen können, antworten mit dem deutschen Wort. Schreiben Sie das Wort mit Artikel auf einen Klebezettel, heften ihn daran und sagen: „Das ist der/das/die …" Alle SuS wiederholen.
Je nach Vorwissen der SuS können Sie den Wortschatz von A1 auch etwas erweitern und evtl. auch SuS fragen lassen.
! Wenn nötig, weisen Sie SuS pantomimisch unterstützt darauf hin, sich zu melden.

Wortschatz festigen: Hängen Sie nach A1 und den ÜB-Aufgaben die Klebezettel im Klassenzimmer ab. SuS ziehen Klebezettel, hängen sie wieder passend auf und sprechen dazu.

Spiel „Artikelkärtchen"
> Seite 110

Willkommen: SuS schreiben und gestalten den Begriff in ihrer Sprache auf Kartons und hängen diese an einer Schnur im Zimmer auf.

Länder und Sprachen: Wiederholen Sie mit den SuS den Start-Rap von S. 12 im SB ▶ 1. Hängen Sie dann eine Weltkarte auf, zeigen und sagen Sie: „Ich heiße … Ich komme aus … Ich spreche …" SuS lesen A5 und vermuten. Nach ▶ 8 überprüfen SuS: Wer hat richtig vermutet?

Fragen und Antworten: Stellen Sie SuS Karten mit Flagge, Land und Sprache zur Verfügung. SuS suchen ihr Herkunftsland auf der Karte im SB auf S. 94/95.
! für „Spezialfälle": evtl. PC, Smartphone o.Ä. zur Hand haben

Zahlen bis 12
> Seite 109
★–★★★ Wechselkärtchen (Ziffer – Zahlwort), Zahlendiktat, Bingo
★ SuS spielen wie in A8.
★★/★★★ SuS würfeln mit 2 Würfeln und addieren die Zahlen. Machen Sie Beispiele und schreiben Sie an die Tafel: *… plus … ist gleich …*
! Geben Sie SuS, in deren Herkunftssprachen andere Ziffern geschrieben werden (z.B. Arabisch, Farsi), auch Würfel mit unseren Ziffern zum Üben.

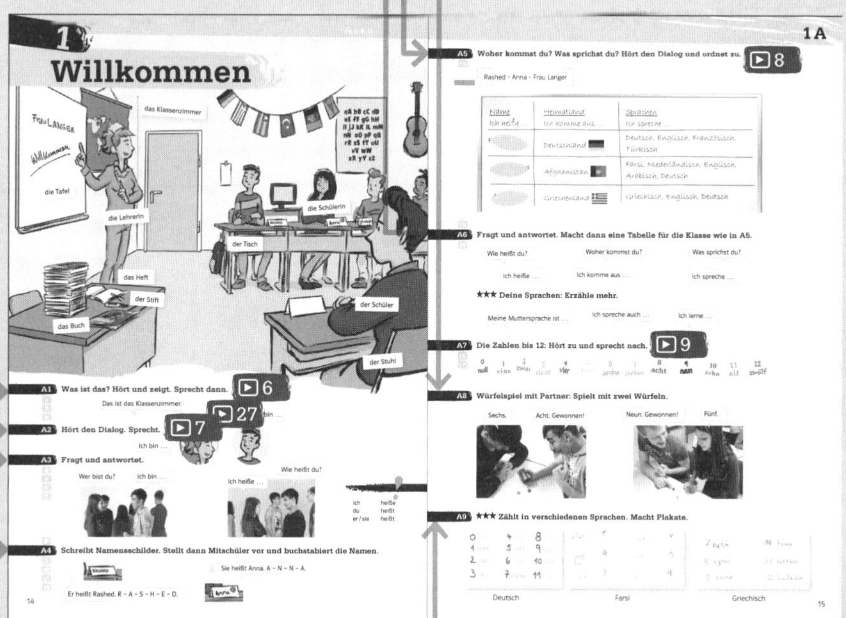

Begrüßung im Unterricht: Nehmen Sie den Hörtext auch zum Anlass, die Begrüßung im Unterricht zu wiederholen.
> Ritualisieren Sie Beginn und Ende Ihres Unterrichts.

Namen erfragen und nennen: Die Aufgabe ist eine Vorbereitung des Aufgabenformats „Wechselkärtchen". SuS treffen sich paarweise, sprechen und suchen sich dann neue Partner. SuS, die mehr Unterstützung brauchen, schreiben erste Wechselkärtchen (vorne *Wer bist du?*, hinten *Ich bin …* bzw. vorne *Wie heißt du?*, hinten *Ich heiße …*). Veranschaulichen Sie das Prinzip der Wechselkärtchen, indem Sie einen oder mehrere Durchgänge mit stärkeren SuS vorführen.
> Seite 107
★ SuS üben in Kleingruppen mit nur einer Version.
★★/★★★ SuS mischen beide Versionen.

Vorentlastung: Wiederholen Sie mit den SuS den ABC-Rap von S. 13 im SB ▶ 2 und evtl. ein Spiel, das Sie dazu schon gemacht haben. SuS bearbeiten dann ÜB8 ▶ 3, *bevor* sie A4 und die folgenden Aufgaben im ÜB durchführen.
! Bauen Sie das spielerische Wiederholen des Alphabets und Buchstabierens immer wieder in Ihren Unterricht ein.
! Nach dem Sortieren männlicher und weiblicher Namen können Sie die Personalpronomen *er/sie* veranschaulichen.
! ÜB11: ein Heft anlegen
E6/ Seite 104

Sprachvergleich: SuS entdecken Ähnlichkeiten in den verschiedenen Sprachen. Helfen Sie beim Versprachlichen oder über das Darstellen mit grafischen Mitteln.
> Seite 105

Sie brauchen: Wortkarten zum Befinden, Karten mit Smileys (B1); Karten mit Grußformeln, Blanko-Karten (B6)

Vorwissen aktivieren: Malen Sie die Smileys aus B1 an die Tafel und hängen passende Wortkarten ungeordnet an die Seite. Sagen Sie: „Es geht mir gut." Zeigen sie bei *mir* auf sich und hängen die Wortkarte *gut* unter den passenden Smiley an der Tafel. Fragen Sie dann einzelne SuS: „Wie geht es *dir*?" SuS sprechen: „Es geht mir …" und zeigen auf den entsprechenden Smiley. SuS oder Sie ergänzen um die passende Wortkarte. Hören Sie dann ▶ 10. Zeigen Sie beim Hören auf die Begriffe und Smileys an der Tafel, ergänzen Sie *Ihnen*.

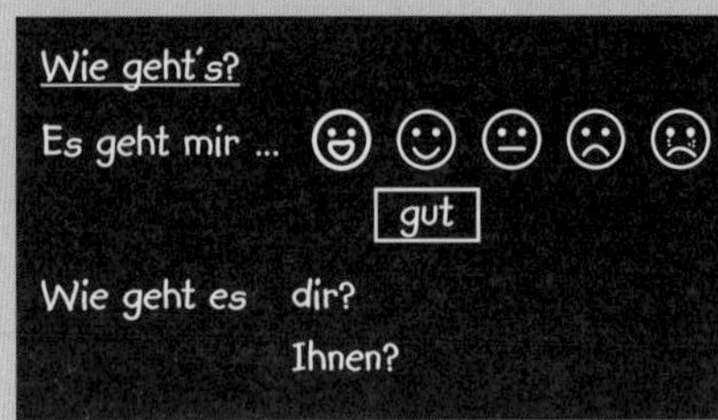

Spiel: Teilen Sie Karten mit Smileys aus. SuS gehen durch den Raum, fragen sich gegenseitig nach dem Befinden und antworten entsprechend ihrer Karte. Gehen Sie auch mit einer Karte durch den Raum, um „Ihnen" einzuüben. Auf ein Signal hin tauschen SuS die Karten.

Einführung Aufgabenformat „Dialogvariationen"
> Seite 107

Zahlen bis 20: SuS hören ▶ 11. Schreiben Sie an der Tafel mit und markieren Sie farbig. Anschließend ergänzen SuS an der Tafel bis 20, ggf. mit Ihrer Hilfe.

3 + 10 = 13
4 + 10 = 14
5 + 10 = 15

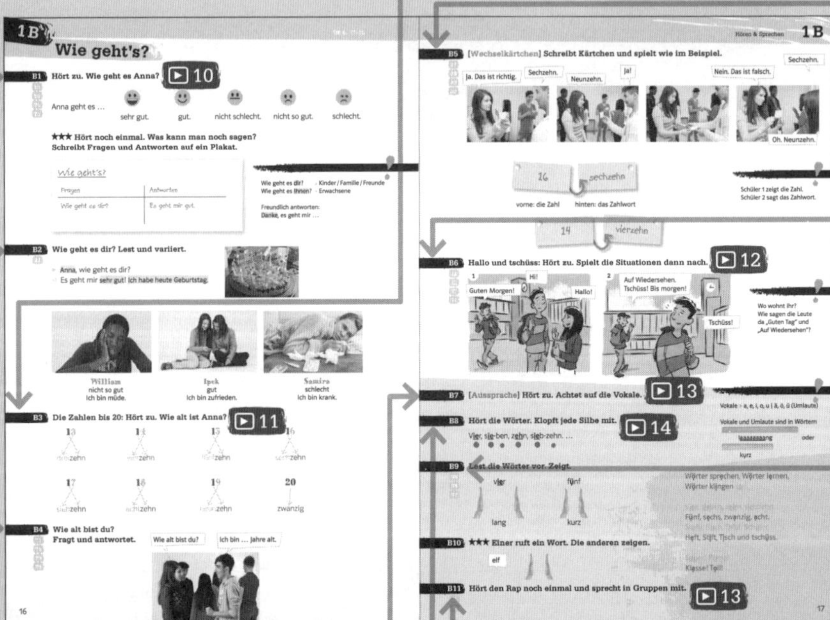

Alter erfragen und nennen: SuS befragen sich in wechselnden Paarungen.
> Seite 108
Wechselkärtchen (Zahl – Zahlwort), Zahlendiktat, Bingo, Würfelspiele

KV zu B4 – Dialoge > Seite 26

Sensibilisierung für den Silbentakt
> Seite 114

Aussprache: Schreiben Sie *Tafel* und *Klasse* an die Tafel, markieren Sie die Vokale (lang und kurz) und sprechen die Wörter sehr deutlich vor. Malen Sie Silbenbögen unter die Wörter. Sprechen Sie noch einmal, klopfen dazu und machen deutlich, dass die erste Silbe betont ist.

Einführung Aufgabenformat „Wechselkärtchen"
> Seite 107

KV zu B5 – Zahlen bis 20 und Versprachlichen einfacher Rechenoperationen > Seite 27

Begrüßungen und Verabschiedungen: Wiederholen Sie *Guten Tag!* und *Auf Wiedersehen!* aus dem Start-Rap von S. 12 im SB ▶ 1. Hängen Sie Karten mit Grußformeln auf Englisch und Deutsch an die Tafel. SuS ordnen nach Begrüßung und Verabschiedung. Hören Sie dann ▶ 12. SuS ergänzen Grußformeln aus dem Hörtext und ggf. auch ihnen bereits bekannte oder regionale Varianten. SuS üben und spielen die Situationen aus B6 in verschiedenen Varianten.
! Thematisieren Sie auch, zu wem und wann man welche Formel sagen kann. Hören Sie ▶ 12 nochmal und führen Sie „Wie bitte?" als Chunk ein.

Internationale Grußformeln: Hängen Sie außen an die Klassenzimmertür eine Karte mit *Guten Tag!*, innen eine mit *Auf Wiedersehen!* SuS schreiben und gestalten die Grußformeln in ihrer Sprache auf Karten. Sie hängen diese nacheinander außen / innen an die Tür und sprechen die Grußformeln dazu.
> Wählen Sie wochenweise die Grußformeln einer Herkunftssprache, die zusätzlich zum Deutschen täglich verwendet wird.

Sensibilisierung für lange und kurze Vokale: Lassen Sie SuS mit Gesten sprechen. Sie dürfen auch übertrieben sprechen, im Sprechfluss normalisiert sich das dann wieder.
> ★★★ Exkurs Aussprache und Rechtschreibung entsprechend ÜB37, später evtl. erweiternd dazu

Rap sprechen in Gruppen: Es gibt die Gruppe „kurze Vokale" (grau) und die Gruppe „lange Vokale" (blau). Sie tauschen anschließend die Rollen.

Sie brauchen: evtl. Babypuppe, Utensilien zum Verkleiden (C1); Rollen- und Verbkarten, mehrere verschiedenfarbige Würfel (C3); bekannte Schulsachen als Geschenk verpackt, weitere Realien, Tasche / Tuch, Artikelkärtchen (C4)

Sich und andere vorstellen (Wdh.)
★ SuS stellen sich vor: Name, Heimatland, Sprache und Alter.
★★ / ★★★ SuS stellen Mitschüler mit Namen, Heimatland, Sprache und Alter vor. ÜB15 und ÜB40 helfen.

Personalpronomen: 3–5 SuS stellen in Kleingruppen die Fotos nach. In jeder Gruppe sollte mindestens ein Mädchen und ein Junge sein. Bringen Sie evtl. für *es* eine Babypuppe, für *Sie* z. B. Krawatte und Handtasche zum „Verkleiden" mit.

KV zu C1 – Personalpronomen: SuS schneiden aus und sortieren, spielen „Paare finden" o. Ä.
> Seite 28

Konjugation induktiv entdecken: SuS leiten aus dem Wordle und ihrem Heftaufschrieb eine Regel für die Personalendungen ab und überprüfen diese in C3.

Verben konjugieren: Spielen Sie mithilfe von zwei SuS und Rollenkarten folgendes Rollenspiel vor. S1: „Ich schreibe." (+ Pantomime), S2 kommt dazu: „Ich schreibe auch." S1+S2: „Wir schreiben." Schauen Sie zur Klasse und zeigen auf S1 und S2: „Er / Sie schreibt. Er / Sie schreibt auch. Sie schreiben." Drehen Sie sich zu S1 und S2 um: „Du schreibst. Du schreibst auch. Ihr schreibt."
SuS bilden 3er- oder 4er-Gruppen, ziehen je eine Verbkarte, bereiten kleine Rollenspiele vor und präsentieren.
> Höfliche Anrede „Sie": Bereiten Sie mit SuS Interviewfragen an Erwachsene in der Höflichkeitsform vor. Bitten Sie zwei den SuS unbekannte Kollegen in Ihre Klasse und lassen SuS die vorbereiteten Fragen stellen. Eventuell können SuS auch erwachsene Deutschkursteilnehmer befragen.

Nomen und Artikel: Zeichnen Sie zu ÜB56 eine „der/das/die"-Tabelle an die Tafel und ergänzen *Mann, Kind, Frau.* Markieren Sie ggf. auch mit Farben. Bringen Sie Dinge, die SuS schon kennen (Heft, Stift, Buch, …), als Geschenk verpackt mit. Fragen Sie: „Was ist das?" SuS fühlen und vermuten. Helfen Sie beim Formulieren: „… sagt: Das ist ein/e …" Sortieren Sie die Begriffe in die Tabelle ein und ergänzen Sie *der > ein, das > ein* und *die > eine.* SuS bearbeiten C4, sprechen wie im Beispiel und ergänzen die Tabelle.

der > ein	das > ein	die > eine
Mann	Kind	Frau

Bestimmter und unbestimmter Artikel: ÜB60 veranschaulicht den Unterschied zwischen den Artikeln. Machen Sie mit den SuS weitere Spiele dazu:
1. „Wie heißt das auf Deutsch?" Bringen Sie Realien mit, die SuS evtl. kennen, und lassen Sie sie benennen: „Das ist ein/e …"
2. Gegenstände in Tasche oder unter Tuch ertasten lassen: „Das ist ein/e …"
> Tabelle von C4 erweitern
3. Satzmusterspiel: „Wo ist ein/e …?" – „Oh, der/das/die … ist kaputt!"
! Machen Sie SuS darauf aufmerksam, dass sie Nomen immer mit bestimmtem Artikel lernen sollen.
! Spiel „Artikelkärtchen" > Seite 110

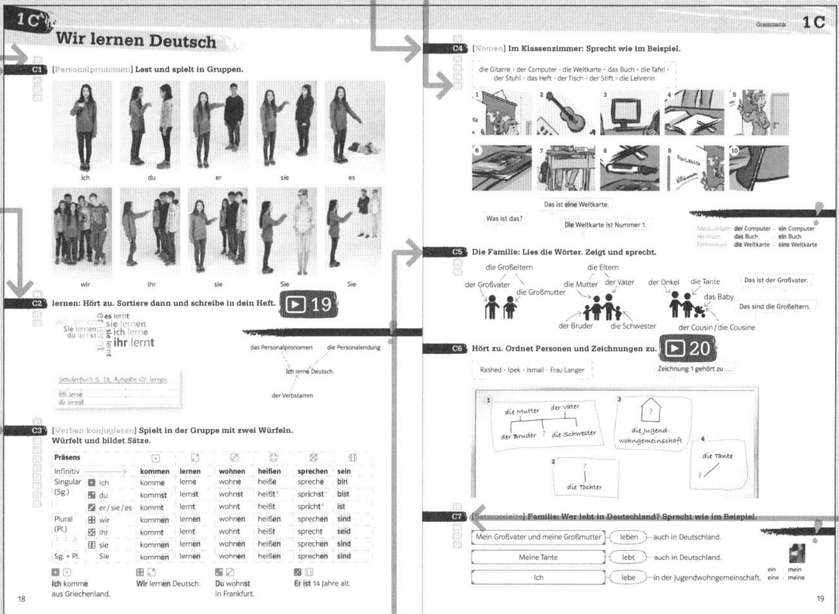

Familienwörter: Führen Sie die Begriffe *Sohn* und *Tochter* auch über die Grafik in C5 ein. Versprachlichen Sie mit SuS auch ÜB61 (Wdh. Artikel): „Ist das ein Junge oder ein Mädchen? Ist das ein Mann oder eine Frau?" – „Die Schwester ist ein Mädchen." …

Umgangssprachliche Familienwörter: Sammeln Sie, auch in den Herkunftssprachen: *Mutter > Mama, Mami, …; Großmutter > Oma, Omi, …*

Thema Familie: Gehen Sie bei diesem, für SuS z. T. problematischen Thema behutsam vor. Belassen Sie es ggf. bei den Aufgaben in SB und ÜB.
! Plural und Possessivartikel: als Chunks (Lerninhalt von L2)

Einführung Arbeit mit Satzmodellen > Seite 107

KV zu C7 – Die Familie > Seite 29

Würfelspiel: Lassen Sie SuS vor dem Bearbeiten der Aufgaben im ÜB bei geöffnetem Buch spielen. Mit zunehmender Übung bestimmt die Spielgruppe einen Spielleiter, der die Verben nennt und die Lösung überprüft.
★ SuS übertragen die Tabelle ins Heft und kontrollieren sich gegenseitig. Sie spielen dann ohne Satzergänzung.
★★ SuS bilden beim Spielen Sätze wie in den Beispielen.
★★★ SuS spielen mit dieser Tabelle und legen dann je Augenzahl neue Verben fest.

1 D Steckbriefe und Formulare

Sie brauchen: Kopien der Interviews aus dem SB (D2); Schmuckblätter, evtl. Kamera (D5); evtl. Folie des Formulars aus dem SB (D6); Aufnahmeformular Ihrer Schule (D7)

Lesen üben
★ SuS erhalten eine Kopie von D2. Sie markieren den Text von Janina und Meron in zwei Farben, zerschneiden die Dialogteile, mischen sie und setzen sie wieder zusammen. Dann üben und präsentieren sie den Dialog in PA mit verteilten Rollen.
★★ / ★★★ SuS sprechen das Interview nach mehrmaligem Üben in PA auch mit den Antworten für sich selbst. Dabei sprechen sie die Betonungen besonders deutlich und tauschen dann die Rollen.

Steckbriefe erstellen: SuS gestalten ihre Steckbriefe auf Deutsch und in der Muttersprache auf Schmuckblättern, ggf. fotografieren sie sich gegenseitig, z. B. mit der Schulkamera, und kleben die ausgedruckten Fotos dazu.
! Lösungshinweis zur ★★★-Aufgabe: ÜB6, A5 und ÜB24 helfen.

Präsentation der Steckbriefe
★ SuS lesen ihren Steckbrief vor.
★★ SuS ziehen einen fremden Steckbrief und erzählen: „Er / Sie heißt …, … ist der Vorname und …" Sie können dabei auf Satzmuster aus der Lektion zurückgreifen.
★★★ SuS stellen ohne weitere Hilfe andere SuS vor.

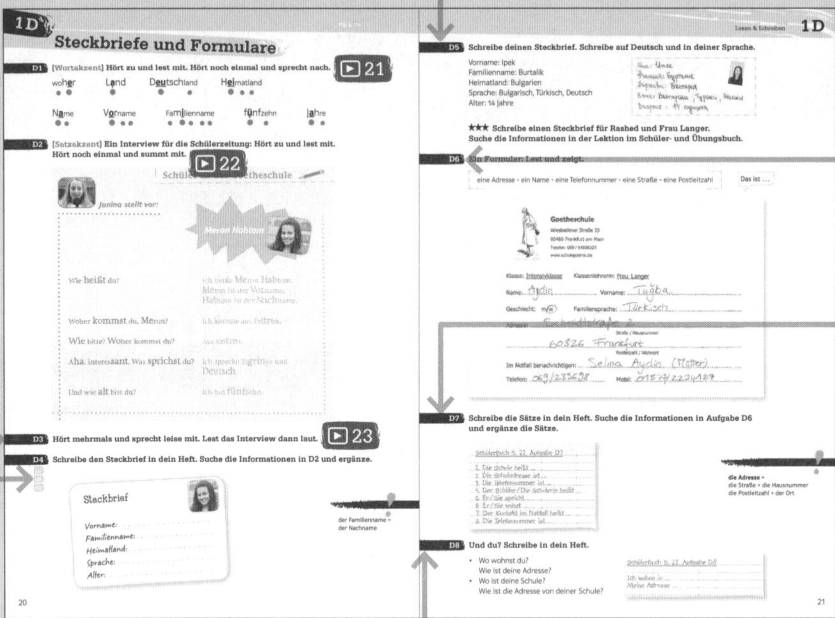

Formulare: Ziehen Sie für die Durchführung der Aufgabe ggf. eine Folie von D6. SuS lesen, klären und zeigen die Begriffe. Klären Sie auch den Begriff *Notfall* über *krank* und *Unfall*, stellen Sie z. T. pantomimisch dar. Fragen Sie: „Wie ist die Adresse von Tuğba?", „Wie ist die Telefonnummer?" usw.

Aufnahmeformular der eigenen Schule: Streichen Sie nicht benötigte Angaben (z. B. Krankenkasse, Religion). SuS füllen das Formular aus und präsentieren wie bei D5.
! Die Frage nach der Aufenthaltsdauer in Deutschland („Wie lange bist du in Deutschland?") kann in L2 ergänzt werden (vgl. L2, ÜB83), das Geburtsdatum in L5.

Textarbeit
★ SuS schreiben Text ab. Sie achten dabei besonders auf Wortgrenzen sowie Groß- und Kleinschreibung.
★★ SuS erstellen nach dem Modell im ÜB einen Text für die eigene Klasse.
★★★ SuS ergänzen den Text um weitere Schülerinnen und Schüler aus der Lektion, z. B. Rashed, Anna, Ipek, Meron.
! Auch wenn sich SuS evtl. schon gegenseitig korrigieren, sollten Sie die Texte noch einmal durchgehen.

Mündliche Vorentlastung: SuS üben das Nennen von Wohnort bzw. Adresse mündlich, indem sie sich wie bei A3 oder B4 gegenseitig befragen.
★ SuS beschränken sich auf die eigene Adresse.
★★ SuS üben auch die Schuladresse.
★★★ SuS ergänzen um die Telefonnummer: „Wie ist deine Telefonnummer?", ggf. auch: „Wie ist die Telefonnummer von deiner Schule?"
! Possessivartikel und Wendung *von deiner Schule*: als Chunks

Spiel in Kleingruppen: Zur Wiederholung von Konjugation und Personalpronomen spielen SuS nach den Regeln von „Ich packe meinen Koffer". S1: „Ich wohne in der Müllerstraße. Wo wohnst du?" S2: „Du wohnst in der Müllerstraße. Ich wohne in der Schulstraße. Wo wohnst du?" S3: „Er / Sie wohnt in der Müllerstraße. Du wohnst …"
> ebenso mit: „Ich spreche …"

Wiederholung Zahlen und Buchstabieren: SuS buchstabieren nacheinander ihre Vor- und Nachnamen und nennen ihre Telefonnummer in Zahlen von 1 bis 10. Alle schreiben mit und erhalten so eine Telefonliste der ganzen Klasse. SuS kontrollieren ihre eigenen Angaben bei den anderen SuS.

Notrufnummern in Deutschland und Vergleich mit Herkunftsland

Sie brauchen: Kärtchen mit Verben, Ball, DIN-A4-Karten (E2)

„Ansage": Sagen Sie zu Beginn der Stunde: „Es ist Unterricht." SuS wiederholen. Ebenso beim Klingeln und bei der Pause. Jede Stunde / Unterrichtseinheit wechseln sich SuS dann mit der „Ansage" ab.

Spiel zu den Arbeitsformen: Nach dem Bearbeiten von E3 werden die Anweisungen zu den Arbeitsformen spielerisch vertieft. Je ein S gibt als Lehrer/in die Anweisungen. SuS stellen sich einzeln, zu zweit, in Gruppen oder im Kreis auf. Wer die Anweisung nicht richtig befolgt, muss ein Pfand abgeben und bekommt später eine Aufgabe gestellt, z. B. auf eine Frage zu antworten, ein Verb zu konjugieren o. Ä.

Heftführung
> Seite 104

Vorentlastung: Zur Wiederholung der Verben spielen SuS Pantomime. Spielen Sie ein Beispiel vor, z. B. *schreiben*, und fragen Sie: „Was mache ich?" – SuS antworten: „Sie schreiben." Dann ziehen SuS Kärtchen, spielen und lassen die anderen raten. Folgende Kärtchen können Sie vorbereiten: *schreiben, malen, spielen, zählen, hören, sprechen, lesen, sehen*.

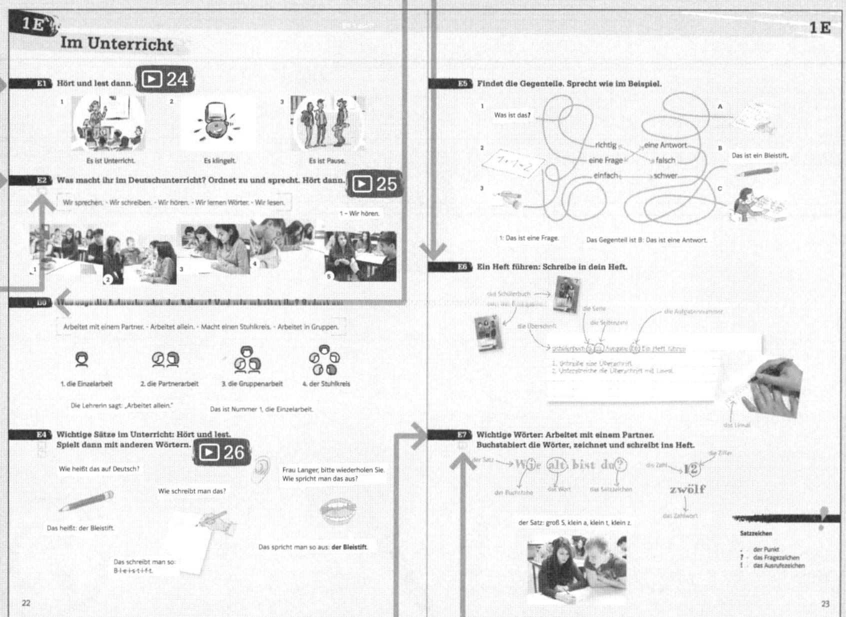

Tätigkeiten im Deutschunterricht: Schreiben Sie *im Deutschunterricht* an die Tafel. SuS bearbeiten E2 und hören zur Kontrolle ▶ 25. Wiederholen Sie die Lösung mit SuS und entwickeln mit ihrer Hilfe einen Wortigel an der Tafel. SuS übertragen ihn ins Heft.
! Die Heftführung wird in E6 thematisiert. Entwickeln Sie schon hier die passende Überschrift mit SuS.

> Konjugationsspiel mit Ball: SuS konjugieren die Verben. Einer beginnt, wirft einen Ball, der Fänger nennt die nächste Personalform usw.

Bingo mit Groß- und Kleinbuchstaben > Seite 111

„Mein Wortschatz" und „Meine Grammatik" im ÜB: Besprechen Sie die Doppelseiten gemeinsam mit SuS.
> Seite 10 und 106

Im Unterricht: Lassen Sie SuS kleine szenische Spiele zur Unterrichtssprache einüben und vorspielen. Üben Sie auch „bitte" und „danke" mit ihnen.
! Das Thema Unterrichtssprache setzt sich in L2–4 fort. Wenn Sie die Unterrichtssprache schon jetzt über Chunks vertiefen möchten, finden Sie auf den E-Seiten der Folgelektionen mehr.

Arbeitsanweisungen
★/★★ SuS stellen in PA DIN-A4-Karten von den Arbeitsanweisungen in ÜB70 her und malen dazu. Diese werden im Klassenzimmer aufgehängt und unterstützen SuS bei zukünftigen Arbeitsanweisungen.
★★★ SuS suchen in SB und ÜB die entsprechenden Arbeitsanweisungen zu den Verben aus E2 und gestalten DIN-A4-Karten dazu, die ebenfalls aufgehängt werden.

Quiz zu Lektion 1
> Seite 108

Quiz zu Lektion 1:
1. Wie heißt das Deutschbuch?
2. Wer ist die Lehrerin?
3. Woher kommt Rashed?
4. Anna spricht Griechisch. Stimmt das?
5. Wie geht es William?
6. Wie alt ist Anna?
7. Zähle weiter: 4, 8, ..., 20.
8. Der Großvater und die Großmutter sind die ...
9. Der Nachname von Meron ist ...
10. Die Goetheschule ist in ...

Bild-Karten (1)

Goetheschule
Wiesbadener Str. 35
60486 Frankfurt am Main

Nomen

A B C D E F G H
I J K L M N O P Q
R S T U V W X Y Z

Nomen

Nomen

Nomen

Nomen

Nomen

Adjektiv

Nomen

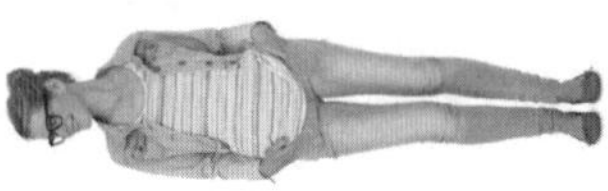

Nomen

Nomen

Adjektiv

Nomen

Verb

Nomen

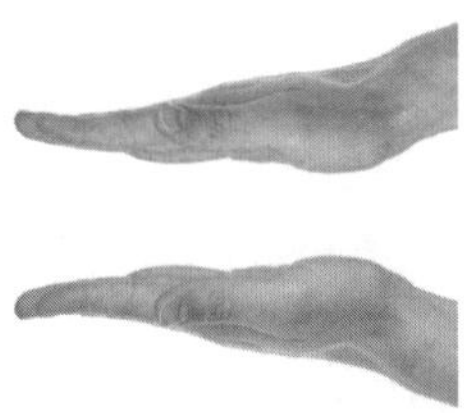

Adjektiv

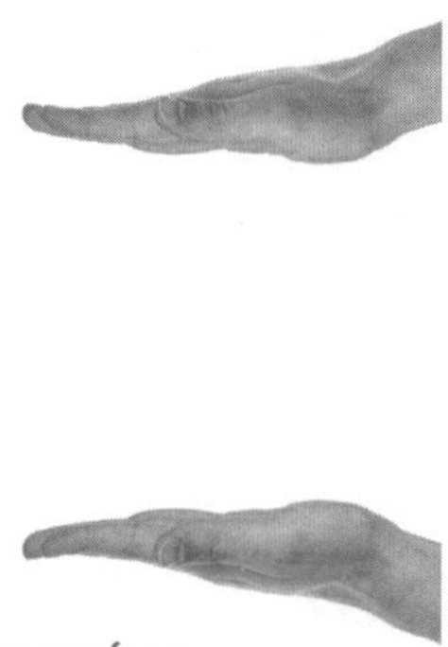

Adjektiv

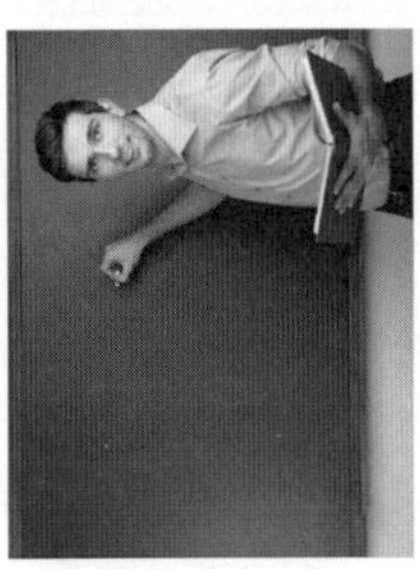

Nomen

Nomen

Verb

Verb

ISBN 978-3-12-666872-9 Das DaZ-Buch-Lehrerhandbuch

Name: ....

Wort-Karten (1)

die Adresse	der Buchstabe	die Frau	hören	der Lehrer
das Alphabet	der Computer	die Gitarre	der Junge	die Lehrerin
der Bleistift	falsch	gut	kurz	lernen
das Buch	die Frage	das Heft	lang	lesen

ISBN 978-3-12-666872-9 Das DaZ-Buch-Lehrerhandbuch

Name: ....

Bild-Karten (2)

 Nomen	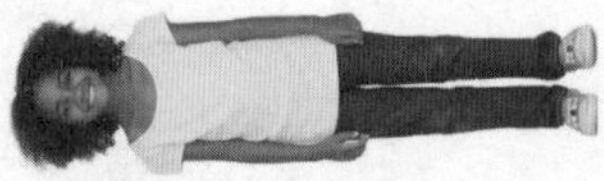 Nomen	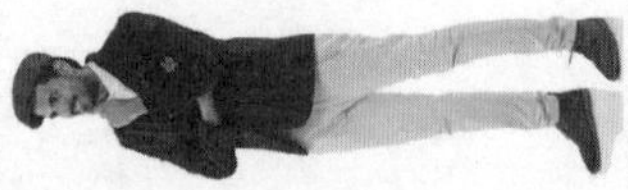 Nomen	Juliane Langer Nomen
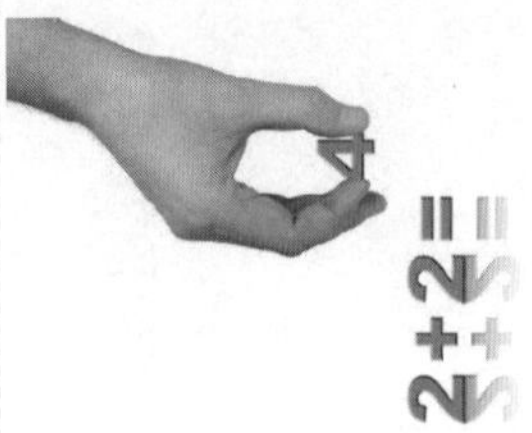 Verb	 Adjektiv	 Adjektiv	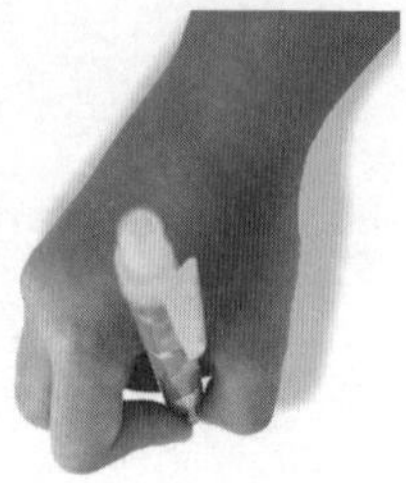 Verb
 Nomen	 Nomen	 Nomen	 Verb
 Verb	 Nomen	 Nomen	 Nomen
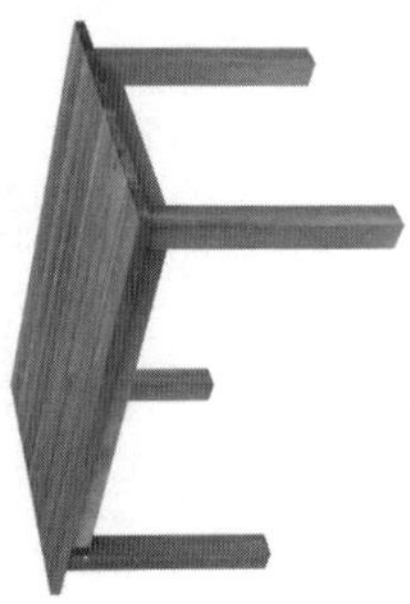 Nomen	 Nomen	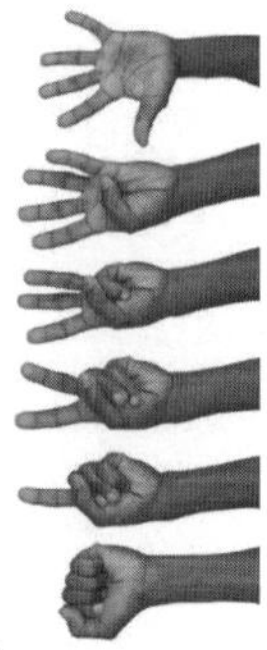 Verb	7 Nomen

ISBN 978-3-12-666872-9 Das DaZ-Buch-Lehrerhandbuch

Name: ....

Wort-Karten (2)

der Name	der Mann	das Mädchen	das Lineal
schreiben	schlecht	richtig	rechnen
spielen	die Schülerin	der Schüler	die Schule
die Tafel	der Stuhl	der Stift	sprechen
die Zahl	zählen	das Wörterbuch	der Tisch

ISBN 978-3-12-666872-9 Das DaZ-Buch-Lehrerhandbuch

Name: ....

1 **Arbeite mit einem Partner. Lest die Dialoge und schreibt einen Dialog 5.**

2 **Partner A zerschneidet die Dialoge.**

3 **Sortiert.**

4 **Kontrolliert mit dem Blatt von Partner B.**

5 **Lest und spielt die Dialoge.**

Dialog 1

Wer ist das?

Das ist die Deutschlehrerin.

Wie heißt sie?

Sie heißt Frau Langer.

Dialog 2

Hallo! Wie heißt du?

Ich heiße Rashed. Wer bist du?

Ich bin Anna. Woher kommst du?

Ich komme aus Afghanistan. Und du?

Ich komme aus Griechenland.

Dialog 3

Hallo Ipek!

Hallo Abilena. Wie geht es dir?

Danke, gut. Und dir?

Auch gut, danke.

Dialog 4

Hallo! Wer bist du?

Ich bin Amer.

Wie alt bist du?

Ich bin 13 Jahre alt. Und du?

Ich auch!

Dialog 5

ISBN 978-3-12-666872-9 Das DaZ-Buch-Lehrerhandbuch

Name: ....

1 **Rechenzeichen: Ordne zu.**

plus =

\+ minus

: geteilt durch

mal ·

– ist gleich

2 **Rechnungen: Ordne zu.**

1. Zehn plus zwei …
2. Zehn minus zwei …
3. Zehn mal zwei …
4. Zehn durch zwei …

ist gleich

a) … acht.
b) … zwanzig.
c) … fünf.
d) … zwölf.

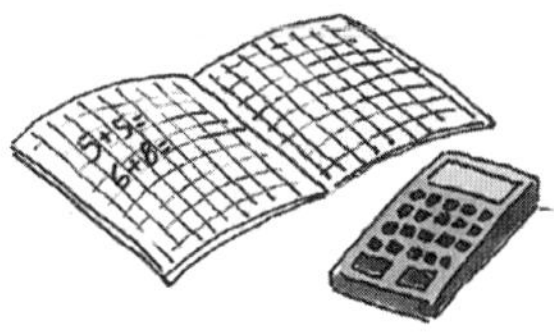

3 **Schreibe die Rechnungen von Aufgabe 2 noch einmal wie im Beispiel.**

1. d) Zehn plus zwei ist gleich zwölf. .... 10 + 2 = 12

....

....

....

4 **Rechne und schreibe. Wie heißt das Lösungswort?**

Lösungswort ↓

2 · 7 =	V	I	E	R	Z	E	H	N		
			16 : 2 =							
	15 – 5 =									
3 · 4 =										
		20 : 10 =								
					O					
		19 – 6 =								
11 + 7 =										

5 **Arbeitet in Gruppen. Bastelt ein Zahlenspiel und spielt.**

- **Schreibt die Zahlen von 0 bis 20 auf 21 Kärtchen.**
- **Schreibt die Zahlwörter „null“ bis „zwanzig“ auf 21 Kärtchen.**
- **Spielt „Paare finden“ wie im Beispiel.**

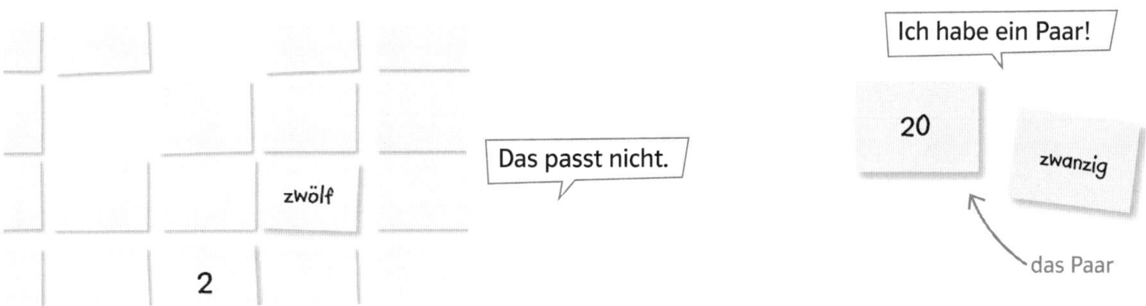

ISBN 978-3-12-666872-9 Das DaZ-Buch-Lehrerhandbuch

Name: ....

	**ich**		**du**
	**er**		**sie**
	**es**		**wir**
	**ihr**		**sie**
	**Sie** (Sg.)		**Sie** (Pl.)

ISBN 978-3-12-666872-9 Das DaZ-Buch-Lehrerhandbuch

Name: ....

1 **Karims Familie: Wer ist das? Ordne zu.**

Vater • Baby • Großmutter • Schwester • Großvater • Mutter • ~~Bruder~~

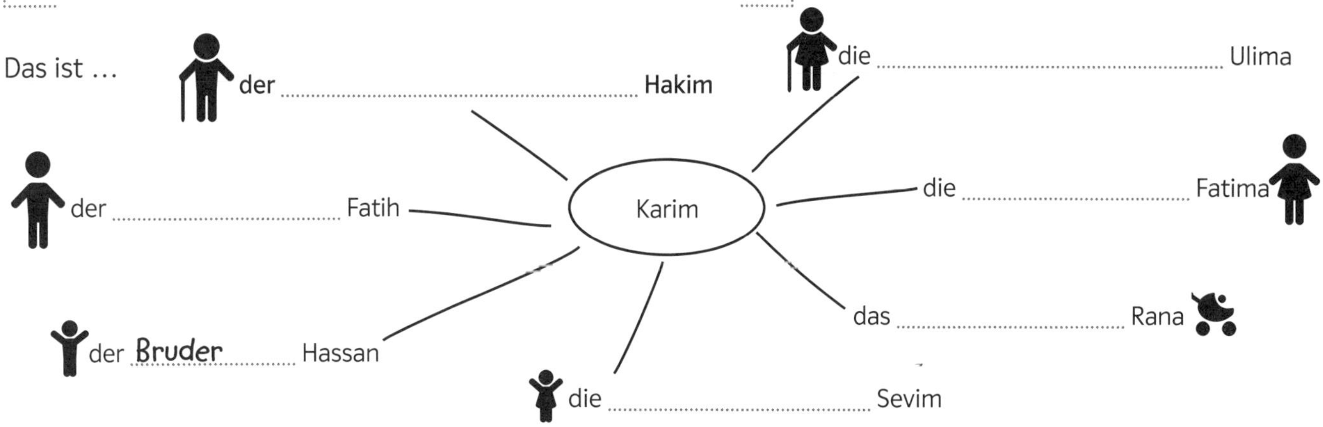

2 **Lies die Fragen und ergänze wie im Beispiel.**

1. Wie heißt der Großvater? Er heißt Hakim.
2. Wie heißt die Großmutter? Sie ....
3. Wie heißt der Vater? ....
4. Wie heißt die Mutter? ....
5. Wie heißt der Bruder? ....
6. Wie heißt die Schwester? ....
7. Wie heißt das Baby? ....

3 **Noch mehr Familienwörter: Verbinde und schreibe die Wörter mit Artikel.**

Cou kel Tan Cou ter sin Sohn sine Toch On te

der Cousin .... | ....
.... | ....
.... | ....

4 **Wer ist das? Ordne zu und ergänze die Artikel.**

~~Großvater~~ • Schwester • Mutter • Großmutter • Tante • Bruder

Der Vater von Vater ist der Großvater.
Die Mutter von Vater ist ....
Die Frau von Vater ist ....
Die Schwester von Vater ist ....
Der Sohn von Vater ist ....
Die Tochter von Vater ist ....

ISBN 978-3-12-666872-9 Das DaZ-Buch-Lehrerhandbuch

Name: ....

Test

1 Fragen und Antworten

.... / 10 Punkte

Name	Land		Sprachen	Alter
Marco Rossi	Italien		Italienisch, Englisch, Deutsch	14
Rama Abaid	Syrien		Arabisch, Englisch, Deutsch	13

Hallo! Guten Tag! Wie heißt du? → Hallo! .... Rama.

Rama? Ist das der Vorname oder der Nachname? → Das ist der Vorname. Der Nachname ist Abaid. Ich heiße Rama Abaid.

Und du? Wer ....?

Ich bin Marco Rossi. Marco ist der Vorname und

.... → Hallo, Marco! Woher kommst du?

....

Und du? ....? → .... aus Syrien.

Was sprichst du? → ....

Und du? ....?

Ich spreche Italienisch, Englisch und ich lerne

Deutsch. ....? → Ich bin 13 Jahre alt. Du auch?

Nein. ....

2 Wortschatz und Grammatik

.... / 20 Punkte

2.1 Zahlen bis 20: Welche Zahl fehlt? Ergänze und schreibe das Zahlwort. .... / 2 Punkte

...., **eins**, **zwei**, **drei**, vier ...., **fünf**, ..., **sieben**, **acht**,

neun, **zehn**, **elf**, ..., **dreizehn**, **vierzehn**, **fünfzehn**, **sechzehn**,

...., **achtzehn**, **neunzehn**, **zwanzig**

2.2 [Nomen] Schreibe die Wörter mit bestimmtem und unbestimmtem Artikel wie im Beispiel. .... / 5 Punkte

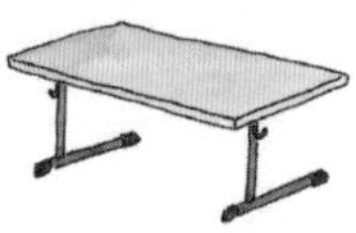

der Tisch ....

ein Tisch ....

....

....

....

....

....

....

....

....

....

....

ISBN 978-3-12-666872-9 Das DaZ-Buch-Lehrerhandbuch

Name: ....

2.3 Die Familie: Ordne zu. Schreibe mit Artikel wie im Beispiel. .... / 3 Punkte

~~Mutter~~ • Onkel • Tante • Schwester • Bruder • Großvater • ~~Vater~~ • Großmutter

er	sie
der Vater	die Mutter
....	....
....	....
....	....

2.4 [Personalpronomen] Ordne zu. .... / 3 Punkte

~~wir~~ • es • ihr • sie • wir • sie • er

a) ich + Linh = wir
d) Frau Langer = ...
f) Kadir = ...
b) du + Ipek = ...
e) das Baby = ...
g) du + ich = ...
c) William + Anna = ...

2.5 [Verben konjugieren] Ergänze die passenden Verbformen. .... / 4 Punkte

a) Wir lernen (lernen) in der Schule.
b) Ipek und Abilena .... (schreiben).
c) Linh .... (malen) ein Bild.
d) William .... (lesen) ein Buch.
e) Anna .... (fragen): „Wie heißt das auf Deutsch?"
f) Frau Langer .... (antworten): „Das heißt: der Bleistift." 
g) Wir .... (rechnen) in Mathcmatik.
h) Die Lehrerin sagt: „Kadir, du .... (rechnen) sehr gut!"
i)  Es klingelt! Es .... (sein) Pause.

2.6 [Positionen im Satz] Ergänze die Satzmodelle wie im Beispiel. .... / 3 Punkte

a) Frau Langer / meine Lehrerin / ist / .

[Frau Langer] — (ist) — [meine Lehrerin] .

b) im Deutschunterricht / Die Schüler / lesen / .

[ ] — ( ) — [ ] .

c) kommt / Sergio / aus Italien / .

[ ] — ( ) — [ ] .

d) Kadir / Woher / kommt / ?

[ ] — ( ) — [ ] ?

ISBN 978-3-12-666872-9 Das DaZ-Buch-Lehrerhandbuch

Name: ....

3 Lesen und Verstehen

........../ 10 Punkte

Ich heiße Wiktoria und komme aus Bulgarien. Ich bin 15 Jahre alt und bin in der Weststadt-Schule. Die Klasse heißt „Internationale Klasse“. Das sind Mikael, Mohammad, Viola, Liu, Edison und ich. Viola kommt aus Rom. Das ist in Italien. Sie ist 14 Jahre alt und spricht Italienisch und Englisch. Liu kommt aus China. Sie ist 16 Jahre alt. Sie spricht Chinesisch und Englisch. Der Vater von Liu lebt in London. Liu wohnt mit der Mutter in Deutschland. Edison und Mikael kommen aus Nigeria. Edison ist der Bruder von Mikael. Sie sind 13 und 14 Jahre alt. Sie sprechen Englisch. Die Eltern von Mohammad leben im Irak. Er lebt bei der Tante in Deutschland. Mohammad ist 15 Jahre alt. Mikael, Mohammad, Viola, Liu, Edison und ich, wir lernen Deutsch bei Frau Müller.

3.1 Was ist richtig? Kreuze an.

........../ 6 Punkte

a) Wiktoria ist sechzehn Jahre alt. ☐
b) Viola ist ein Mädchen. ☐
c) Viola wohnt in Rom. ☐
d) Liu ist ein Junge. ☐
e) Liu lebt in London. ☐
f) Die Mutter von Liu lebt in Deutschland. ☐
g) Mohammad lebt im Irak. ☐
h) Die Mutter von Mohammad wohnt im Irak. ☐
i) Die Tante von Mohammad lebt in Deutschland. ☐
j) Mohammad ist vierzehn Jahre alt. ☐
k) Mohammad und Edison sind Jungen. ☐
l) Die Deutschlehrerin ist Frau Müller. ☐

3.2 Ergänze.

........../ 4 Punkte

Sommertalschule
Sommerstraße 11 · 88045 Friedrichshafen · Telefon 07541 / 786858

Name: Huez Vorname: Fernando
Geschlecht: m Familiensprache: Spanisch
Adresse: Bahnhofstr. 4
Straße / Hausnummer
88045 Friedrichshafen
Postleitzahl / Wohnort
Im Notfall benachrichtigen: Juan Huez (Vater)
Telefon 07541/88067 Mobil: 0157/88907654

Die Schule heißt ....

Die Schuladresse ist ....

Die Telefonnummer ist ....

Der Schüler heißt ....

Er spricht ....

Er wohnt ....

Der Kontakt im Notfall heißt ....

Die Telefonnummer ist ....

ISBN 978-3-12-666872-9 Das DaZ-Buch-Lehrerhandbuch

Name: ....

4 Schreiben

........./ 10 Punkte

4.1 Schreibe deinen Steckbrief.

Vorname ....

Nachname ....

Alter ....

Heimatland ....

Sprachen ....

....

Adresse ....

....

4.2 Das bin ich: Schreibe in ganzen Sätzen zu deinem Steckbrief.

....

....

....

....

....

....

....

....

....

....

....

Ergebnis: .... **/ 50 Punkte**

....

Kommentar: ....

ISBN 978-3-12-666872-9 Das DaZ-Buch-Lehrerhandbuch

Name: ....

2 In der Schule

Inhalte und Lernziele

A	Örtlichkeiten und Personen in der Schule nennen, mit Chunks Ortsangaben im Gebäude machen
	Zahlen ab 20
	[Wortbildung] feminine Endung *-in*
	[Rechtschreibung] Großschreibung am Satzanfang, Satzzeichen (ÜB)
B	Stundenplan, Wochentage; offizielle Uhrzeit; Schulsachen; Farben, Eigenschaften
	einer Tabelle Informationen entnehmen und eine einfache Tabelle erstellen
	in einfacher Form Zeitpunkt und Häufigkeit nennen
	[Grammatik] Plural, Possessivartikel, Adjektive (*sein* + Adjektiv)
	[Aussprache] Wortakzent in Nomen und Komposita
	[Wortbildung] Komposita
C	Schulsachen, Aktivitäten in der Schule
	[Grammatik] • Nomen: Nominativ und Akkusativ (best. und unbest. Artikel, Negativartikel, Possessivartikel) • Verben mit Vokalwechsel und mit Verbstammende *t/d*, Verben mit Akkusativ: *haben, brauchen, geben, nehmen, …* • Positionen im Satz: Aussagesatz, W-Frage, Ja/Nein-Frage • Verneinung: *nicht, kein;* Antworten auf Ja/Nein-Fragen: *ja, nein, doch*
D	Schuljahr, Jahr und Kalender; Sprechstunden und Öffnungszeiten
	in einfacher Form Zeitpunkt und Dauer nennen
	einen einfachen Text lesen, eine Überschrift finden und inhaltliche Fehler in einem Text korrigieren
	Sätze bilden
	[Schul-/Fächerspezifisches] Fachwortschatz Geographie: Jahreszeiten
E	**[Schul-/Fächerspezifisches]** • Im Unterricht: wichtige Sätze, Fragen und Antworten, Anweisungen und Unterrichtssprache • Schulfächer in Deutschland

Eine Gesamtübersicht zur Lektion finden Sie im Schülerbuch, Seite 6/7.

Zusatzmaterial

Bild-Wort-Karten:
Kopiervorlagen: Seite 40–43 /
Lektionstest: Seite 44–47 /

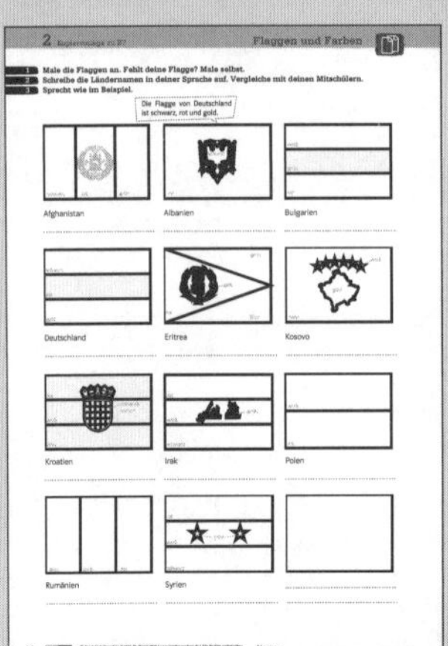

KV zu B7 | Seite 40

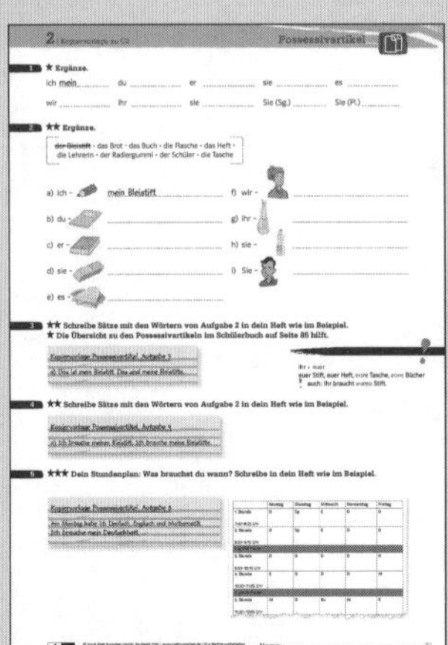

KV zu C2 | Seite 41

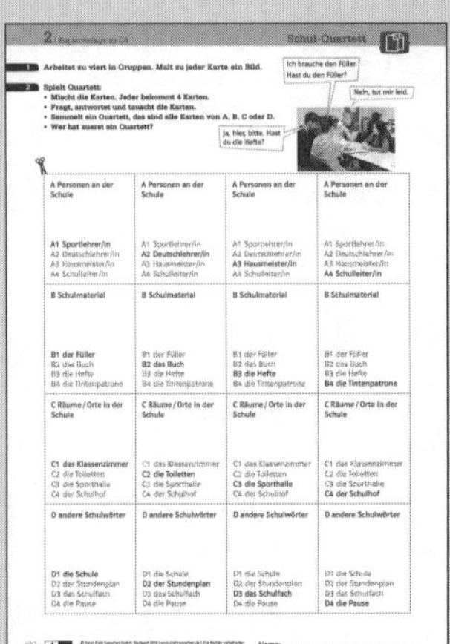

KV zu C4 | Seite 42

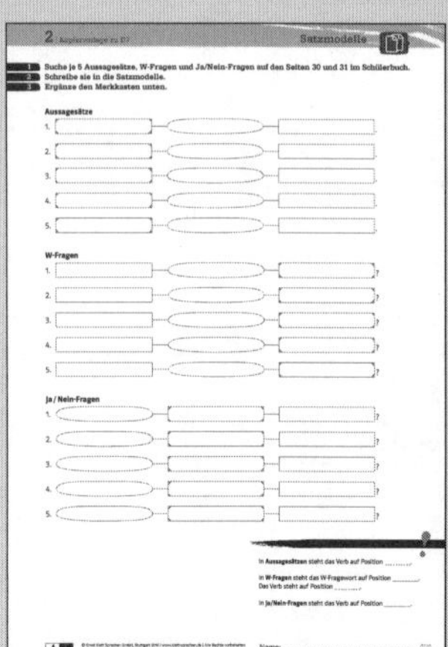

KV zu D7 | Seite 43

Sie brauchen: große Wortkarten mit den Raumbezeichnungen / wichtigen Örtlichkeiten der Schule (A1, A3); mehrere 10er-Würfel oder je zwei Sätze Ziffernkärtchen 0–9 (A4); Plakate (A4, A7)

Vorwissen aktivieren: Bringen Sie große Wortkarten mit: *das Klassenzimmer, die Sporthalle* und andere wichtige Örtlichkeiten Ihrer Schule. Fragen Sie: „Wo sind wir? Was ist das hier?" SuS nehmen die passende Wortkarte und antworten: „Das ist das Klassenzimmer." Machen Sie einen kurzen Rundgang durch die Schule. Unterstützen Sie SuS beim Finden der Wortkarten und der Aussprache.

! „Das *sind die* Toiletten." > Wdh. Konjugation *sein*: ÜB4; Plural von Nomen: Lerninhalt in Teil B, hier als Chunk

Hörverstehen in Gruppen: Nach dem ersten Hören teilen Sie SuS in 5 Gruppen ein und verteilen die Wortkarten *das Klassenzimmer, das Sekretariat, das Lehrerzimmer, die Cafeteria* und *die Toiletten* (2x). Zeichnen Sie eine Gebäudeskizze mit Stockwerksbezeichnungen an die Tafel. SuS vermuten in ihren Gruppen, wohin ihre Karte gehört, und überprüfen bei (ggf. mehrmaligem) Hören. Sie hängen ihre Wortkarte an die richtige Stelle der Skizze und sprechen wie im Satzbaukasten vorgegeben.

! Ortsangaben und Ordinalzahlen sind Chunks.

Zahlen über 20: Nach dem Hören und Nachsprechen kann ▶ 29 wiederholt, die genauen Raumbezeichnungen können in die Tafelskizze von A3 eingetragen und gesprochen werden.

> **Schulhauserkundung:** SuS sammeln die Raumbezeichnungen und -nummern in der eigenen Schule, die für sie wichtig sind.

Zahlenmännchen: Malen Sie diese Skizze an die Tafel. SuS finden und nennen die 5 Ziffern in der Skizze.

Arbeitsanweisung: „Bilde 20 Zahlen mit den Ziffern." Finden Sie gemeinsam erste Beispiele: 60, 31, 166, 310, 30 616, …

> **Zahlwörter:** SuS sprechen und schreiben auch die Zahlwörter dazu.

> Seite 109

★–★★★ Wechselkärtchen (Zahl – Zahlwort), Zahlendiktat, Bingo

★ je 5 Wechselkärtchen ziehen, Zahlwörter nach Zahlenfolge sortieren, mit Rückseite kontrollieren

★★ in PA mit zwei 10er-Würfeln würfeln, beide möglichen Zahlen nennen, z. B. 23 und 32, evtl. Kontrolle mit Plakat

★★★ in PA Matheaufgaben diktieren und lösen; in GA Telefonliste der Klasse erstellen

Rätselbilder: Spielen Sie die Dialoge mehrfach vor. Weisen Sie v. a. schwächere SuS darauf hin, dass die Rätselbilder bei der Zuordnung der Dialoge zum Bild oben helfen.

! Ortsangaben: Lerninhalt von L6, hier nur als Chunks

Mann oder Frau: Stellen Sie sich selbst vor. Sagen Sie: „ Ich bin Herr / Frau … Ich bin ein Mann / eine Frau. Ich bin Deutschlehrer/in." Stellen Sie ebenso einen Kollegen / eine Kollegin vor.

Einführung Aufgabenformat „1-2-alle" > Seite 107

Zahlen international: SuS erweitern die Zahlenplakate von L1 mit Zahlen und Zahlwörtern in ihrer Herkunftssprache. Erklären Sie an der Tafel anhand der deutschen Zahlen Zehner und Einer. Fragen Sie dann: „Wo ist der Einer? Wo ist der Zehner?" SuS vergleichen die Zahlwörter ihrer Sprachen.

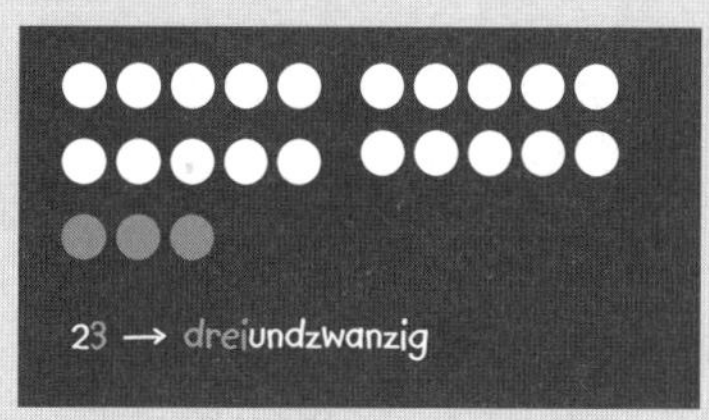

Sie brauchen: Kopie der Seite der aktuellen Woche aus einem Wochenkalender, evtl. vergrößert (B1); Wortkarten Schulfächer (B1); Stundenplan der Klasse (B3); Plakat (B5); verschiedene Stifte (B7); Wasserfarben und Pinsel (B7); Textkopien Schul-Rap (B8)

Vorentlastung Wochentage: Kopieren Sie aus einem Wochenkalender die Seite der aktuellen Woche (evtl. vergrößert) und zerschneiden Sie diese nach Tagen. 7 SuS erhalten je einen dieser Zettel, stellen sich in der richtigen Reihenfolge auf und sprechen dann der Reihe nach: „Montag", „Dienstag", … – ggf. mehrmals und im Chor mit der Klasse.
! Datum: Lerninhalt in L5, hier Fokus auf Wochentage, die Zahlen unterstützen lediglich beim Sortieren

Plural: Schreiben Sie nach B5 eine Tabelle an die Tafel. SuS befüllen sie entsprechend dem Hörtext und im Verlauf der ÜB-Aufgaben, evtl. auch darüber hinaus.
! Überprüfen Sie die Einträge.

-e/¨e	-n/-en	-s	-er/¨er	-/¨
Stifte				

> ★★★ „Mein Wortschatz"/ L1 (ÜB): Plural der Nomen ergänzen

> ÜB 34: evtl. gemeinsames Plakat erstellen

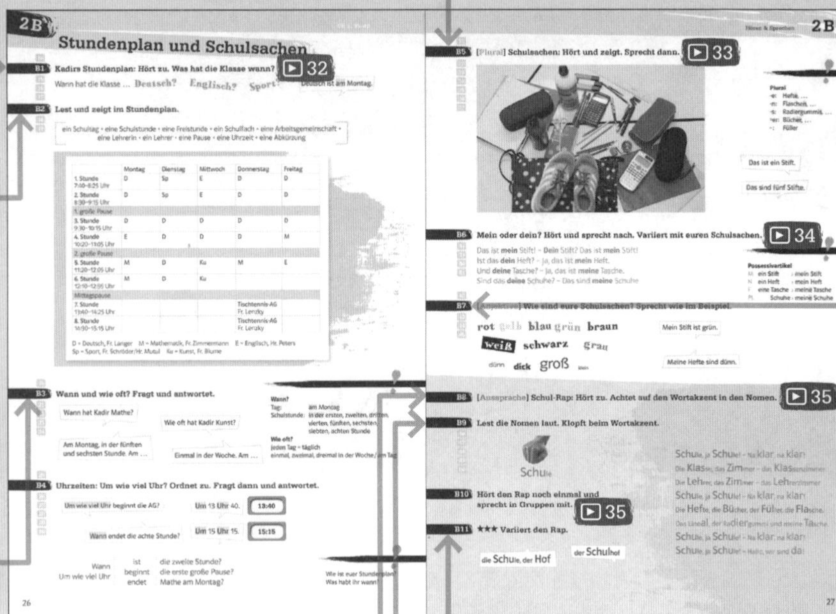
2B

Stundenplan und Schulsachen

B1 Kadirs Stundenplan: Hört zu. Was hat die Klasse wann? 32

Wann hat die Klasse … Deutsch? Englisch? Sport? — Deutsch ist am Montag.

B2 Lest und zeigt im Stundenplan.

ein Schultag • eine Schulstunde • eine Freistunde • ein Schulfach • eine Arbeitsgemeinschaft • eine Lehrerin • ein Lehrer • eine Pause • eine Uhrzeit • eine Abkürzung

	Montag	Dienstag	Mittwoch	Donnerstag	Freitag
1. Stunde 7:40–8:25 Uhr	D	Sp	E	D	D
2. Stunde 8:30–9:15 Uhr	D	Sp	E	D	D
1. große Pause					
3. Stunde 9:30–10:15 Uhr	D	D	D	D	D
4. Stunde 10:20–11:05 Uhr	E	D	D	D	M
2. große Pause					
5. Stunde 11:20–12:05 Uhr	M	D	Ku	M	E
6. Stunde 12:10–12:55 Uhr	M	D	Ku		
Mittagspause					
7. Stunde 13:40–14:25 Uhr				Tischtennis-AG Fr. Lenzky	
8. Stunde 14:30–15:15 Uhr				Tischtennis-AG Fr. Lenzky	

D = Deutsch, Fr. Langer M = Mathematik, Fr. Zimmermann E = Englisch, Hr. Peters
Sp = Sport, Fr. Schröder/Hr. Mutul Ku = Kunst, Fr. Blume

B3 Wann und wie oft? Fragt und antwortet.

Wann hat Kadir Mathe? — Am Montag, in der fünften und sechsten Stunde. Am …

Wie oft hat Kadir Kunst? — Einmal in der Woche. Am …

Wann? Tag: am Montag; Schulstunde: in der ersten, zweiten, dritten, vierten, fünften, sechsten, siebten, achten Stunde
Wie oft? jeden Tag = täglich; einmal, zweimal, dreimal in der Woche/am Tag

B4 Uhrzeiten: Um wie viel Uhr? Ordnet zu. Fragt dann und antwortet.

Um wie viel Uhr beginnt die AG? — Um 13 Uhr 40. 13:40

Wann endet die achte Stunde? — Um 15 Uhr 15. 15:15

Wann / Um wie viel Uhr — ist / beginnt / endet — die zweite Stunde? / die erste große Pause? / Mathe am Montag?

Wie ist euer Stundenplan? Was habt ihr wann?

26

Hören & Sprechen 2B

B5 [Plural] Schulsachen: Hört und zeigt. Sprecht dann. 33

Plural: -e: Hefte, … -n: Flaschen, … -s: Radiergummis, … ¨er: Bücher, … -: Füller

Das ist ein Stift. Das sind fünf Stifte.

B6 Mein oder dein? Hört und sprecht nach. Variiert mit euren Schulsachen. 34

Das ist **mein** Stift! – **Dein** Stift? Das ist **mein** Stift!
Ist das **dein** Heft? – Ja, das ist **mein** Heft.
Und **deine** Tasche? – Ja, das ist **meine** Tasche.
Sind das **deine** Schuhe? – Das sind **meine** Schuhe

Possessivartikel: M ein Stift › mein Stift; N ein Heft › mein Heft; F eine Tasche › meine Tasche; Pl. Schuhe › meine Schuhe

B7 [Adjektive] Wie sind eure Schulsachen? Sprecht wie im Beispiel.

rot gelb blau grün braun weiß schwarz grau dünn dick groß klein

Mein Stift ist grün. Meine Hefte sind dünn.

B8 [Aussprache] Schul-Rap: Hört zu. Achtet auf den Wortakzent in den Nomen. 35

B9 Lest die Nomen laut. Klopft beim Wortakzent.

Schule

B10 Hört den Rap noch einmal und sprecht in Gruppen mit. 35

B11 ★★★ Variiert den Rap.

die Schule, der Hof — der Schulhof

Schule, ja Schule! – na klar, na klar!
Die Klasse, das Zimmer – das Klassenzimmer
Die Lehrer, das Zimmer – das Lehrerzimmer
Schule, ja Schule! – na klar, na klar!
Die Hefte, die Bücher, der Füller, die Flasche,
Das Lineal, der Radiergummi und meine Tasche.
Schule, ja Schule! – na klar, na klar!
Schule, ja Schule! – Hallo, wir sind da!

27

Hörverstehen: Zeichnen Sie einen Stundenplan an die Tafel, der bis auf die Wochentage Montag bis Freitag leer ist. Verteilen Sie nach dem ersten Hören Wortkarten mit den Unterrichtsfächern: *Deutsch* (5x), *Englisch* (2x), *Sport* (1x) an verschiedene SuS, an gute SuS evtl. auch *Mathematik* (1x) und *Kunst* (1x). SuS hängen nach dem nächsten Hören die Wortkarten zu den Wochentagen und sprechen dazu wie im Beispiel: „Deutsch ist am Montag."

Stundenplan: SuS schreiben die Abkürzungen zu den Wortkarten an die Tafel: *Deutsch – D*. Fragen Sie auch: „Wie heißt die Deutschlehrerin? … Wer ist Herr Peters?" (Wdh. A5). Klären Sie gemeinsam die anderen Begriffe und Abkürzungen.

Vorentlastung: Zeichnen Sie ein Stundenplanraster an die Tafel. Geben Sie SuS bei geschlossenem Buch Anweisungen: „Am Montag in der ersten Stunde ist Deutsch." usw. SuS tragen die Abkürzungen ein. Wiederholen Sie den Wortschatz aus B2 und visualisieren Sie den neuen Wortschatz aus B3 anhand des Stundenplans.
> über den eigenen Stundenplan sprechen, an der Schule übliche Abkürzungen und Begriffe besprechen (vgl. auch Tippkasten in B4)

Aussprache: Nach dem mehrfachen Hören, Mitbrummen, -klopfen, -sprechen (vgl. Seite 12) geben Sie SuS Textkopien. SuS unterstreichen die Nomen. Sprechen Sie die Nomen vor, SuS markieren die betonten Vokale mit . oder _. SuS sprechen die Nomen nach.

Wortakzent: SuS sammeln dann andere Nomen und Komposita an der Tafel, markieren mit Ihrer Unterstützung Wortakzent und Vokallänge, sprechen und klopfen.
> gesammelte Komposita auch für Weiterführung von ÜB48 nutzen: meiste Sprechenergie auf die betonte Silbe legen

Textvariation: Hier können nicht nur die Komposita, sondern auch die Schulsachen variiert werden. SuS nennen reihum ein Nomen, bis einem kein Wort mehr einfällt. Dann schließen Sie mit „Schule, ja Schule! …"

Adjektive: Legen Sie viele bunte, dicke, dünne, kurze, lange Stifte auf den Tisch. „Wo ist mein Stift?" – SuS bieten Ihnen einen Stift an. – „Das ist nicht mein Stift. Mein Stift ist dünn / dick / … / rot / …" usw.
> Spiel in PA „Mein *hmhm* ist rot und …" – „Das ist dein …" (Regeln wie „Ich sehe was, was du nicht siehst")

★ SuS schreiben und gestalten die Adjektive im Heft entsprechend ihrer Bedeutung.
★★ SuS bilden Sätze und schreiben sie in ihr Heft: *Mein Stift <u>ist</u> rot. Meine Tasche <u>ist</u> …*

KV zu B7 – Flaggen und Farben > Seite 40

Kunst: SuS erstellen eine Farbtabelle mit Wasserfarben und Borstenpinsel. Sie erweitern um Mischfarben.

Sie brauchen: Schulmaterialien (C1); Wortkarten Schulmaterialien (C2); Fotos, Plakate oder Weltkarte (C7)

Verneinung mit kein/e: Zeichnen Sie folgende Tabelle an die Tafel.

M	N	F	Pl.

SuS legen Schulmaterialien auf einen Tisch vor die richtigen Spalten. Fragen Sie: „Wie heißt das auf Deutsch?", SuS antworten z.B. „Das ist ein Füller." usw. Tragen Sie *ein* (M), *ein* (N), *eine* (F) und – (Pl.) in die Tabelle ein.
Nehmen Sie einen Stift: „Ist das ein Buch? – *Nein*, das ist *kein* Buch. Das ist ein Stift." Schreiben Sie nun entsprechend *kein/e* in die Spalten, schütteln Sie dabei mit dem Kopf. Markieren Sie gleiche Endungen bei unbestimmtem und Negativartikel.
SuS variieren den Dialog in C1 und üben dann mit eigenem Material.
> Ergänzen Sie die Tabelle zu einer Übersicht für bestimmten, unbestimmten, Negativ- und Possessivartikel. Diese kann dann im Verlauf der nächsten Übungen um den Akkusativ ergänzt werden.
(vgl. Grammatikübersicht SB S. 85)

KV zu C4 – Schul-Quartett: Anwendung Akkusativ mit bestimmtem Artikel > Seite 42

Lesen üben: Nach ÜB69 üben SuS anhand des Textes im ÜB das laute Vorlesen alleine und in leistungsgemischten Gruppen.

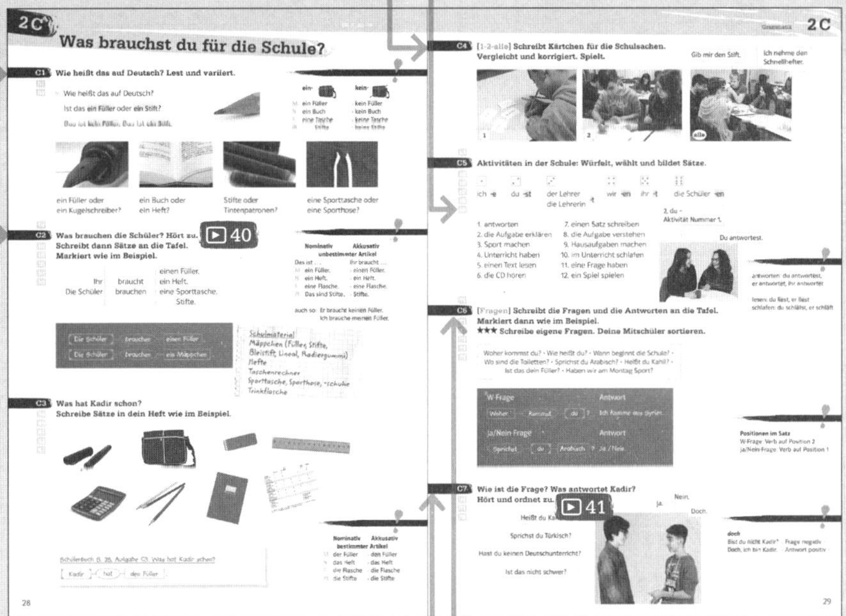

brauchen + Akkusativ: Nach ggf. mehrmaligem Hören sortieren SuS die Wortkarten *Bleistift, Füller, Heft* (2x), *Lineal, Sportkleidung, Sportschuhe, Sporttasche, Stifte, Trinkflasche* den Fächern aus dem Hörtext (Deutsch, Mathe, Sport) zu. Wiederholen Sie: „Für Deutsch braucht Kadir ein*en* Füller, …" Erweitern Sie Ihre Tabelle an der Tafel von C1 um den Akkusativ, SuS sortieren die Wortkarten dort ein und sprechen. Schreiben Sie die Artikel in die Tabelle und markieren die Endung von *ein<u>en</u>* (M). Schreiben Sie vor die Übersicht im Nominativ *Das ist / sind …*, vor die Übersicht im Akkusativ *Ich habe / brauche …*

★ SuS schreiben im Heft: *Das ist ein Füller. Ich habe einen Füller. Das ist ein Heft. …*
★★ Spiel in Kleingruppen: „Ich packe meine Schultasche, ich brauche einen …" (nach den Regeln von „Ich packe meinen Koffer")
★★★ „Du hast 50 Euro. Was kaufst du?" SuS schreiben im Heft: *Ich kaufe ein/e/en …* SuS malen unbekannte Wörter und erfragen sie bei Ihnen oder sie benutzen ein Wörterbuch.

KV zu C2 – Possessivartikel > Seite 41

Positionen im Satz: Entwickeln Sie mit SuS anschließend eine Übersicht zu den Positionen des Verbs bei Aussagesätzen, W-Fragen und Ja/Nein-Fragen. SuS finden weitere Beispiele und schreiben die Übersicht ins Heft.

	1	2		
Aussagesätze	Ich	komme	aus Syrien	.
W-Fragen	Woher	kommst	du	?
Ja/Nein-Fragen	Sprichst	du	Arabisch	?

Ja / Nein / Doch: Schreiben Sie *ja / +* und *nein / –* an die Tafel. Zeigen Sie, dass Nicken in Deutschland *ja* bedeutet und Kopfschütteln *nein*. SuS stellen ihre landestypischen Gesten für *ja* und *nein* vor. Hören Sie 41 noch einmal, SuS machen jeweils die passenden Gesten zu den negativen oder positiven Fragen oder Antworten.
> **Interkulturelle Kommunikation:** Gesten für *ja, nein* u.a. fotografieren, Plakate erstellen oder auf Weltkarte anordnen

Sie brauchen: Wortkarten Monate, Ball, evtl. Fotos von den Jahreszeiten (D1); Plakat oder Wandkalender, evtl. 3–4 DIN-A4-Jahreskalender, evtl. interkultureller Kalender, Texte „Zum Geburtstag viel Glück" in verschiedenen Sprachen (D3)

Vorwissen aktivieren: 12 SuS erhalten (gemischte) Wortkarten mit den Monaten und stellen sich vor der Tafel auf. Die übrigen SuS ordnen gemeinsam der Reihe nach. Kontrolle mit Wandkalender oder LB. Sprechen Sie die Monatsnamen vor, SuS sprechen nach.

> **Schnellsprechwettbewerb:** Monatsnamen hintereinander sagen, immer schneller werden; wer kann sie am schnellsten und doch noch verständlich sprechen?

> **Kreisspiel mit Ball:** Werfer stellt eine Frage, z.B. „Was kommt nach Januar?", Fänger antwortet und stellt die nächste Frage, z.B. „Was kommt vor Juni?"

Wortschatz: Schreiben Sie unten stehendes Tafelbild an. SuS sprechen und ergänzen an der Tafel, sie nutzen dabei D1 und ihr Vorwissen. Unterstützen Sie, wo nötig, z.B. bei den Zeitangaben, bringen Sie evtl. Fotos von den Jahreszeiten mit.

1 Jahr = ___ Monate 1 Monat = ___ Tage
1 Woche = ___ Tage Sommerferien = ___ Wochen

am Wochenende – Wann ist keine Schule?

Frühling, März – die Jahreszeiten

★ Geben Sie die Antworten nicht nummeriert auf Satzstreifen vor. SuS ordnen zu und schreiben ins Heft.

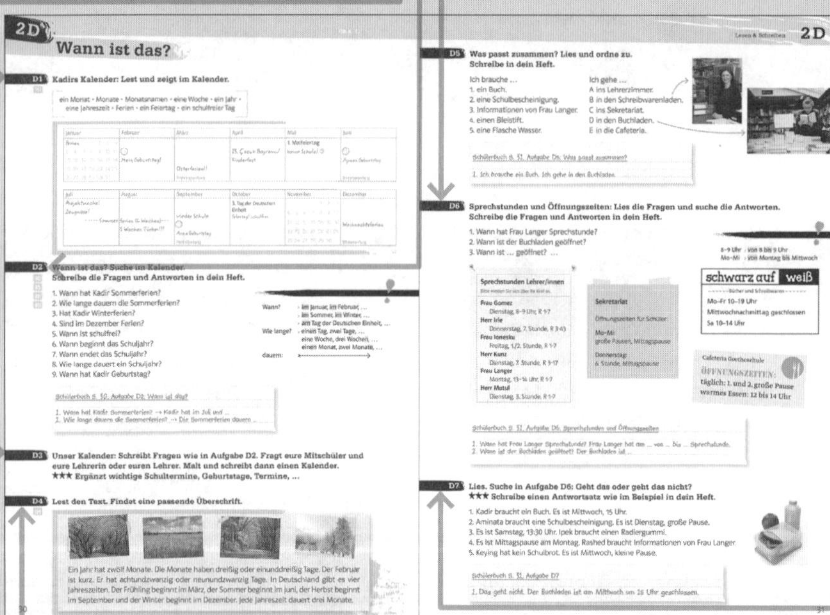

offen – geschlossen: Erklären Sie die Begriffe mit Tür und Schlüssel. Markieren Sie dann an der Tafel *offen* in *geöffnet* und *Öffnungszeiten*. Ergänzen Sie *geschlossen = zu*.

★ SuS konzentrieren sich auf die Wochentage: *Frau Gomez hat am Dienstag Sprechstunde. …*
★★ SuS finden weitere Fragen und beantworten diese.
★★★ SuS suchen Sprechstunden und Öffnungszeiten in der Schule und nahe gelegenen Läden und schreiben diese auf.
Fragen Sie bei den Sprechstunden auch nach den Räumen: „Wo hat Frau Gomez Sprechstunde?" oder „Wer hat in Raum R1-7 Sprechstunde?"

KV zu D7 – Satzmodelle: Wiederholung der Positionen des Verbs in Aussagesätzen, W-Fragen und Ja/Nein-Fragen > Seite 43

Klassenkalender: SuS erstellen auf einem Plakat einen Kalender (Wdh. D1/D2, Tabelle/Plan erstellen, …) oder sie nutzen bei weniger Zeit einen großen Wandkalender. Verteilen Sie Gruppenaufträge und evtl. pro Gruppe einen DIN-A4-Jahreskalender:
1. Ferienzeiten im entsprechenden (Schul-)Jahr
2. Schultermine: schulfreie Tage, Feste, …
3. Geburtstage in der Klasse
(4. Erstellen Kalender)
Die Gruppen bekommen danach Zeiten, zu denen sie ihre Ergebnisse in den Klassenkalender übertragen können.
! Datumsangaben und Jahreszahlen sind Thema in L5. Versprachlichung hier: „Wir haben/feiern/ … *im August …*"

Interkultureller Kalender: SuS tragen auch Feste und Feiertage ihrer Länder/Kulturen ein (vgl. D1: *Çocuk Bayramı* – offizieller Feier- und Kindertag in der Türkei). Hilfestellung kann dabei der interkulturelle Kalender geben, den das BAMF jährlich auf seiner Website zum freien Download veröffentlicht.

Musik: Singen Sie mit den SuS „Zum Geburtstag viel Glück" auf Deutsch und in den Sprachen der SuS, SuS helfen bei der richtigen Aussprache (Texte im Internet zu finden).

Jahreszeiten: SuS berichten/recherchieren über ihr Heimatland. Gibt es dort Jahreszeiten?
★/★★ Bilder zu den Jahreszeiten zeichnen (Wortschatz Wetter steht noch nicht zur Verfügung)
★★★ parallel zum Text von D4 einen einfachen Text zum Heimatland schreiben

Langzeitprojekt Naturbeobachtung: SuS machen jeden Monat ein Foto von einem Baum auf dem Schulhof o.Ä., sammeln Wörter, Dinge in der Natur und kleben/schreiben sie auf etc., sodass nach und nach ein Jahreskreis entsteht.

Sie brauchen: Kärtchen für das szenische Spiel (E3); Utensilien einzelner Fächer (z. B. Reagenzglas, großes Lineal, Sportschuhe), Plakate (E4)

★★★ SuS erarbeiten kleine Szenen und spielen sie vor, z.B.:
S1: „dingdong"
S2: „Es hat geklingelt. ..."
S3 setzt sich

S1 stellt eine Frage
S2 ruft die Antwort
S1: „Bitte melde dich!" ...

★★ SuS spielen die Szenen nach, sie bekommen dafür Kärtchen mit Text oder Anweisung / Bild.
★ Geben Sie einfache Befehle: „Psst! Bitte melden! Bitte setzen! Bitte dein Heft! Sehr gut! Seite 32!" SuS ordnen die Fotos von E3 zu.
★★ / ★★★ Lassen Sie auch Variationen zuordnen: „Schlagt Seite 32 auf. Ich brauche dein Heft. Mach so weiter. Das ist prima. Melde dich bitte. Ruhe bitte. Es ist zu laut. ..."

★ / ★★ **Schulfächer:** Geben Sie einzelnen SuS Utensilien bekannter Fächer. SuS ordnen die Namen der Fächer in E4 zu.
★★★ **Schulfächer international:** SuS gestalten Plakate und sammeln darauf die Namen der Fächer in verschiedenen Sprachen.
Thematisieren Sie ggf. die Chunks „Wie heißt das *auf* Deutsch / Englisch / Russisch / ...?" vs. „Wie heißt das *in* deiner Sprache?"

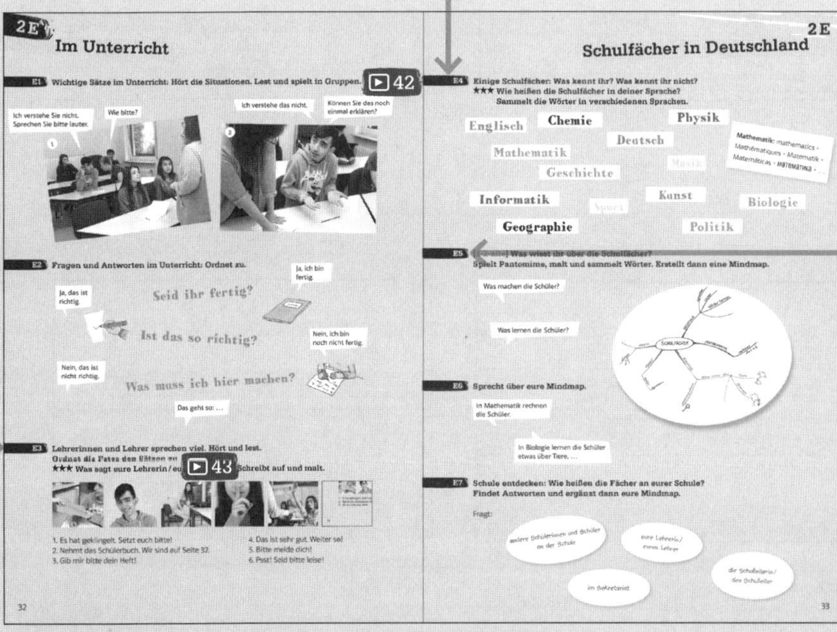
2 E Im Unterricht

E1 Wichtige Sätze im Unterricht: Hört die Situationen. Lest und spielt in Gruppen. ▶ 42

E2 Fragen und Antworten im Unterricht: Ordnet zu.

E3 Lehrerinnen und Lehrer sprechen viel. Hört und lest.
Ordnet die Fotos den Sätzen zu. ▶ 43
★★★ Was sagt eure Lehrerin / eu... Schreibt auf und malt.

1. Es hat geklingelt. Setzt euch bitte!
2. Nehmt das Schülerbuch. Wir sind auf Seite 32.
3. Gib mir bitte dein Heft!
4. Das ist sehr gut. Weiter so!
5. Bitte melde dich!
6. Psst! Seid bitte leise!

32

2 E Schulfächer in Deutschland

E4 Einige Schulfächer: Was kennt ihr? Was kennt ihr nicht?
★★★ Wie heißen die Schulfächer in deiner Sprache?
Sammelt die Wörter in verschiedenen Sprachen.

E5 Was wisst ihr über die Schulfächer?
Spielt Pantomime, malt und sammelt Wörter. Erstellt dann eine Mindmap.

E6 Sprecht über eure Mindmap.

E7 Schule entdecken: Wie heißen die Fächer an eurer Schule?
Findet Antworten und ergänzt dann eure Mindmap.

Fragt:

33

★ / ★★ Geben Sie bereits bekannte Wörter als Impuls: *Alphabet, Computer, Fußball, Sporthalle, Sprache, Taschenrechner, Text, Tischtennis, Weltkarte, Wörterbuch, Zahlen, buchstabieren, malen, rechnen, schreiben, sprechen, zählen, ...*
★★★ **Internationale Wörter und Zeichen** als Impuls für die Gruppenphase des „1-2-alle": *Pyramide, Quadrat, Geometrie, Algebra, Mikroskop, Picasso, Goethe, Mozart, Salto, trainieren, musizieren, Gitarre, Violine, Krokodil, Giraffe, Moskito, Vokabeln, Tennis, Volleyball, Formel, Ozean,* O_2, CO_2, $A = \pi r^2$, ... SuS ordnen den Fächern zu, was sie zuordnen können.

Quiz zu Lektion 2
> Seite 108

Quiz zu Lektion 2:
1. Wie heißt Kadirs Schule?
2. Kadirs Muttersprache ist ...
3. Was hat Kadir am Donnerstag?
4. Die Mittagspause an der Goetheschule endet um ...
5. Wann beginnt der Unterricht in Kadirs Schule?
6. Hat Ben am Mittwoch oder am Donnerstag Englisch?
7. Der Rucksack von Kadir ist ...
8. Wie lange ist Kadir im Sommer in der Türkei?
9. Wann hat Kadir Geburtstag?
10. Das Sekretariat ist Mittwochnachmittag geschlossen. Stimmt das?

Flaggen und Farben

1 **Male die Flaggen an. Fehlt deine Flagge? Male selbst.**

2 **Schreibe die Ländernamen in deiner Sprache auf. Vergleiche mit deinen Mitschülern.**

3 **Sprecht wie im Beispiel.**

Die Flagge von Deutschland ist schwarz, rot und gold.

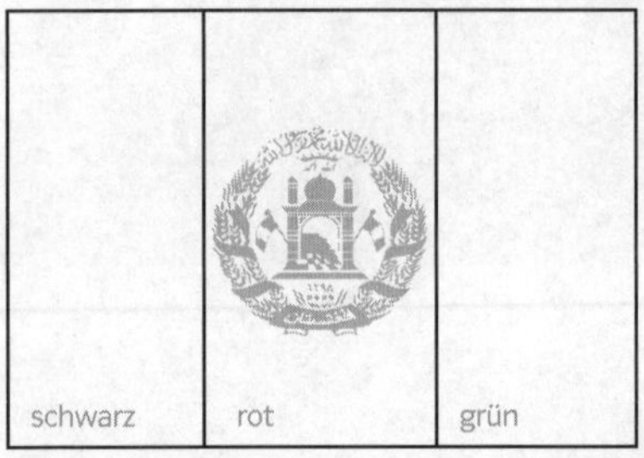

Afghanistan

....

Albanien

....

Bulgarien

....

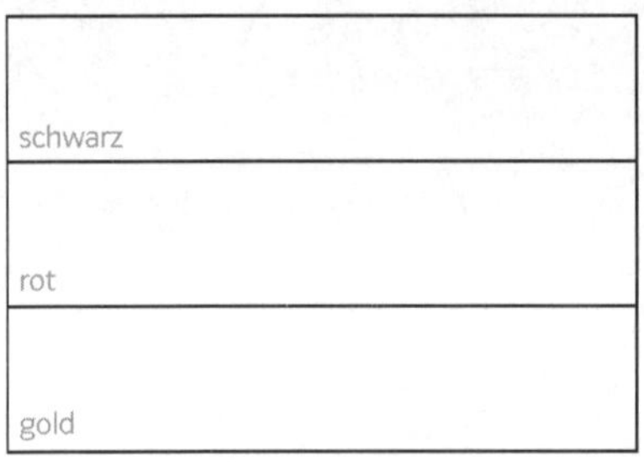

Deutschland

....

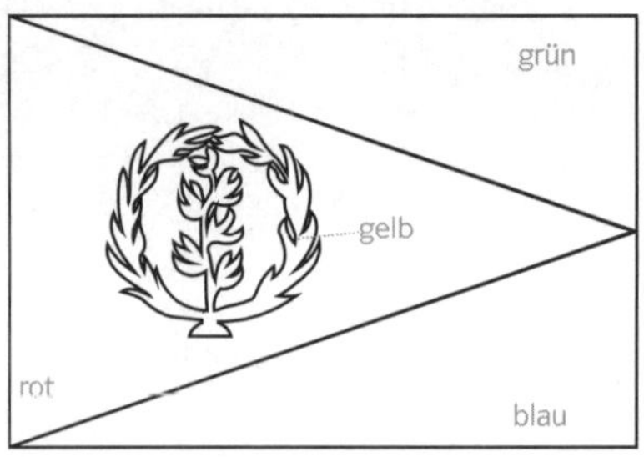

Eritrea

....

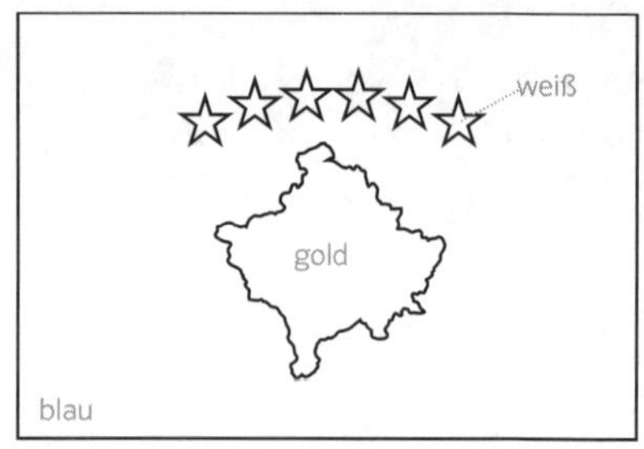

Kosovo

....

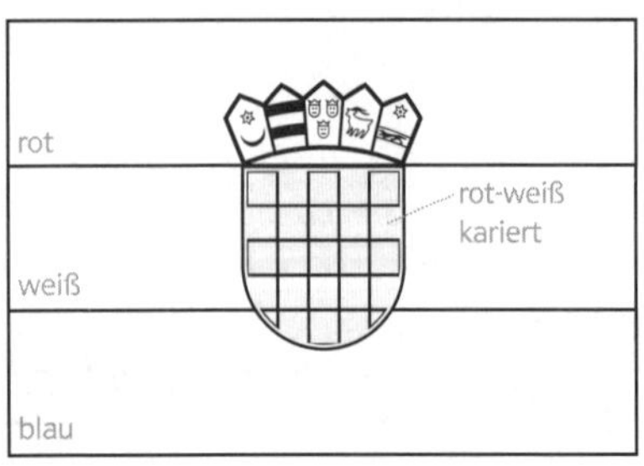

Kroatien

....

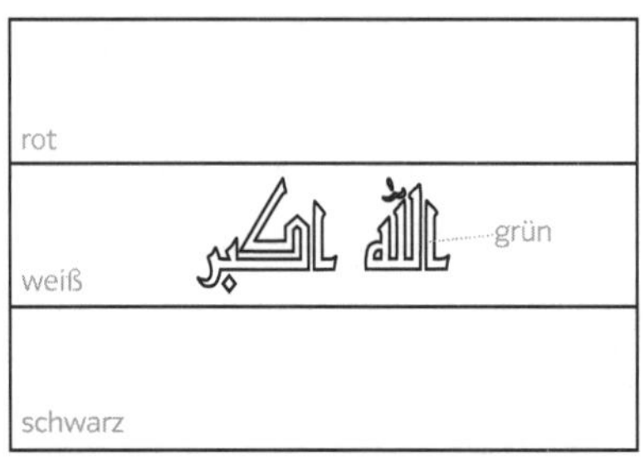

Irak

....

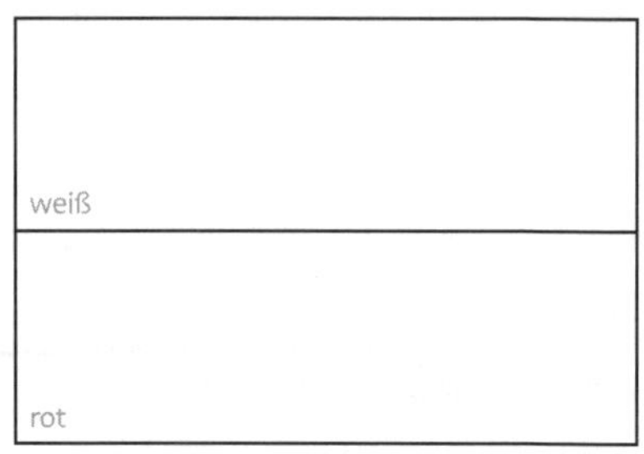

Polen

....

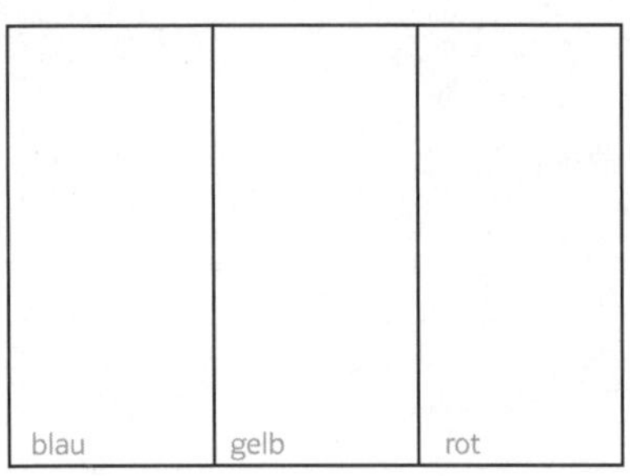

Rumänien

....

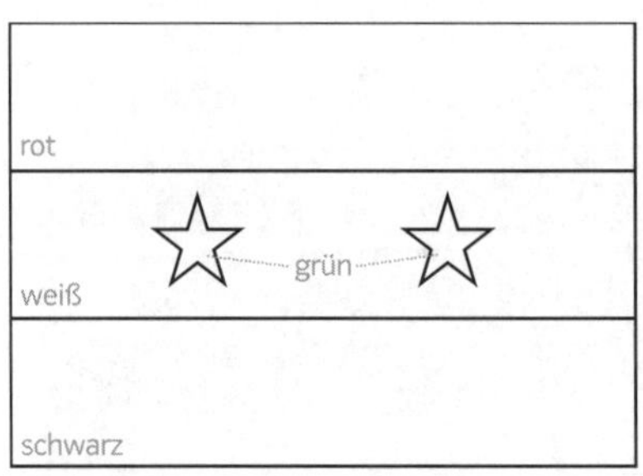

Syrien

....

....

....

ISBN 978-3-12-666872-9 Das DaZ-Buch-Lehrerhandbuch

Name: ....

1 ★ **Ergänze.**

ich mein .... du .... er .... sie .... es ....

wir .... ihr .... sie .... Sie (Sg.) .... Sie (Pl.) ....

2 ★★ **Ergänze.**

~~der Bleistift~~ • das Brot • das Buch • die Flasche • das Heft • die Lehrerin • der Radiergummi • der Schüler • die Tasche

a) ich –  mein Bleistift

b) du –  ....

c) er –  ....

d) sie –  ....

e) es –  ....

f) wir –  ....

g) ihr – 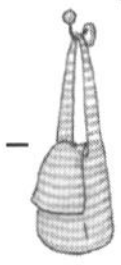 ....

h) sie –  ....

i) Sie –  ....

3 ★★ **Schreibe Sätze mit den Wörtern von Aufgabe 2 in dein Heft wie im Beispiel.**
★ **Die Übersicht zu den Possessivartikeln im Schülerbuch auf Seite 85 hilft.**

Kopiervorlage Possessivartikel, Aufgabe 3

a) Das ist mein Bleistift. Das sind meine Bleistifte.

ihr › **euer**
euer Stift, euer Heft, eure Tasche, eure Bücher
! auch: Ihr braucht euren Stift.

4 ★★ **Schreibe Sätze mit den Wörtern von Aufgabe 2 in dein Heft wie im Beispiel.**

Kopiervorlage Possessivartikel, Aufgabe 4

a) Ich brauche meinen Bleistift. Ich brauche meine Bleistifte.

5 ★★★ **Dein Stundenplan: Was brauchst du wann? Schreibe in dein Heft wie im Beispiel.**

Kopiervorlage Possessivartikel, Aufgabe 5

Am Montag habe ich Deutsch, Englisch und Mathematik.
Ich brauche mein Deutschheft, ...

	Montag	Dienstag	Mittwoch	Donnerstag	Freitag
1. Stunde 7:40–8:25 Uhr	D	Sp	E	D	D
2. Stunde 8:30–9:15 Uhr	D	Sp	E	D	D
1. große Pause					
3. Stunde 9:30–10:15 Uhr	D	D	D	D	D
4. Stunde 10:20–11:05 Uhr	E	D	D	D	M
2. große Pause					
5. Stunde 11:20–12:05 Uhr	M	D	Ku	M	E

ISBN 978-3-12-666872-9 Das DaZ-Buch-Lehrerhandbuch

Name: ....

1 **Arbeitet zu viert in Gruppen. Malt zu jeder Karte ein Bild.**

2 **Spielt Quartett:**
- **Mischt die Karten. Jeder bekommt 4 Karten.**
- **Fragt, antwortet und tauscht die Karten.**
- **Sammelt ein Quartett, das sind alle Karten von A, B, C oder D.**
- **Wer hat zuerst ein Quartett?**

A Personen an der Schule **A1 Sportlehrer/in** A2 Deutschlehrer/in A3 Hausmeister/in A4 Schulleiter/in	**A Personen an der Schule** A1 Sportlehrer/in **A2 Deutschlehrer/in** A3 Hausmeister/in A4 Schulleiter/in	**A Personen an der Schule** A1 Sportlehrer/in A2 Deutschlehrer/in **A3 Hausmeister/in** A4 Schulleiter/in	**A Personen an der Schule** A1 Sportlehrer/in A2 Deutschlehrer/in A3 Hausmeister/in **A4 Schulleiter/in**
B Schulmaterial **B1 der Füller** B2 das Buch B3 die Hefte B4 die Tintenpatrone	**B Schulmaterial** B1 der Füller **B2 das Buch** B3 die Hefte B4 die Tintenpatrone	**B Schulmaterial** B1 der Füller B2 das Buch **B3 die Hefte** B4 die Tintenpatrone	**B Schulmaterial** B1 der Füller B2 das Buch B3 die Hefte **B4 die Tintenpatrone**
C Räume / Orte in der Schule **C1 das Klassenzimmer** C2 die Toiletten C3 die Sporthalle C4 der Schulhof	**C Räume / Orte in der Schule** C1 das Klassenzimmer **C2 die Toiletten** C3 die Sporthalle C4 der Schulhof	**C Räume / Orte in der Schule** C1 das Klassenzimmer C2 die Toiletten **C3 die Sporthalle** C4 der Schulhof	**C Räume / Orte in der Schule** C1 das Klassenzimmer C2 die Toiletten C3 die Sporthalle **C4 der Schulhof**
D andere Schulwörter **D1 die Schule** D2 der Stundenplan D3 das Schulfach D4 die Pause	**D andere Schulwörter** D1 die Schule **D2 der Stundenplan** D3 das Schulfach D4 die Pause	**D andere Schulwörter** D1 die Schule D2 der Stundenplan **D3 das Schulfach** D4 die Pause	**D andere Schulwörter** D1 die Schule D2 der Stundenplan D3 das Schulfach **D4 die Pause**

ISBN 978-3-12-666872-9 Das DaZ-Buch-Lehrerhandbuch

Name: ....

Satzmodelle

1 Suche je 5 Aussagesätze, W-Fragen und Ja/Nein-Fragen auf den Seiten 30 und 31 im Schülerbuch.
2 Schreibe sie in die Satzmodelle.
3 Ergänze den Merkkasten unten.

Aussagesätze

1. ______ — ______ — ______ .
2. ______ — ______ — ______ .
3. ______ — ______ — ______ .
4. ______ — ______ — ______ .
5. ______ — ______ — ______ .

W-Fragen

1. ______ — ______ — ______ ?
2. ______ — ______ — ______ ?
3. ______ — ______ — ______ ?
4. ______ — ______ — ______ ?
5. ______ — ______ — ______ ?

Ja / Nein-Fragen

1. ______ — ______ — ______ ?
2. ______ — ______ — ______ ?
3. ______ — ______ — ______ ?
4. ______ — ______ — ______ ?
5. ______ — ______ — ______ ?

In **Aussagesätzen** steht das Verb auf Position ....

In **W-Fragen** steht das W-Fragewort auf Position ....
Das Verb steht auf Position ....

In **Ja/Nein-Fragen** steht das Verb auf Position ....

ISBN 978-3-12-666872-9 Das DaZ-Buch-Lehrerhandbuch

Name: ....

Test

1 Fragen und Antworten
.... / 10 Punkte

Schillerschule

Wie heißt deine Schule? → Meine ....

Wie heißt der Schulleiter? → Das ist in der Schillerschule kein Mann, das ist eine Frau. Die ....

.... ? → Das ist im ersten Stock, in Raum 1.11.

.... ? → Das Sekretariat ist von 7.30 Uhr bis 12.30 Uhr und von 13.30 Uhr bis 15.30 Uhr geöffnet.

Heißt der Hausmeister Herr Tok? → ....

.... ? → Sein Raum ist im Erdgeschoss, in Raum E.20.

Wann hat er Sprechstunden? → ....

Habt ihr keine Cafeteria? → ....

.... ? → Nein, die Cafeteria ist im Erdgeschoss.

Wann ist die Cafeteria geöffnet? → ....

2 Wortschatz und Grammatik
.... / 20 Punkte

2.1 [Nomen] Schreibe die Wörter mit Artikel im Singular und im Plural. .... / 4 Punkte

 ....

 ....

 ....

 ....

2.2 [Adjektive] Wie sind sie? Schreibe Sätze wie im Beispiel. .... / 3 Punkte

 Das Kind ist klein.

 ....

 ....

 ....

ISBN 978-3-12-666872-9 Das DaZ-Buch-Lehrerhandbuch

Name: ....

2.3 [brauchen + Akkusativ] Ergänze die passende Form von „brauchen" und den richtigen Artikel wie im Beispiel. .... / 3 Punkte

a) Ich gehe in den Schreibwarenladen. Ich brauche .... einen .... Füller.

b) Die Verkäuferin fragt: „........................ du auch .... Heft?"

c) Pablo hat Sportunterricht. Er .... Sportsachen.

d) Der Sportlehrer sagt: „Ihr .... heute .... Fußball."

2.4 [Verben] Ergänze die passenden Verbformen. .... / 4 Punkte

a) Heute .... (sein) Montag.

b) Der Unterricht .... (beginnen) um 7.40 Uhr und .... (enden) um 12.55 Uhr.

c) Ali .... (haben) heute Geburtstag.

d) Wir .... (singen) ein Lied für Ali.

e) In Deutsch .... (lesen) die Schüler die Aufgabe.

f) Pablo .... (lesen) nicht.

g) Er .... (schlafen) im Unterricht.

2.5 [W-Fragewörter] Ergänze. .... / 3 Punkte

was • wo • wann • wie viele • wie oft • wie lange

a) .... hat Frau langer Sprechstunde?

b) .... hast du in der Woche Deutsch?

c) .... dauern die Osterferien?

d) .... Schüler sind in deiner Schule?

e) .... ist der Raum vom Hausmeister?

f) .... lernst du in Mathematik?

2.6 [Positionen im Satz] Ergänze die Satzmodelle wie im Beispiel. .... / 3 Punkte

a) wir / in der Schule / sind / .

[Wir] — (sind) — [in der Schule] .

b) das Klassenzimmer / wo / ist / ?

[ ] — ( ) — [ ] ?

c) ist / das Klassenzimmer / im zweiten Stock / .

[ ] — ( ) — [ ] .

d) ihr / einen Fachraum Kunst / habt / ?

( ) — [ ] — [ ] ?

ISBN 978-3-12-666872-9 Das DaZ-Buch-Lehrerhandbuch

Name: ....

3 Lesen und Verstehen

.... / 10 Punkte

Meine Klasse

– von Jamila, 13 Jahre –

Ich gehe in die Schillerschule. Meine Klasse ist toll: Wir sind zwanzig Schülerinnen und Schüler. Wir kommen aus fünfzehn Ländern und sprechen zwölf Sprachen.

Wir haben jeden Tag sechs Stunden Unterricht. Der Unterricht beginnt um 8.00 Uhr und endet um 13.00 Uhr. Wir haben jeden Tag drei Stunden Deutsch. Unsere Deutschlehrerin heißt Frau Simon. Sie ist auch unsere Klassenlehrerin und wir haben sie in Mathematik und Englisch. Englisch haben wir am Dienstag, am Donnerstag und am Freitag. Der Sportlehrer heißt Herr Schwarz. Er hat die Jungen in Sport. Wir acht Mädchen haben Frau Kerner in Sport. Frau Kerner ist auch unsere Kunstlehrerin.

Unser Klassenzimmer ist im zweiten Stock: Raum 2.15. Sport haben wir in der Sporthalle und Kunst haben wir im Fachraum Kunst. Er ist auch im zweiten Stock, das ist gut. Und in der Pause? Da sind wir auf dem Schulhof oder im Erdgeschoss, in der Cafeteria.

3.1 Was ist richtig? Kreuze an.

.... / 5 Punkte

a) In der Schillerschule sind 20 Schülerinnen und Schüler. ☐
b) Jamilas Klasse hat täglich Deutsch. ☐
c) Frau Simon ist keine Mathematiklehrerin. ☐
d) Die Klasse hat dreimal in der Woche Englisch. ☐
e) Die Jungen und die Mädchen haben Sportunterricht. ☐
f) Herr Schwarz ist Sportlehrer. ☐
g) In Jamilas Klasse sind zwölf Jungen. ☐
h) Frau Kerner ist auch die Klassenlehrerin. ☐
i) Die Schillerschule hat keine Fachräume. ☐
j) Das Klassenzimmer ist im Erdgeschoss. ☐

3.2 Ergänze.

.... / 5 Punkte

der Fachraum Kunst • die Mädchen • 30 Stunden Unterricht • Kunst und Sport • fünf • das Klassenzimmer • Deutsch, Mathematik und Englisch • die Jungen

a) Die Klasse hat Frau Simon in ....

b) Die Klasse hat .... Schulfächer: Deutsch, Mathematik, Englisch, ...

c) .... haben Herrn Schwarz in Sport, ... haben Frau Kerner.

d) Raum 2.15 ist .... und .... ist auch im zweiten Stock.

e) Die Schülerinnen und Schüler haben .... in der Woche.

ISBN 978-3-12-666872-9 Das DaZ-Buch-Lehrerhandbuch

Name: ....

4 Schreiben

.... / 10 Punkte

Wie viele Jahreszeiten hat ein Jahr?

Wie heißen die Jahreszeiten?

Wann beginnen die Jahreszeiten?

Wie lange dauert eine Jahreszeit?

Wie viele Monate hat ein Jahr?

Wie heißen die Monate?

Wie viele Tage hat ein Monat?

Das Jahr

Ein Jahr hat ....

....

....

....

....

....

....

....

....

....

....

....

....

....

Ergebnis: .... **/ 50 Punkte**

....

Kommentar: ....

ISBN 978-3-12-666872-9 Das DaZ-Buch-Lehrerhandbuch

Name: ....

3 Unterwegs

Inhalte und Lernziele

A	In der Stadt, Verkehrsmittel, Schulweg, Umfeld der Schule
	ein Interview machen
	Ortsangaben: *davor, dahinter, daneben, gegenüber, rechts, links*
	[Wortbildung] Komposita
B	Straßenverkehr und Verkehrsregeln
	Ausflugsziele
	inoffizielle Uhrzeit, Tageszeiten (ÜB), pünktlich / zu früh / zu spät kommen (ÜB)
	[Grammatik] • Modalverben: *müssen, dürfen, können* und Satzklammer bei Modalverben • Pronomen: *man*
	[Aussprache] E-Laute
C	Tagesablauf: Aktivitäten am Morgen
	Orientierung: Stadtplan, Schulgebäude; Richtungsangaben: *geradeaus, nach links, nach rechts, …;* Wegbeschreibungen verstehen und Wege beschreiben, nach dem Weg fragen
	[Grammatik] • trennbare Verben, Satzklammer und Positionen im Satz bei trennbaren Verben • Fragewort *welch-* (Nominativ und Akkusativ)
D	Fahrplan und Tarifinformationen lesen und verstehen, Geld und Preise (ÜB), Antworten schriftlich formulieren
	Textformalien: Überschrift, Absatz, Zeile, …, Satzzeichen
	einen literarischen Text verstehen, Vorlesen üben, Elfchen lesen und selbst schreiben, Elternbrief und Einverständniserklärung (ÜB)
E	**[Schul-/Fächerspezifisches]** • Im Unterricht: Fragen und Anweisungen mit Modalverben und trennbaren Verben • Geographie: Orientierung in Deutschland / Karten lesen (Bundesländer, Hauptstädte, Nachbarländer, … Himmelsrichtungen, …), Kontinente und Weltmeere (ÜB)

Eine Gesamtübersicht zur Lektion finden Sie im Schülerbuch, Seite 6/7.

Zusatzmaterial

Bild-Wort-Karten: ⬇
Kopiervorlagen: Seite 54–57 / ⬇
Lektionstest: Seite 58–61 / ⬇

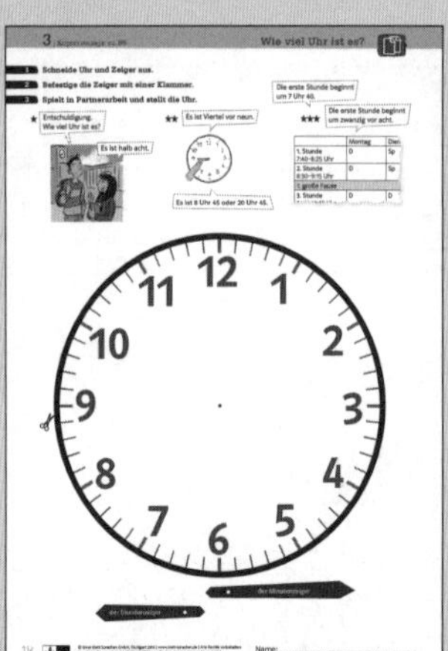
KV zu B6 | Seite 54

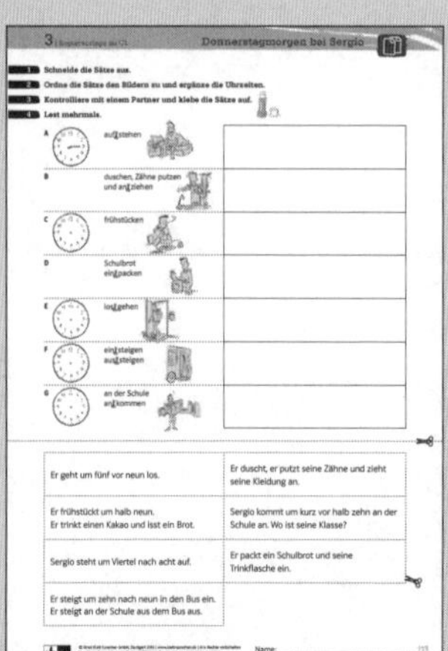
KV zu C1 | Seite 55

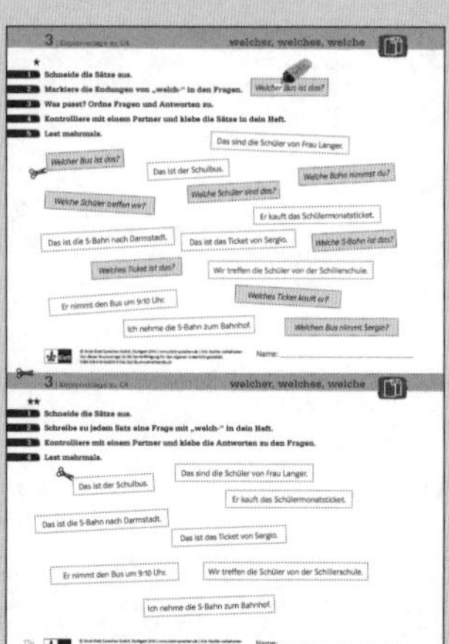
KV zu C4 | Seite 56

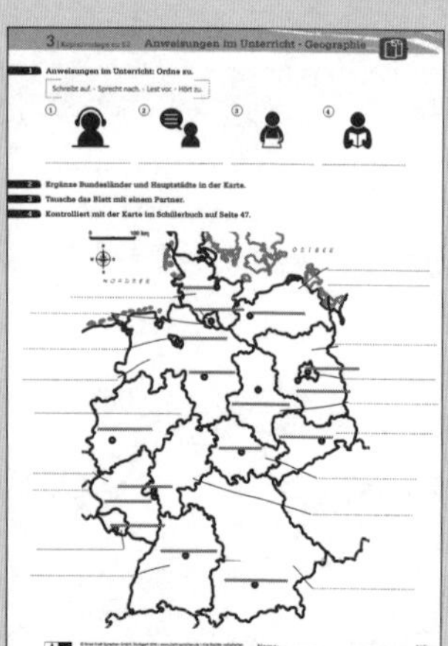
KV zu E2 | Seite 57

Sie brauchen: Wortkarten (A1); Artikelkärtchen (A2); Fotos / Postkarten von verschiedenen Straßenszenen (A3); Plakate (A8)

Vorwissen aktivieren: Notieren Sie die Begriffe, die SuS nennen, auf Wortkarten. Fragen Sie anschließend: „Was passt zusammen?" SuS versuchen, die Wortkarten an der Tafel zu sortieren, z. B. nach *Wer?* (Personen / Verkehrsteilnehmer), *Wie?* (Fahrzeuge / Verkehrsmittel), *Wo?* (Verkehrsweg), *Was?* (Verkehrszeichen u. a.)

Vorentlastung: Entwickeln Sie mit den SuS unten stehendes Tafelbild, ergänzen Sie ggf. um ortsübliche Verkehrsmittel. SuS fragen und antworten dann in wechselnden Paarungen.

Wie kommst du zur Schule?
Ich komme …

(zu Fuß)	(Fahrrad)	(Bus)
… zu Fuß.	… mit dem Fahrrad.	… mit dem Bus. … mit der Bahn.

Schulweg
★/★★ SuS interviewen sich in wechselnden Paarungen und verschriftlichen dann einen oder mehrere Dialoge.
★★★ SuS machen sich beim Interviewen Notizen und fassen dann zusammen: *… Schüler kommen zu Fuß in die Schule. … Schüler fahren …*

Wortschatzerweiterung: Nach dem Hören und Nachsprechen von ▶ 44 ergänzen SuS ggf. das Tafelbild zu A1. SuS oder Sie visualisieren neue Begriffe über eine kleine Zeichnung an der Tafel oder die Fotos im SB.
> **Spiel „Artikelkärtchen":** Spielen Sie mit den in A1 und A2 gesammelten Begriffen. SuS kehren dabei der Tafel den Rücken zu. > Seite 110

Oberbegriffe
★/★★ SuS können ÜB4 mithilfe des Tafelbilds zu A1/A2 lösen.
★★★ SuS können ÜB4 erweitern um *Verkehrswege* und *Verkehrszeichen*.

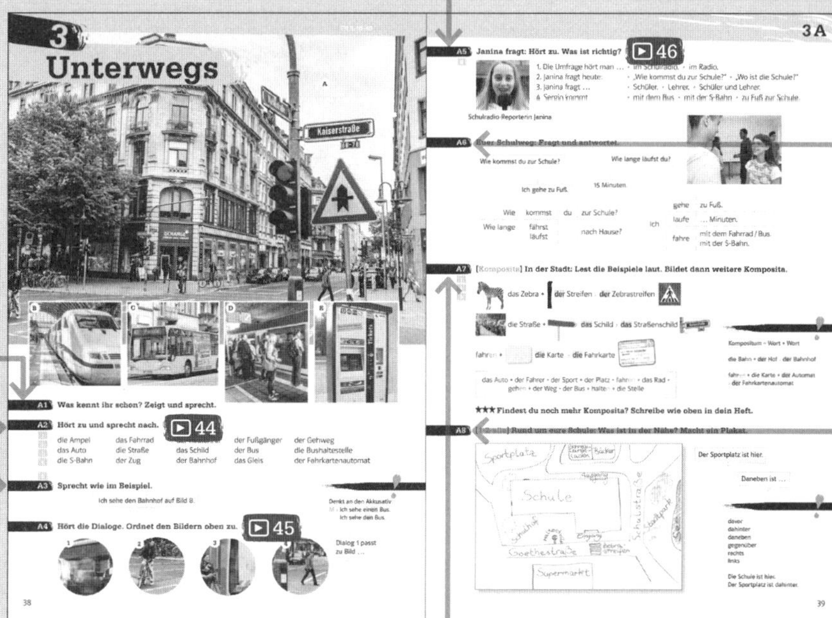

Spiel: Wiederholen Sie die Adjektive aus L2 > ÜB, S. 53. SuS spielen dann zum Wortschatz *Verkehr* in PA „Mein *hmhm* ist rot und …" – „Das ist der / das / die …" (Regeln wie „Ich sehe was, was du nicht siehst"). Bringen Sie Fotos / Postkarten von verschiedenen Straßenszenen mit oder SuS verwenden die Fotos im SB.

Weiterarbeit zu Komposita: SuS nennen Komposita. Ordnen Sie diese an der Tafel in drei Kategorien. SuS vermuten, welche Kategorien das sein könnten: Tragen Sie dann erst die Spaltenüberschriften ein:

Nomen + Nomen	Verb + Nomen	Adjektiv + Nomen
der Stadtpark = die Stadt + der Park	der Schreibtisch = schreiben + der Tisch	der Großvater = groß + der Vater

SuS ergänzen die Tabelle. Dabei können sie auch Wortschatz aus L1, L2 und ÜB aufgreifen: *Schultasche, Schulhof, Klassenzimmer, Stundenplan, Mathelehrerin, Jahreszeit, Großmutter, Freistunde, …* Helfen Sie mit dem Fugen -s/-e/-n, wenn nötig.
> **Rätselbilder als Wechselkärtchen:** SuS zeichnen zu den Wortbestandteilen der gesammelten Komposita und spielen. > Seite 107
> ★★★ Regeln entdecken: SuS bearbeiten die Zusatzaufgabe. Sie erschließen, welches Wort in Komposita den Artikel bestimmt. Sprechen Sie mit SuS die Komposita und lassen sie entdecken, wie Komposita betont werden (vgl. ÜB, S. 43; SB, S. 87).

Ortsangaben *davor, dahinter, …*: Stellen Sie 5 SuS in Relation zu einem Stuhl *davor, dahinter, rechts* und *links daneben* und *gegenüber* auf. Fragen Sie: „Wo ist A? – A ist davor." usw. Üben Sie die Begriffe auch an der Beispielskizze in A8, klären Sie dafür ggf. die Artikel der Wörter auf der Skizze.
SuS arbeiten dann nach dem Prinzip „1-2-alle". Sie sammeln, was es um die eigene Schule herum gibt (ggf. echten Rundgang machen). Es entstehen Plakate zum Umfeld der eigenen Schule, die auch versprachlicht werden.
> Seite 107

Sie brauchen: Kärtchen (B1); Bilder von Verkehrsschildern, z. B. GS-Material Verkehrserziehung (B3); Fotos oder Prospekte von Ausflugszielen in Ihrer Umgebung, Plakat (B5); Musterklammern (B6)

Sätze bilden
★ SuS schreiben die Satzteile auf Kärtchen und sortieren sie zu Sätzen. Mehrfach benötigte Satzteile schreiben sie auf weitere Kärtchen. Auf die Rückseite der Verbkärtchen schreiben sie jeweils die konjugierte Form. Nach Ihrer Korrektur schreiben SuS die Sätze in Satzmodellen ins Heft.
★★ SuS bilden mit den Satzteilen so viele Sätze wie möglich und schreiben sie in Satzmodellen ins Heft.
★★★ SuS schreiben darüber hinaus so viele Sätze zu den Fotos A–D auf wie möglich. Wer kann die meisten Sätze bilden?

Modalverb *können* – Möglichkeiten nennen: Schreiben Sie an die Tafel: *Wir können ein Museum besuchen.* Erklären Sie SuS, dass auch *können* ein Modalverb ist. SuS zeichnen die Satzmodell-Markierungen an der Tafel ein.
Bringen Sie Fotos oder Prospekte von Ausflugszielen in Ihrer Umgebung mit. SuS zeigen und erzählen, was sie schon kennen, formulieren die Möglichkeiten: „Wir können …" – und stimmen ab, falls wirklich ein Ausflug gemacht werden soll.

Modalverb *können* – Fähigkeiten nennen: Fragen Sie: „Was kannst du gut?" SuS nennen besondere Fähigkeiten. Fragen Sie auch direkt: „Kannst du gut schwimmen / Fahrrad fahren / …?"
> **Klassenplakat „Das können wir":** Jede/r schreibt und gestaltet zu einer Fähigkeit, die sie / ihn besonders auszeichnet (mit oder ohne Namensnennung).

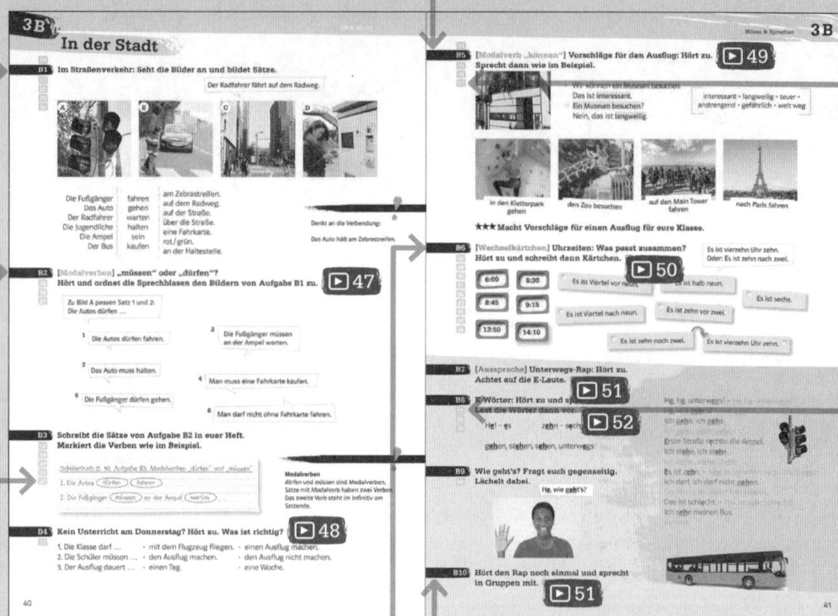

Modalverben *müssen, dürfen:* Zeichnen Sie eine rote Ampel an die Tafel. SuS nennen passende Verben: *warten, halten.* Verstärken Sie: „Wir *müssen* warten." und schreiben Sie den Satz an die Tafel. Zeichnen Sie daneben eine grüne Ampel. SuS nennen passende Verben: *fahren, gehen.* Verstärken und schreiben Sie: „Wir *dürfen* gehen."

Vertiefung: Bringen Sie Bilder von einfachen Verkehrsschildern mit und fragen Sie: „Was darf / muss man machen?" SuS finden gemeinsam je einen passenden Satz und schreiben diesen im Satzmodell an die Tafel. Veranschaulichen Sie daran noch einmal den Merkkasten aus B3.
> **Rollenspiele:** Sammeln Sie mit SuS an der Tafel Akteure, z. B. *Lehrer, Schüler, Busfahrer, Fahrgast,* und Tätigkeiten, z. B. *Fahrkarte kaufen, pünktlich sein.* SuS denken sich in PA kleine Rollenspiele aus, z.B. Busfahrer zu Schüler: „Du musst eine Fahrkarte kaufen."

Offizielle und inoffizielle Uhrzeit: Wiederholen Sie spielerisch die Zahlen > Seite 109 und die offizielle Uhrzeit vor B6 und den Aufgaben im ÜB.

KV zu B6 – Wie viel Uhr ist es? (auf festeres Papier kopieren) SuS schneiden die Zeiger aus und befestigen sie mit einer Musterklammer an der Uhr. Üben Sie dabei die Begriffe *Minutenzeiger, Stundenzeiger, Ziffer* sowie die Redemittel zum Erfragen der Uhrzeit ein. Üben Sie das Lesen und Einstellen der Uhr anhand von offiziellen und inoffiziellen Zeitangaben. SuS sprechen und spielen in PA. > Seite 54

> **Uhrzeiten in anderen Sprachen:** Gibt es auch Viertel und halb, vor und nach …? Arbeiten Sie mit der Lernuhr.
> **Pünktlichkeit:** Mit diesem, für Schule und Integration relevanten Thema beschäftigen sich auch Aufgaben im ÜB.
> **Regionale Zeitangaben:** besprechen Sie, wenn nötig (z. B. 17.15 Uhr = „Viertel sechs", 17.45 Uhr = „Dreiviertel sechs").

Aussprache – E-Laute in betonten Silben: Sprechen Sie die Wörter noch einmal langsam vor. Zeigen Sie, dass kurzes *E* und *Ä* gleich klingen (z. B. *schlecht* und *hält*). Sprechen Sie das lange *E* mit breit lächelnden Lippen, z. B. *sehen*. Ein langes *Ä*, z. B. in *Mädchen* oder *fährt*, wird mit offenem Mund gesprochen.
> ★★★ **Exkurs Aussprache und Rechtschreibung:** *e + h* und *ee* werden immer lang gesprochen, *e* + Doppelkonsonant kurz.

Spiel: SuS stehen und zählen reihum bis 66. Nur Zahlen mit E-Laut werden gesprochen, alle anderen durch „He!" ersetzt: „He, he, he, he, he, sechs, he, he, he, zehn, elf, …" Wer einen Fehler macht, setzt sich.

Sie brauchen: Kärtchen, z. B. Moderationskarten (C2); Kopien und eine Folie des Plans aus dem SB (C5)

Wiederholung: Nach dem Üben in SB und ÜB (ÜB 47) nehmen SuS die KV zu C1, decken die Sätze ab und formulieren selbst Sätze dazu.

Trennbare Verben: Demonstrieren Sie am Beispielsatz aus C2 das Trennen des Verbs, indem Sie die drei Kärtchen

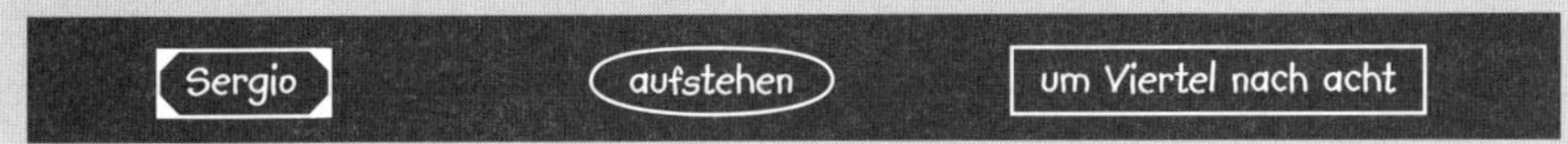

an die Tafel heften. Sortieren Sie den Satz mit SuS, wobei *aufstehen* zerschnitten wird und die richtige Personalendung bekommt. Vergessen SIe nicht den Punkt am Ende des Satzes. Markieren Sie die Satzklammer wie in ÜB44.

> **Positionen im Satz:** SuS formulieren Fragen. Schreiben Sie in Satzmodellen an die Tafel.

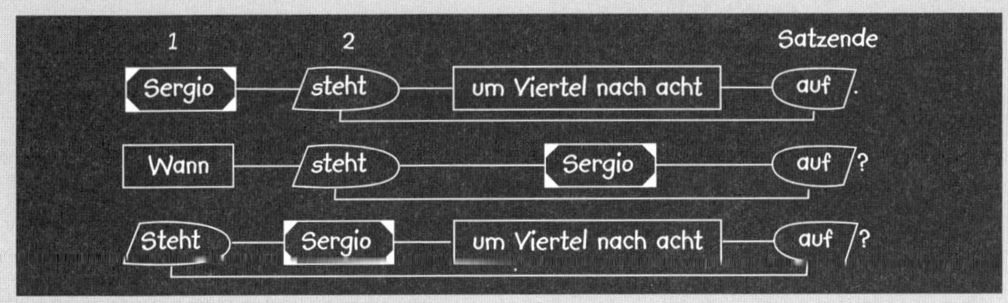

> **Satzpuzzle:** GA – Jede Gruppe bekommt Kärtchen in einer anderen Farbe und sucht sich einen Satz mit trennbarem Verb aus. SuS schreiben die Wörter und das Satzzeichen auf Kärtchen, tauschen mit anderen Gruppen und setzen die Sätze wieder zusammen. Die Satzpuzzles können später noch zur Wiederholung und Differenzierung genutzt werden.

KV zu C1 – Donnerstagmorgen bei Sergio > Seite 55

KV zu C4 – welcher, welches, welche

★ SuS ordnen Fragen und Antworten zu.

★★ SuS schreiben Fragen mit *welch-* zu vorgegebenen Antworten.

> Seite 56

★★★ SuS formulieren eigene Fragen mit *welch-* und schreiben Antworten dazu. Ideen finden sie wenn nötig in SB und ÜB oder durch Unterstützung der ★/★★-SuS.

Vorentlastung: Zeichnen Sie folgenden Plan an die Tafel.

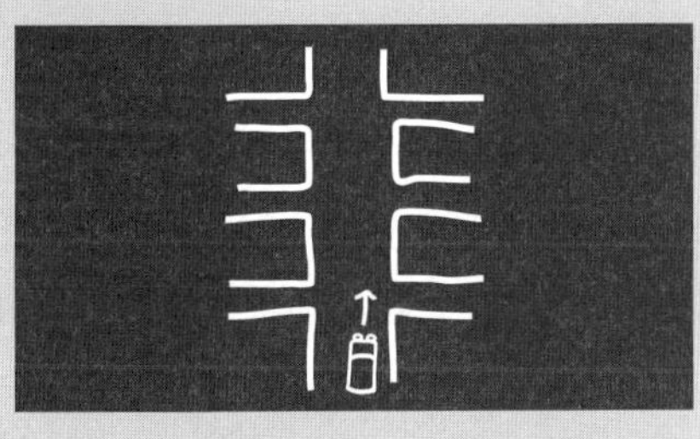

Benennen und beschriften Sie die Straßen zusammen mit SuS. Fragen Sie dann: „Wo ist rechts? Wo ist links?" SuS, die das schon wissen, schreiben *rechts* und *links* an die entsprechenden Tafelseiten. Fragen Sie: „Wie heißt die erste Straße rechts?" SuS antworten: „Die erste Straße rechts heißt …" SuS fragen weiter. Variieren Sie dann: „Wo ist die …-Straße?" usw.

In PA zeichnen SuS analog kleine Pläne, fragen und antworten.

Wiederholen Sie die Ortsangaben von A8 und betrachten Sie gemeinsam den Plan in C5. Fragen Sie: „Wo ist der Supermarkt?" SuS fragen in PA weiter und zeigen.

SuS zeichnen die Richtungsangaben von C5 an die Tafel und stellen sie pantomimisch dar, dabei sprechen sie: „Ich gehe geradeaus." – „Ich biege (nach) links ab." usw.

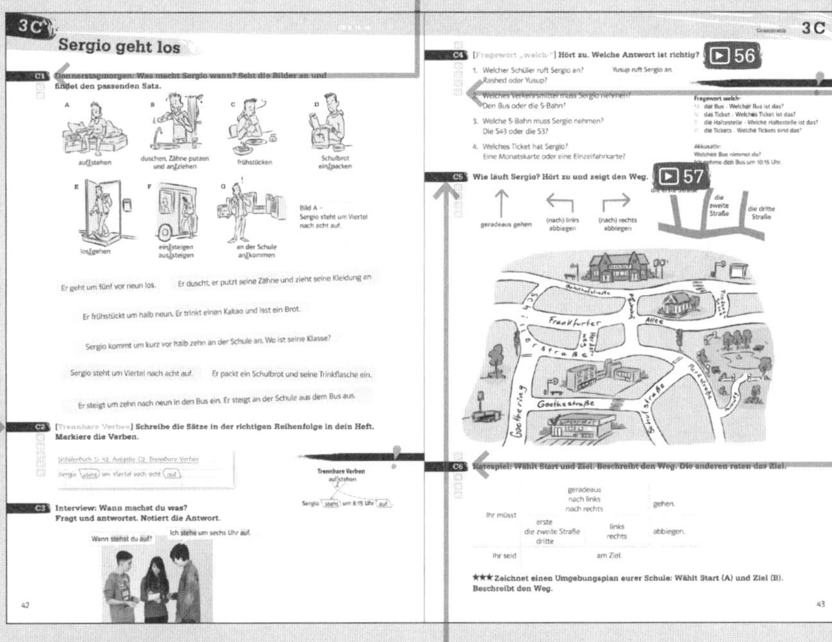

Eine Wegbeschreibung verstehen: Kopieren Sie den Plan aus dem SB für SuS auf Papier und einmal auf Folie. Beim (ggf. mehrfachen) Hören können SuS den Weg einzeichnen. Nach ÜB 54 wird die Wegbeschreibung von SuS noch einmal vorgelesen und dabei auf der Folie eingezeichnet.

! Startpunkt und Laufrichtung können vor dem Hören in die kopierten Pläne eingetragen werden: Sergio startet in der Goethestraße Richtung Goethering.

Wege beschreiben:

★★★ SuS tragen Straßennamen, Gebäude, Parks, Haltestellen, Geschäfte, … in den Plan ein.

! **Alternative:** SuS verwenden Pläne des eigenen Ortes.

> **Nachschlagen anbahnen:** SuS suchen Straßennamen im alphabetischen Straßenverzeichnis und finden die Straßen auf dem Stadtplan.

Sie brauchen: Anträge auf Schülerausweise Ihrer Schule, Lichtbilder der SuS, Spielgeld (D1); eigene Fahrpläne, Tickets etc. der SuS, evtl. Preisliste und Fahrpläne des örtlichen Nahverkehrs (D2); Kopien und evtl. eine Folie des Textes von D3 (D4)

Wiederholung Formulare – einen Schülerausweis beantragen: Thematisieren Sie, wie man ein Schülerticket bekommt, evtl. auch den Begriff „Berechtigungsnachweis". SuS brauchen für vergünstigte Tickets in Bus und Bahn, aber auch im Kino, Schwimmbad usw., i.d.R. einen Schülerausweis. Bringen Sie Anträge auf Schülerausweise Ihrer Schule mit. Wiederholen bzw. klären Sie die notwendigen Begriffe. SuS füllen die Anträge aus und lassen sie zu Hause von den Erziehungsberechtigten unterschreiben. Als Lichtbild können evtl. die Fotos aus L1 verwendet werden.

Geld und Preise: Bringen Sie Spielgeld, das z.B. bei Banken erhältlich ist, mit, um den Umgang mit Geld und das Nennen von Preisen auf Deutsch vertiefend zu üben. In PA nennen SuS Preise und zählen das Geld passend ab o.ä.

Textformalien: Stellen Sie nach D3 Aufgaben, z.B. „Zählt die Abschnitte im Text. Lest die Überschrift vor. Zählt die Zeilen in Abschnitt 1. Welche Zeile beginnt mit ‚Heute'? ..."

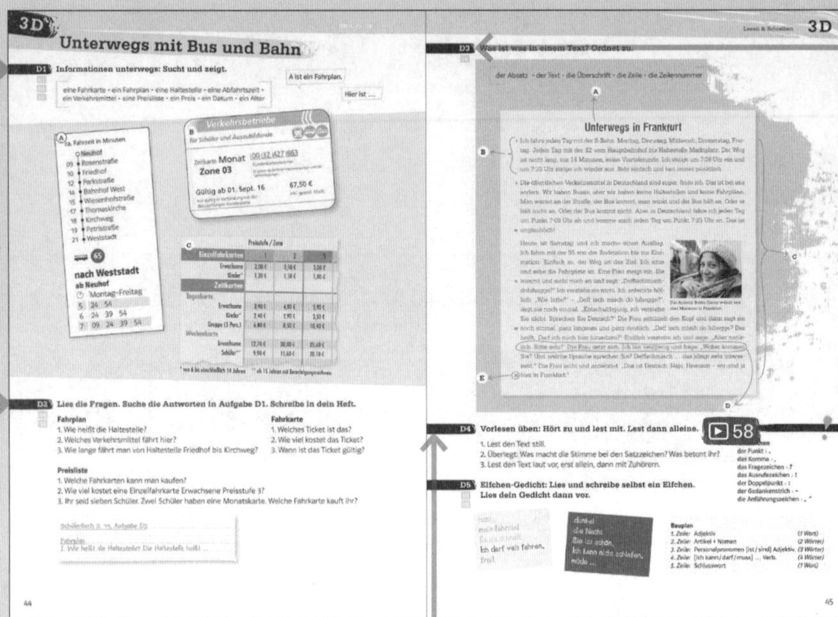

Vorentlastung
> **Realia Informationen entnehmen:** Fragen Sie: „Welche Haltestelle kommt nach ...?", „Welche Fahrkarte kostet 2 Euro?" ... SuS antworten und stellen weitere Fragen zu den Realia in D1.
> **Wiederholung Komposita:** SuS suchen Komposita auf S. 44 im SB und analysieren sie.

die Fahrkarte -> fahren + die Karte

Fragen und Antworten: SuS bringen eigene Fahrpläne, Tickets etc. mit. Nachdem SuS die Fragen von D2 beantwortet haben, variieren sie in GA die Fragen zum mitgebrachten Material und beantworten sie.
> **Rollenspiel Fahrkartenkauf:** Sammeln Sie mit SuS Redemittel zum Fahrkartenkauf an der Tafel, z.B. „Ich brauche eine Fahrkarte nach ...", „Das ist die Preisstufe ...", „Brauchen Sie eine Einzelfahrkarte oder eine Tageskarte?", „Das macht ... Euro." ... In PA bereiten SuS anhand der Preisliste von D1 oder der Preisliste des örtlichen Nahverkehrs kleine Rollenspiele vor.

Schulwege: SuS, die mit öffentlichen Verkehrsmitteln zur Schule kommen, zeigen ihre Fahrkarten und erzählen, z.B. über Bus-/Bahnlinie, Haltestellen, Fahrpläne, Preise.
Skizzieren Sie Ihren Schulweg mit Verkehrsmitteln und ungefähren Zeitangaben an der Tafel. Teilen Sie dann Blätter aus, auf denen SuS den eigenen Schulweg ebenso skizzieren. Hängen Sie die Blätter anschließend auf. SuS vermuten zu jeder Zeichnung: „Das ist der Schulweg von ..."

——————→ 4 Min.
Bus Linie 3 ——————→ 10 Min.
——————→ 2 Min.

> **Einen Ausflug planen:** Wenn Sie mit SuS einen Ausflug planen (vgl. B5), lassen Sie SuS Zeiten und Fahrkarten auswählen und die Kosten berechnen.

Textarbeit
Teilen Sie Kopien des Textes von D3 aus.
★ SuS markieren alle Verben,
★★ SuS markieren Verben und Nomen,
★★★ SuS markieren Verben, Nomen und Adjektive in unterschiedlichen Farben. Dabei werden auch gemeinsam unbekannte Wörter geklärt. Schreiben Sie Fragen zum Text an die Tafel, die SuS in PA und dann im Plenum beantworten.

Wer schreibt den Text?
Was ist das Thema?
Was macht die Autorin jeden Wochentag?
Welche S-Bahn nimmt die Autorin?
Um wie viel Uhr kommt sie an der Haltestelle Marktplatz an?
Was macht sie am Samstag?

SuS lesen D4, hören 58 mehrmals und können sich Notizen im kopierten Text machen. Dann üben sie das Vorlesen und Vortragen des Textes.

> **Verkehrsmittel in den Heimatländern** besprechen, über Pünktlichkeit, evtl. über Schulweg im Heimatland reden
> **Dialekte:** Gibt es Dialektausdrücke aus dem Umfeld der SuS, die sie kennen und klären wollen?

Sie brauchen: vergrößerte Icons der KV zu E2 / Aufgabe 1, Wandkarte Deutschland politisch, Geographiebücher und Nachschlagewerke (E2); evtl. Fotos von Stadt, Fluss, Meer und See, Kompass, Lineale oder Zentimetermaß, Umgebungskarten, Atlas (E3)

Anweisungen im Unterricht: Bringen Sie die vergrößerten Icons der KV zu E2, Aufgabe 1 (> Seite 57) und eine Wandkarte (Deutschland, politisch, d. h. mit eingezeichneten Bundesländern) mit.
Zeigen Sie die Icons „zuhören" und „nachsprechen" und sprechen Sie dazu: „Hört zu. Sprecht nach." SuS hören ▶ 59 und sprechen nach. Hören Sie noch einmal und zeigen Bundesländer und Hauptstädte an der Wandkarte. Anschließend hören und zeigen SuS an der Wandkarte und im Buch. Stoppen Sie die Aufnahme, wenn nötig, bis alle kontrolliert haben, ob sie richtig liegen.
Zeigen Sie das Icon „aufschreiben" und das Beispiel für den Heftaufschrieb im SB und sprechen Sie dazu: „Schreibt auf."

Bundesländer und Hauptstädte: SuS ordnen die Länder beim Aufschreiben in die Tabelle alphabetisch.
★/★★ SuS schreiben Wechselkärtchen (Vorderseite Bundesland, Rückseite Hauptstadt), spielen und sortieren sie dann anschließend an der Tafel alphabetisch, bevor sie die Tabelle von E2 fertig schreiben.
★★★ SuS erweitern die Tabelle um Fläche und Einwohnerzahl. Stellen Sie SuS dafür Geographiebücher und Nachschlagewerke zur Verfügung.
> Zeigen Sie das Icon „vorlesen" und sprechen Sie dazu: „Lest vor." SuS präsentieren ihre Ergebnisse.
! Die Icons können zu den Arbeitsanweisungen aus L1 (vgl. Seite 79) im Klassenzimmer gehängt werden und SuS bei zukünftigen Arbeitsanweisungen unterstützen.

KV zu E2 – Anweisungen im Unterricht • Geographie
> Seite 57
> **Erweiterung:** SuS können auch Nachbarländer und Flaggen ergänzen, die Stadt, in der sie wohnen, eintragen usw.

Karten lesen: SuS zeigen die geographischen Begriffe von E3, die sie kennen und zuordnen können, auf der Karte von S. 47 im SB. Klären Sie die Begriffe gemeinsam. Bringen Sie evtl. Fotos von Stadt, Fluss, Meer und See mit.
> **Himmelsrichtungen:** Bringen Sie zur Erklärung evtl. einen Kompass mit oder nutzen Sie die Windrose auf der Karte. Klären Sie auch die Abkürzungen für die Himmelsrichtungen. (Zusatzinfo: Norden ist i. d. R. oben auf einer Karte.)
> **Maßstab:** Messen Sie mit SuS nach: „Wie viele Zentimeter auf der Karte sind 100 km?" SuS messen dann auf der Karte und errechnen als Beispiel die Länge und Breite von Deutschland.
> **Regionaler Bezug:** Arbeiten Sie auch mit Karten Ihres Bundeslandes / Ihrer Umgebung. Lassen Sie SuS die Entfernungen für einen Ausflug ermitteln o. Ä.
> **Im Atlas nachschlagen:** SuS suchen ihre Heimatstädte im Atlas.

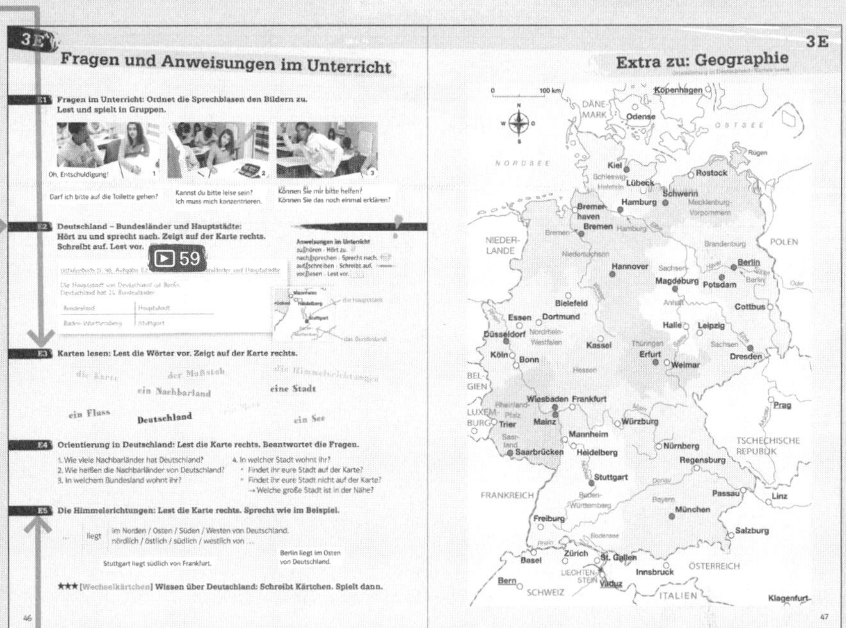

Rätselspiel: Sagen Sie: „Die Stadt liegt im Süden von Deutschland." SuS raten: „Ist es X?" Antworten Sie: „Ja, es ist X. / Nein, es ist nicht X. Die Stadt liegt östlich von X." usw. Anschließend spielen SuS in PA oder Kleingruppen.

Quiz zu Lektion 3
> Seite 108

Quiz zu Lektion 3:

1. Welche Farbe hat der Bus Linie 43 im Schülerbuch?
2. Wie viele Personen warten auf die S-Bahn?
3. Welche Farbe zeigt die Fußgängerampel im Schülerbuch?
4. Welche Farben hat das Stoppschild?
5. Was darf die Klasse von Frau Langer machen?
6. Welches Wort reimt sich auf „sehen"?
7. Wann kommt Sergio an der Schule an?
8. Wie kommen die Schüler von der Goetheschule zum Supermarkt?
9. Was kostet die Monatskarte im Schülerbuch?
10. Wo liegt Deutschland?

1 **Schneide Uhr und Zeiger aus.**

2 **Befestige die Zeiger mit einer Klammer.**

3 **Spielt in Partnerarbeit und stellt die Uhr.**

★ Entschuldigung. Wie viel Uhr ist es?

Es ist halb acht.

★★ Es ist Viertel vor neun.

Es ist 8 Uhr 45 oder 20 Uhr 45.

Die erste Stunde beginnt um 7 Uhr 40.

★★★ Die erste Stunde beginnt um zwanzig vor acht.

	Montag	Dien
1. Stunde 7:40–8:25 Uhr	D	Sp
2. Stunde 8:30–9:15 Uhr	D	Sp
1. große Pause		
3. Stunde	D	D

ISBN 978-3-12-666872-9 Das DaZ-Buch-Lehrerhandbuch

Name: ....

Donnerstagmorgen bei Sergio

1 **Schneide die Sätze aus.**

2 **Ordne die Sätze den Bildern zu und ergänze die Uhrzeiten.**

3 **Kontrolliere mit einem Partner und klebe die Sätze auf.**

4 **Lest mehrmals.**

A  auf|stehen 

B duschen, Zähne putzen und an|ziehen 

C  frühstücken 

D Schulbrot ein|packen 

E  los|gehen 

F 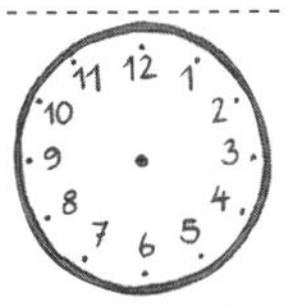 ein|steigen aus|steigen 

G  an der Schule an|kommen 

Er geht um fünf vor neun los.	Er duscht, er putzt seine Zähne und zieht seine Kleidung an.
Er frühstückt um halb neun. Er trinkt einen Kakao und isst ein Brot.	Sergio kommt um kurz vor halb zehn an der Schule an. Wo ist seine Klasse?
Sergio steht um Viertel nach acht auf.	Er packt ein Schulbrot und seine Trinkflasche ein.
Er steigt um zehn nach neun in den Bus ein. Er steigt an der Schule aus dem Bus aus.	

ISBN 978-3-12-666872-9 Das DaZ-Buch-Lehrerhandbuch

Name: ....

★

1 **Schneide die Sätze aus.**

2 **Markiere die Endungen von „welch-“ in den Fragen.**

Welcher Bus ist das?

3 **Was passt? Ordne Fragen und Antworten zu.**

4 **Kontrolliere mit einem Partner und klebe die Sätze in dein Heft.**

5 **Lest mehrmals.**

Das sind die Schüler von Frau Langer.

Welcher Bus ist das?

Das ist der Schulbus.

Welche Bahn nimmst du?

Welche Schüler sind das?

Welche Schüler treffen wir?

Er kauft das Schülermonatsticket.

Das ist die S-Bahn nach Darmstadt.

Das ist das Ticket von Sergio.

Welche S-Bahn ist das?

Welches Ticket ist das?

Wir treffen die Schüler von der Schillerschule.

Er nimmt den Bus um 9:10 Uhr.

Welches Ticket kauft er?

Ich nehme die S-Bahn zum Bahnhof.

Welchen Bus nimmt Sergio?

ISBN 978-3-12-666872-9 Das DaZ-Buch-Lehrerhandbuch

Name: ....

3 | Kopiervorlage zu C4 welcher, welches, welche

★★

1 **Schneide die Sätze aus.**

2 **Schreibe zu jedem Satz eine Frage mit „welch-“ in dein Heft.**

3 **Kontrolliere mit einem Partner und klebe die Antworten zu den Fragen.**

4 **Lest mehrmals.**

Das sind die Schüler von Frau Langer.

Das ist der Schulbus.

Er kauft das Schülermonatsticket.

Das ist die S-Bahn nach Darmstadt.

Das ist das Ticket von Sergio.

Er nimmt den Bus um 9:10 Uhr.

Wir treffen die Schüler von der Schillerschule.

Ich nehme die S-Bahn zum Bahnhof.

© Ernst Klett Sprachen GmbH, Stuttgart 2017 | www.klett-sprachen.de | Alle Rechte vorbehalten
Von dieser Druckvorlage ist die Vervielfältigung für den eigenen Unterricht gestattet.
ISBN 978-3-12-666872-9 Das DaZ-Buch-Lehrerhandbuch

Name: ....

1 **Anweisungen im Unterricht: Ordne zu.**

Schreibt auf. • Sprecht nach. • Lest vor. • Hört zu.

① 
② 
③ 
④ 

....

2 **Ergänze Bundesländer und Hauptstädte in der Karte.**

3 **Tausche das Blatt mit einem Partner.**

4 **Kontrolliert mit der Karte im Schülerbuch auf Seite 47.**

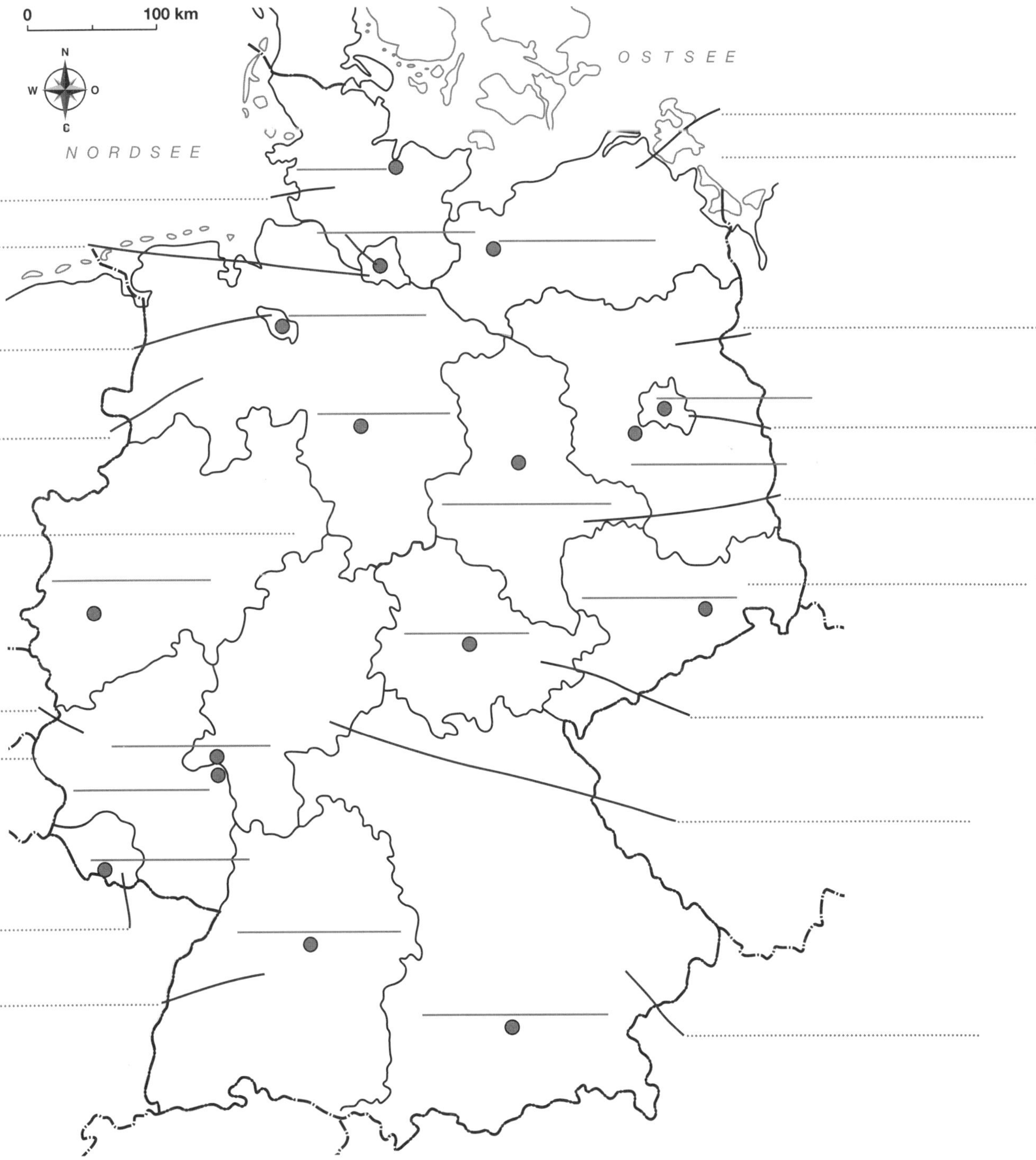

ISBN 978-3-12-666872-9 Das DaZ-Buch-Lehrerhandbuch

Name: ....

1 Fragen und Antworten

.... / 10 Punkte

Hallo, Sergio! Wie kommst du zur Schule? → Hallo! Ich gehe ein Stück zu Fuß und

 ....

Wie lange läufst du? →  ....

.... ? → Ich fahre eine Viertelstunde mit dem Bus.

.... ? → Ich nehme den Bus Nr. 5. Er hält an der Schule.

Wie viel kostet dein Ticket? → Ich habe ein Schülermonatsticket. 67,50 €

....

Und wann musst du aufstehen? → 6:15 ....

.... Und du?

7:00 ....

....

.... → Was?! Kommst du dann nicht zu spät?

Nein. Ich wohne in der Frankfurter Allee.

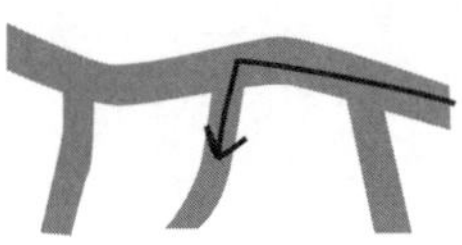 ....

....

und dann bin ich schon an der Schule. → Toll! .... ?

Oh, es ist schon zwanzig vor acht. Der Unterricht beginnt!

2 Wortschatz und Grammatik

.... / 20 Punkte

2.1 [Komposita] Bilde Wörter. Schreibe die Wörter mit Artikel im Singular und im Plural. .... / 3 Punkte

a) fahren + das Rad
> das Fahrrad, die Fahrräder

b) gehen + der Weg
> ....

c) die Straße + das Schild
> ....

d) die Klasse + das Zimmer
> ....

2.2 Uhrzeiten: Schreibe wie im Beispiel. .... / 3 Punkte

a) 
Es ist Viertel nach fünf.
nachmittags Es ist siebzehn Uhr fünfzehn.

b) 
....
mittags ....

c) 
....
abends ....

d) 
....
morgens ....

ISBN 978-3-12-666872-9 Das DaZ-Buch-Lehrerhandbuch

Name: ....

Test

2.3 [Trennbare Verben] Donnerstagmorgen bei Sergio: Schreibe Sätze wie im Beispiel. .... / 4 Punkte

a) um 8:15 Uhr aufstehen: Sergio steht um 8:15 Uhr auf.

b) seine Kleidung anziehen: ....

c) ein Brot einpacken: ....

d) um 8:55 Uhr losgehen: ....

e) in den Bus einsteigen: ....

2.4 [Modalverben] „müssen" oder „dürfen"? Schreibe Sätze mit „man" wie im Beispiel. .... / 4 Punkte

warten • Fahrrad fahren • ~~zu Fuß gehen~~ • ~~halten~~ • Auto fahren • Fahrrad fahren

a) Man muss am Stoppschild halten.

b) Man darf hier zu Fuß gehen.

c) .... hier nicht ....

d) .... hier ....

e) .... hier ....

f) .... hier nicht ....

2.5 [Positionen im Satz] Schreibe die Sätze richtig. .... / 3 Punkte

a) Sergio / in den Bus / einsteigen / .

Sergio — steigt — in den Bus — ein .

b) abbiegen / ich / an der Ampel rechts / .

.... — .... — .... — ....

c) Ipek / müssen / aussteigen / wo / ?

.... — .... — .... — .... ?

d) du / Fahrrad / können / fahren / ?

.... — .... — .... — .... ?

2.6 [Fragewort „welch-"] Schreibe Fragen mit „welch-". .... / 3 Punkte

a) Der zweite Raum links ist der Fach<u>raum</u> Biologie. Welcher Raum ist der Fachraum Biologie?

b) Wir brauchen das Deutsch<u>heft</u>. ....

c) Du packst die Trink<u>flasche</u> ein. ....

d) Ihr nehmt den Blei<u>stift</u>. ....

ISBN 978-3-12-666872-9 Das DaZ-Buch-Lehrerhandbuch

Name: ....

3 Lesen und Verstehen

.... / 10 Punkte

Schulwege

Ich heiße Naser und komme aus Albanien. Ich gehe in die Anne-Frank-Schule, in die DaZ-Klasse. Unser Thema im Unterricht heißt heute „Schulwege". Mein Schulweg ist kurz: Mein Vater fährt mit dem Auto. Wir fahren zehn Minuten zur Schule.

Und das sind die Schulwege von meinen Mitschülern: Acht Schüler kommen mit dem Bus. Sie haben eine Schülermonatskarte. Drei nehmen den Bus Nummer 5 und vier kommen mit dem Bus Nummer 8. Der Bus Nummer 8 ist nicht immer pünktlich. Die vier Schüler kommen manchmal zu spät zur Schule. Mariamis Schulweg ist sehr lang. Sie fährt mit dem Bus Nummer 2 zum Bahnhof und dann mit dem Bus Nummer 5 zur Schule. Sie muss sehr früh aufstehen. Sie muss um 6:45 Uhr zu Hause losgehen. Sie läuft fünf Minuten zur Bushaltestelle, fährt zwanzig Minuten mit dem Bus Nummer 2, wartet fünf Minuten am Bahnhof und fährt dann noch einmal zwölf Minuten mit dem Bus Nummer 5 zur Schule. Die Bushaltestelle ist vor der Schule und daneben ist ein Zebrastreifen. Das ist gut. Die Autos müssen dort halten.

Fünf Schüler fahren mit dem Fahrrad zur Schule. Ali und Roberto haben auch ein Fahrrad, aber sie gehen zu Fuß. Sie laufen nur fünf Minuten. Thaer und Ibrahim laufen auch. Sie haben kein Fahrrad. Sie laufen dreißig Minuten zur Schule.

Ist das richtig oder falsch? Schreibe wie in den Beispielen.

a) Naser ist Schüler und kommt aus Albanien.

Ja, das ist richtig. Naser ist Schüler und kommt aus Albanien.

b) Es sind zwanzig Schüler in Nasers Klasse.

Nein, das ist falsch. Es sind keine zwanzig Schüler in Nasers Klasse. Es sind achtzehn Schüler.

c) Naser kommt mit dem Auto zur Schule.

....

d) Alle Schüler haben eine Schülermonatskarte.

....

e) Der Bus Nummer 5 hält am Bahnhof.

....

f) Der Bus Nummer 2 hält an der Schule.

....

g) Mariami steht um 6:45 Uhr auf.

....

h) Mariamis Schulweg dauert 42 Minuten.

....

i) Die Busse sind immer pünktlich.

....

j) Vier Schüler gehen zu Fuß.

....

k) Sieben Schüler haben ein Fahrrad.

....

l) Der Schulweg von Thaer und Ibrahim dauert nicht lang.

....

ISBN 978-3-12-666872-9 Das DaZ-Buch-Lehrerhandbuch

Name: ....

4 Schreiben .... / 10 Punkte

Dein Morgen: Was machst du? Was machst du wann? Schreibe 10 Sätze.

☐ duschen > um .... Uhr

☐ ein Schulbrot einpacken > um .... Uhr

☐ eine Trinkflasche einpacken > um .... Uhr

☐ aus dem Bus aussteigen > um .... Uhr

☐ frühstücken > um .... Uhr

☐ an der Schule ankommen > um .... Uhr

☐ losgehen > um .... Uhr

☐ meine Kleidung anziehen > um .... Uhr

☒ aufstehen > um .... Uhr

☐ in den Bus einsteigen > um .... Uhr

☐ die Zähne putzen > um .... Uhr

☐ .... > um .... Uhr

☐ .... > um .... Uhr

Mein Morgen

Ich stehe um .... auf.

Ergebnis: .... / 50 Punkte

....

Kommentar: ....

ISBN 978-3-12-666872-9 Das DaZ-Buch-Lehrerhandbuch

Name: ....

4 Essen und Trinken

Inhalte und Lernziele

A	Im Supermarkt, Einkaufen, Lebensmittel und Getränke
	passende Oberbegriffe und Adjektive nennen; Vorlieben nennen (ÜB)
	[Grammatik] *mögen* (ÜB)
B	Frühstück, Mahlzeiten und Tageszeiten (ÜB), Angebot in der Cafeteria, Schulfrühstück
	Verpackungen und Mengenangaben
	Interviews machen: nach Vorlieben fragen und Vorlieben nennen; eine Statistik erstellen und zusammenfassen
	eine Umfrage lesen und ergänzen (ÜB)
	[Grammatik] • Komparation: *gern – lieber – am liebsten* • Indefinitpronomen: *alle, viele, einige, wenige; jeder, keiner* • Positionen im Satz: Satzklammer bei trennbaren Verben
	[Schul- / Fächerspezifisches] Mathematik: Prozentangaben (ÜB)
	[Aussprache] Ö- und Ü-Laute
C	Schulfrühstück, Sahnewaffeln; Rezepte, Zutaten, Mengen; Geschäfte und Waren (ÜB)
	Anweisungen geben
	Einkaufsdialoge führen: auf dem Markt, in der Bäckerei (ÜB); Geld und Preise
	[Grammatik] • Modalverb *wollen* und Satzklammer bei Modalverben • informeller und formeller Imperativ
	[Schul- / Fächerspezifisches] Mathematik: Gewicht und Volumen; Mengenangaben verdoppeln
D	Rezepte und Zubereitung
	Fastfood, gesunde Ernährung, Ernährungstipps geben und über die eigene Ernährung sprechen
	ein Rezept lesen und verstehen, eine Vorgangsbeschreibung schreiben, Satzanfänge variieren
	ein Interview lesen und verstehen, mit verteilten Rollen lesen; ein Schaubild beschriften (ÜB)
	[Grammatik] • Zeitadverbien: *zuerst, dann, danach, jetzt, anschließend, zum Schluss; immer oft, manchmal, selten, nie* und Positionen im Satz • Modalverb *sollen* und Satzklammer bei Modalverben
E	**[Schul- / Fächerspezifisches]** • Alphabet und Nachschlagen üben • Im Unterricht: Anweisungen mit trennbaren Verben • extra: Mathematik > Terme versprachlichen: die Grundrechenarten

Eine Gesamtübersicht zur Lektion finden Sie im Schülerbuch, Seite 8 / 9.

Zusatzmaterial

Bild-Wort-Karten:
Kopiervorlagen: Seite 68–71 /
Lektionstest: Seite 72–75 /

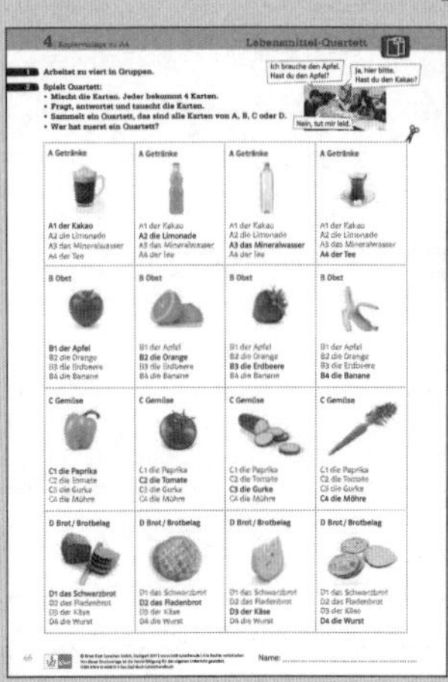
KV zu A4 | Seite 68

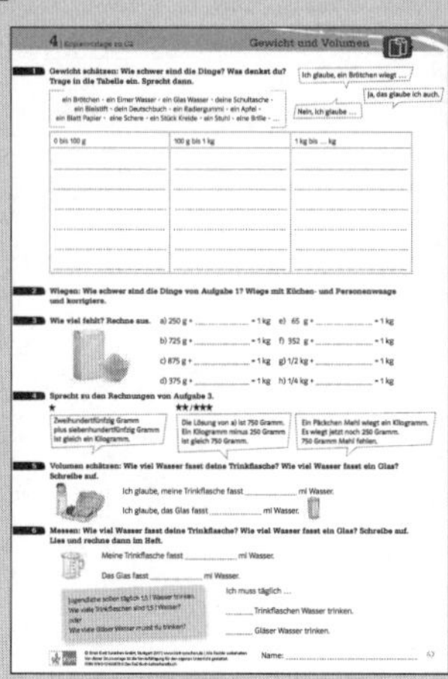
KV zu C2 | Seite 69

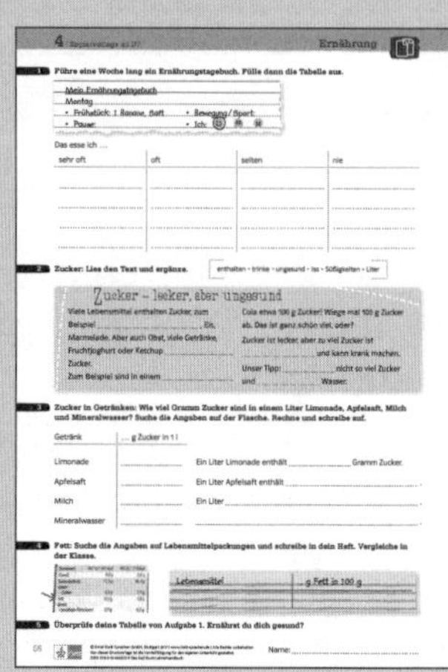
KV zu D7 | Seite 70

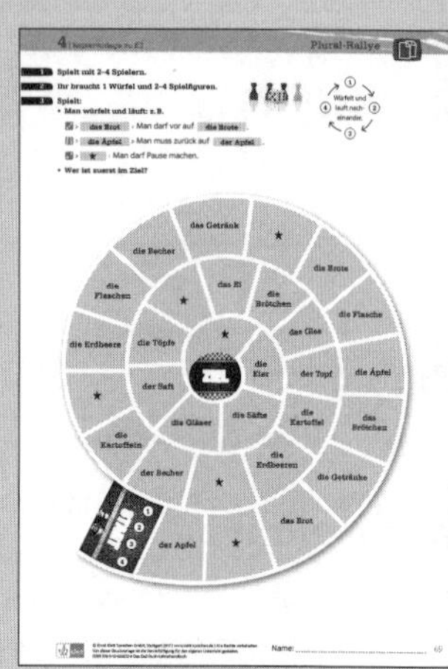
KV zu E3 | Seite 71

Sie brauchen: Einkaufskorb mit frischen Lebensmitteln und Verpackungen, Einkaufsladenzubehör oder Bildkarten (A1–5); Folie Wimmelbild (A1); Chips, Münzen, Schokolade und Oliven – real oder als Bild- bzw. Wortkarten, Satzstreifen (A2); Wortkarten zu den Lebensmitteln (A3); Artikelkärtchen (A3); Wortkarten mit Oberbegriffen (A4); Zitronenscheiben, Zucker, …, kleingeschnittene Lebensmittel, Augenbinden, Zucker-, Salzwasser, Zitronen-, Grapefruitsaft, Wattestäbchen (A5)

Vorwissen aktivieren: Bringen Sie einen gut gefüllten Einkaufskorb mit. Fragen Sie: „Was ist unser Thema? Welche Wörter passen?" Entwickeln Sie eine Mindmap mit den Nennungen der SuS: *essen, trinken, einkaufen, Supermarkt*, … Die Produkte müssen dabei noch nicht alle benannt werden.
Legen Sie eine Folie des Wimmelbilds von A1 auf. SuS zeigen und benennen Bekanntes. Erweitern Sie die Mindmap. A1 folgt.

Vorwissen aktivieren: SuS suchen aus dem Einkaufskorb Lebensmittel, die sie schon kennen, benennen sie und legen sie auf den Tisch. Legen Sie dann ungeordnet Wortkarten mit bestimmtem Artikel dazu. SuS ordnen sie zu und sprechen: „Das ist der Apfel." usw.

Spiele nach A3

> **Wortakzent-Ratespiel:** Ein S sagt: „Mein Wort ist das HM-hm." Die anderen raten: „Meinst du das Würstchen? Meinst du das …?" Wer richtig geraten hat, ist als Nächster dran.

> **Kimspiel:** Die Lebensmittel werden zugedeckt, die Bücher geschlossen. Alle stehen auf und jeder nennt reihum ein Lebensmittel mit Artikel. Wer kein Lebensmittel mehr weiß, setzt sich. Wer steht noch als Letzter?

> **Spiel „Artikelkärtchen"** > Seite 110

Hörverstehen (nach A2)
★ SuS bekommen Chips, Münzen, Schokolade und Oliven,
★★ SuS bekommen 4 Satzstreifen,

Hier ist unser Einkaufszettel.
Das macht 37 Euro 42.
Haben Sie Oliven?
Das ist aber ungesund.

hören noch einmal ▶ 61 und ordnen den Situationen zu.
★★★ SuS notieren beim – ggf. mehrfachen – Hören Schlüsselwörter und -sätze. Damit können sie dann ein Quiz mit den anderen SuS machen.

Vorentlastung: Legen Sie Wortkarten mit Oberbegriffen aus: *Obst, Gemüse, Getränke*, … SuS ordnen Waren aus dem Korb zu. Legen Sie Beispiele zu den Wortkarten, wenn die Oberbegriffe unbekannt sind. A4 folgt.

KV zu A4 – Lebensmittel-Quartett: Anwendung Oberbegriffe und Akkusativ mit bestimmtem Artikel > Seite 68

Adjektive: SuS probieren Zitrone, Zucker usw. Klären Sie so wichtige Adjektive. Im Adjektiv-Ping-Pong von A5 kann um Farben und Adjektive aus dem ÜB erweitert werden.

Einführung „essen", „trinken", „mögen" und Wdh. Akkusativ: Zeigen Sie einen mitgebrachten Apfel: „Das ist *der Apfel*." Beißen Sie dann hinein: „Ich *esse den* Apfel." Verfahren Sie ebenso mit trinken / der Tee: „Das ist *der Tee*. Ich *trinke den* Tee. Mmh, ich *mag den* Tee." SuS machen mehr Beispiele.
★ SuS schreiben und malen ins Heft.

	der	das	die
Ich esse …	den Apfel		

	der	das	die
Ich trinke …			

★★ / ★★★ SuS schreiben als Aufzählung ins Heft. Anschließend können sie die Mindmap von A1 erweitern. Die Aufgaben zu A4 im ÜB folgen.

> **Spiel in Kleingruppen:** „Ich esse einen Apfel." – „… isst einen Apfel. Ich trinke einen Tee." SuS, die fertig sind, spielen nach den Regeln von „Ich packe meinen Koffer".

Geschmackstests: Erweitern Sie den Wortschatz um *salzig, bitter* und *schmecken* (noch ohne Dativ!). SuS durchlaufen drei Stationen und sprechen dazu:
1. Verschiedene Lebensmittel mit verbundenen Augen schmecken: Was schmeckt süß, salzig, sauer, bitter?
2. Mit verbundenen Augen und zugehaltener Nase schmecken: Apfel oder Birne? Zitrone oder Orange? usw.
3. Mit Zucker-, Salzwasser, Zitronen- und Grapefruitsaft und Wattestäbchen testen: Wo schmeckt man süß, salzig, sauer und bitter auf der Zunge?

Sie brauchen: Kärtchen, DIN-A4-Blätter und Buntstifte (B1); Bilder von Stars, Bild- oder Wortkarten zu Farben, Zahlen, Jahreszeiten, Monaten o.Ä. (B3); Prospektmaterial von Supermärkten (B6); Spiegel (B7)

Hörverstehen: Lesen Sie gemeinsam die Aufgabe und teilen Sie die SuS in Gruppen ein.
★ SuS: Sie heben den Finger an den Stellen des Hörtextes, die für B1 wichtig sind.
★★ SuS bekommen Kärtchen mit Schlüsselwörtern, nach denen die wichtigen Informationen für B1 zu hören sind.

1. wie immer | 2. Umfrage zum Thema | 3. gesund

★★★ SuS hören ohne zusätzliche Hilfe. Hören Sie ▶ 63 ggf. mehrmals. SuS verständigen sich in der Gruppe auf die richtige Lösung und lesen sie im Plenum vor. Ggf. gehen Sie bei ÜB13 ebenso vor.

Frühstück international: Auf einem DIN-A4-Blatt im Querformat malen und beschriften SuS, evtl. mit Ihrer Hilfe, das „typische" Frühstück in ihrem Heimatland. Zur anschließenden Präsentation stellen Sie die Tische zu einer großen Tafel zusammen. Jede/r S stellt sein Frühstück vor: „Wir essen … Das ist … Das schmeckt …" SuS entdecken Gemeinsamkeiten, erzählen, was sie hier frühstücken, … Evtl. können SuS eine Ausstellung für die Schule organisieren.

Wortschatz und Vorentlastung: SuS lesen die Angebotstafel von B2. Wer kennt was? SuS zeichnen an die Tafel. Thematisieren Sie dann den Nullartikel in diesem Zusammenhang: „Ich mag Brötchen, Brezel*n*, *Ä*pfel, Tee, …". Führen Sie die Redemittel mit einem Beispiel ein und zeichnen Sie dabei das Schema mit den Herzen an die Tafel. B2 folgt.
! Preise werden in Teil C thematisiert.
! Hier nur Komparation von *gern*, Fortführung in L5.

Erweiterung: Bringen Sie Bilder von Stars, Bild- oder Wortkarten zu Farben, Zahlen, Jahreszeiten, Monaten usw. mit. Fragen Sie: „Welche … magst du gern / lieber / am liebsten?" SuS erhalten in PA oder GA eine Auswahl an Karten, fragen und antworten.

Aussprache – Ö- und Ü-Laute: SuS üben nach dem Hören von ▶ 65 die Ö- und Ü-Laute.

> **Ö-Laute:** Schreiben Sie *E* und *Ö* an die Tafel. Zeigen Sie die Stellung der Lippen. SuS sprechen *Eee* und runden dabei die Lippen: *Ööö*. SuS üben das mehrmals – erst langsam, dann immer schneller. Ein Spiegel kann helfen.

Eee  → Ööö 

> **Ü-Laute:** Verfahren Sie ebenso mit *I* und *Ü*. SuS sprechen *Iii* und runden dabei die Lippen: *Üüü*.

Iii  → Üüü 

> **Lange und kurze Vokale:** Schreiben Sie an die Tafel: *Ich mọ̈chte Brọ̈tchen zum Frühstụ̈ck*. Sprechen Sie deutlich vor und weisen Sie auf kurze und lange Ö- und Ü-Laute hin. SuS sprechen reihum nach und werden ggf. korrigiert.

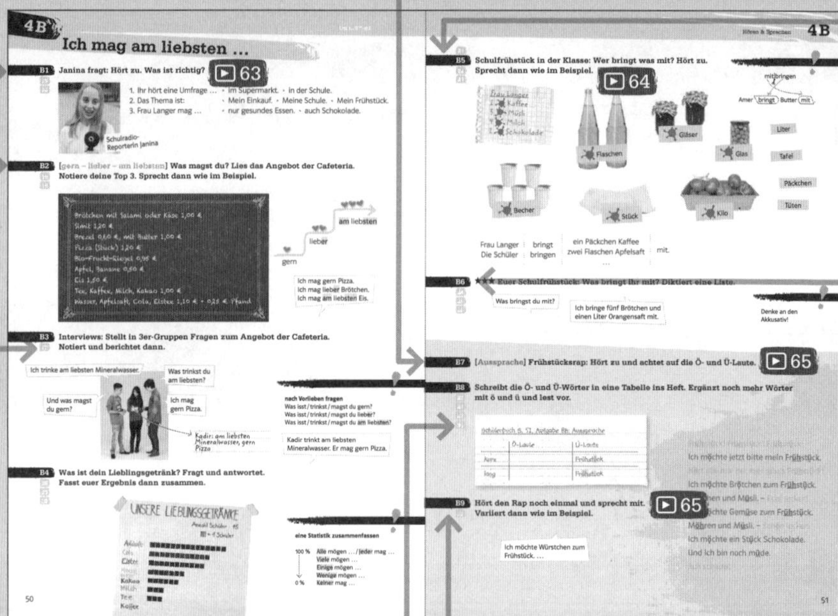

Wo wohnt …?

1 Mehler	5 Möhler
2 Meller	6 Möller
3 Mieler	7 Mühler
4 Miller	8 Müller

SuS sprechen die Namen 1–4 und achten auf die Vokallänge. Danach sprechen sie sie noch einmal und runden dabei die Lippen. Man hört automatisch die Namen 5–8.
! Die Lippen müssen schon beim *M* gerundet sein.
Anschließend fragen Sie: „Wo wohnt Familie Mühler?" usw. SuS antworten jeweils mit der Nummer der Wohnung. So wird die Differenzierung von Lauten geübt, die oft verwechselt werden.

Ping-Pong zu Verpackungen und Mengenangaben: Nach dem Muster von A5 spielen SuS „Ping-Pong": „die Marmelade" > „ein Glas Marmelade – der Joghurt" usw.

Schulfrühstück: Bringen Sie für B6 Prospektmaterial von Supermärkten mit. Ggf. organisieren die SuS tatsächlich ein Frühstück mit der Klasse, evtl. auch ein Frühstück mit internationalen Spezialitäten.

Rap sprechen und variieren: SuS werden ermuntert, den Rap sehr lebendig und mit Mimik und Gestik zu sprechen.

Sie brauchen: Küchenwaage, Messbecher, verschiedene Gefäße, Kärtchen mit Gramm- bzw. Milliliterangaben, Wasser, Zucker (C1 / C2); Prospektmaterial oder Online-Angebote von Supermärkten, Discountern etc., Pfandflasche (C7); evtl. Requisiten und Spielgeld für Rollenspiel (C8)

Modalverb *wollen*: Schreiben oder zeichnen Sie verschiedene Aktivitäten an die Tafel, z. B.: *schlafen, lesen, Sport machen, einen Film sehen, Fußball spielen, am Computer spielen, Musik hören, in den Park gehen, Freunde besuchen.* Sagen Sie: „Es ist Wochenende. Du hast frei. Was *willst* du machen?" SuS suchen sich eine Aktivität aus, z. B. *Sport machen*. Schreiben Sie im Satzmodell an die Tafel:

Satzklammer
Amer (will) Sport (machen).

Erinnern Sie an *müssen, dürfen* und *können* und erklären Sie, dass auch *wollen* ein Modalverb ist. SuS bilden weitere Sätze mit *wollen*. C1 und ÜB 32–35 folgen.

Mengenangaben: Hören Sie noch einmal ▶ 70. Fragen Sie: „Was wollen die Schüler?" (das Rezept) und „Was will Frau Langer?" (die Mengenangaben erklären). Greifen Sie das Ende des Hörtextes auf: „Wie viel wiegt die Olive?" Besprechen Sie das Schaubild zu Gewicht und Volumen in C1. Führen Sie den Wortschatz anhand der Bilder ein, kommen Sie auf *wiegen* vs. *fassen*. Auch: *Eine Olive wiegt, zwei Oliven wiegen …* SuS sprechen.
C2 und die Aufgaben im ÜB folgen. Bringen Sie Küchenwaage, Messbecher und verschiedene Gefäße sowie Kärtchen mit Gramm- bzw. Milliliterangaben mit. SuS messen und wiegen in Kleingruppen die verlangten Mengen Wasser oder Zucker ab.

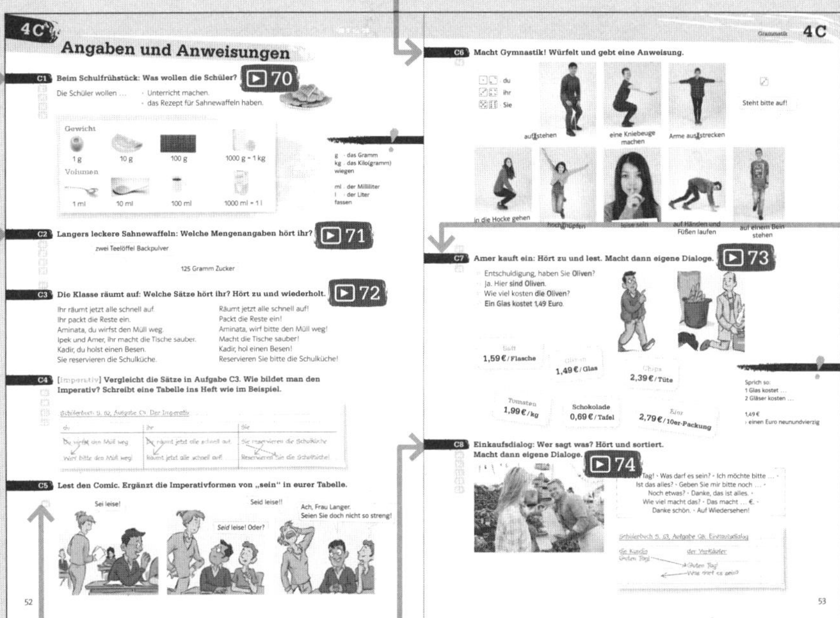

KV zu C2 – Gewicht und Volumen
› Seite 69

Imperativ von *sein* und *haben*: SuS ergänzen die Imperativformen von *sein* und *haben* in ihrer Tabelle von C4 im Heft.

Einkaufsdialoge: SuS bearbeiten C8 und die Aufgaben im ÜB. In PA üben sie ein Rollenspiel ein, je nach Lernstand mit einem Dialog aus dem Buch, einem variierten oder einem eigenen, z. B. in der Cafeteria (vgl. Angebotstafel von B2), im Schreibwarenladen (Schulsachen), … Ggf. verwenden SuS passende Requisiten und Spielgeld.
! Weisen Sie noch einmal auf den Akkusativ hin (vgl. ÜB51)
› **Lerngang:** Wenn es sich anbietet, gehen Sie mit SuS in einen Supermarkt, zum Bäcker, auf den Markt o. Ä. Zeigen Sie Besonderheiten, verteilen Sie kleine Aufträge etc.

Anweisungen im Sportunterricht: Fragen Sie die Sportlehrkräfte, welche Übungen / Spiele gemacht und welche Anweisungen dabei gegeben werden. Schreiben Sie die Verben an die Tafel. SuS sprechen, evtl. bietet sich ein Rollenspiel an.

Vorentlastung: Wiederholen Sie vor C7 bzw. ÜB47 spielerisch die Zahlen › Seite 109 und die Preise: Schreiben Sie z. B. *2,40 €* an die Tafel. SuS lesen: „Das sind zwei Euro vierzig." / „Das sind zwei Euro und vierzig Cent.", machen eigene Beispiele und ordnen Produkte zu: „Ein Glas Honig kostet … Die Möhren kosten …"

Dialogvariationen
★ SuS schreiben den Dialog ins Heft und markieren zu ersetzende Wörter. Sie sprechen in PA mit den vorgeschlagenen Alternativen und schreiben ggf. auch ins Heft.
★★ SuS nutzen bei der Dialogvariation auch Angebote aus Prospekten oder Online-Angeboten von Supermärkten, Discountern etc.
★★★ SuS sprechen verschiedene Dialoge. Auch sie nutzen Angebote aus Prospekten oder Online-Angeboten.
Zusatzaufgabe: *Du hast fünf Euro. Du besuchst deine Freunde und willst etwas mitbringen. Was kaufst du?*

Pfandsystem in Deutschland: Bringen Sie eine Pfandflasche mit und spielen Sie den Dialog als Supermarktmitarbeiter/in mit einem/r S. Enden Sie so: „Eine Flasche kostet 65 Cent *zuzüglich / plus* 25 Cent Pfand." Zeigen Sie ein entsprechendes Preisschild. Fragen Sie: „Was muss X bezahlen?", „Wie bekommt X das Pfand zurück?" etc. Zeigen Sie auch den Vermerk zum Pfand auf verschiedenen Flaschen.
! Recycling ist Thema in L9.

Sie brauchen: Kopien von D1 (D1); Wortkarten mit den Zeitadverbien, Wortkarten „Lebende Sätze", Zutaten zum Backen / Kochen, Geschirr und Besteck (D2); ggf. Requisiten für Interview, Prospektmaterial von Supermärkten, Discountern etc., Übersicht und ggf. Kostproben der Brotsorten eines ortsansässigen Bäckers (D4)

Leseverstehen
★ SuS bekommen Kopien von D1 zum Zerschneiden und Ordnen der Fotos (Lösungswort *Olivenwaffeln*). Sie kleben die Fotos ins Heft und schreiben den passenden Text dazu.
★★ / ★★★ SuS lösen ohne Hilfe und sprechen dann in PA zu jedem Bild: „Amer wiegt und misst alle Zutaten ab." Weisen Sie auf den Vokalwechsel bei *messen* und *geben* hin.

Staffelspiel „Blitzlesen": Fragen Sie nach Mengen und Anweisungen: „Wie viel Gramm Butter braucht Amer?", „Was muss er mit der Butter machen?", „Was wiegt er ab?", „Was misst er ab?" etc.
Das Spiel folgt: Als „Staffelstab" dient je ein auf S. 54 aufgeschlagenes SB. Fragen Sie: „Wie viel … braucht man?" oder „Was macht man mit …?" > Seite 108

Zeitadverbien: Machen Sie ein Kimspiel: Nachdem SuS den Zeitstrahl von D2 betrachtet haben, schließen sie die Bücher. Zeichnen Sie einen Zeitstrahl an die Tafel und heften Sie ungeordnet Wortkarten mit den Zeitadverbien dazu. SuS versuchen, eine Reihenfolge zu finden. Fragen Sie: „Welches Wort *muss* am Anfang (bzw. am Ende) stehen?" Zeigen Sie, dass die anderen Zeitadverbien ihre Plätze tauschen können. D2 und die Aufgaben im ÜB folgen.
★★ / ★★★ Schnelle SuS schreiben ihren morgendlichen Ablauf mit Zeitadverbien ins Heft: *Zuerst stehe ich auf. …*

> **Lebende Sätze:** SuS bekommen Wortkarten und finden eine Reihenfolge. Wenn alles passt, finden sie die zweite Möglichkeit: Position 1 und 3 tauschen.

zuerst | gibst | du
2,5 l Wasser | in einen Topf | .

GA: SuS schreiben Wortkarten zu weiteren Sätzen. > Seite 107

Einen Überblick über den Text verschaffen: SuS lesen den Text überfliegend. Fragen Sie z. B. „Was ist ein Interview? Wo steht das Interview? Was ist das Thema? Wer spricht? Wer ist ‚TK'? …" Dann lesen SuS genau. Nach ÜB59–61 üben sie in PA das Lesen mit verteilten Rollen. Einige lesen im Plenum vor, ggf. mit Requisiten, z. B. Mikrofon, Lebensmittel, …

> **Collagen:** SuS erstellen aus Werbeprospekten Collagen für die sieben Gruppen. Dabei kann auch über Vor- und Nachteile, persönliche Vorlieben und Ernährung gesprochen werden.

Brotsorten in Deutschland: Bringen Sie eine Übersicht und ggf. Kostproben der Brotsorten eines ortsansässigen Bäckers mit.
Fragen Sie: „Isst man in deinem Heimatland viel Brot?" Obwohl es in Deutschland sehr viele Brotsorten gibt, spielen Backwaren in anderen Ländern oftmals eine wichtigere Rolle. SuS erstellen ggf. eine Übersicht, wo man sehr viel (++), viel (+), wenig (–) und sehr wenig (––) Brot isst.

KV zu D7 – Ernährung: SuS reflektieren die eigenen Gewohnheiten. Sie ermitteln, wie viel Zucker und Fett in verschiedenen Lebensmitteln stecken. > Seite 70

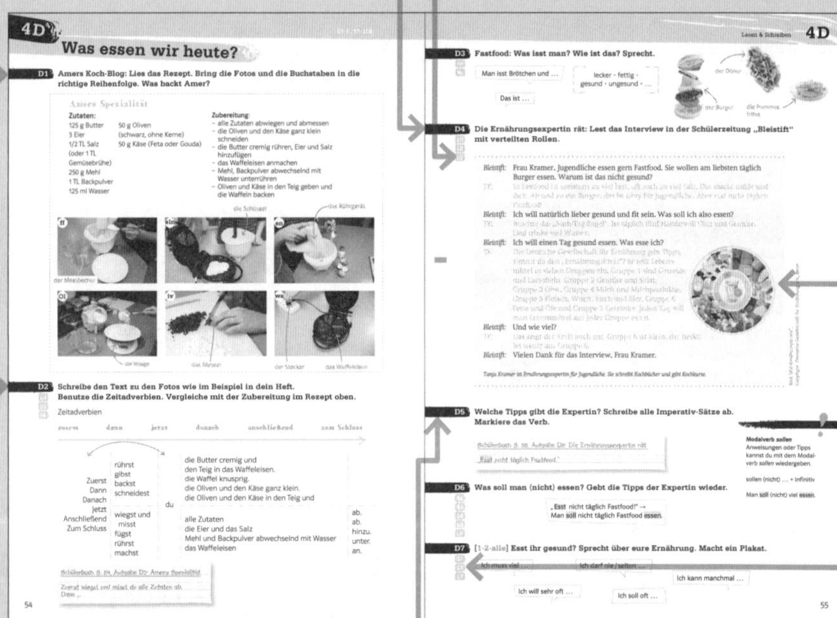

Nahrungszubereitung: SuS bereiten in der Schulküche süße oder salzige Waffeln zu oder probieren ein anderes einfaches Rezept aus, z. B. die Zubereitung eines Puddings nach Anleitung auf der Puddingpulverpackung oder eines einfachen Gerichts aus dem Heimatland eines/r S.

> **Alltagskultur:** Zeigen Sie SuS, wie man einen Tisch in Deutschland deckt. Sprechen Sie beim gemeinsamen Essen über Tischsitten hier und in anderen Ländern.

> **Mülltrennung:** Geben Sie beim Aufräumen Anweisungen (vgl. C3). Thematisieren Sie dabei auch die an Ihrer Schule / in Ihrer Region übliche Mülltrennung. SuS üben weiter mit leeren Verpackungen, Patronen, Klebestiften, kaputten Kulis, Resten vom Pausenbrot, Bananenschale, Pfandflaschen, Altpapier usw.

Modalverb *sollen*: SuS lesen D6. Erklären Sie *sollen* vs. *wollen*. Nutzen Sie hierfür die illustrierte Situation aus der Grammatikübersicht (SB, S. 88). Schreiben Sie die Sätze auch im Satzmodell an die Tafel. D6 und ÜB62ff folgen.

Offizieller Begleittext zum Ernährungskreis der DGE: „Der Ernährungskreis der Deutschen Gesellschaft für Ernährung e. V. (DGE) dient als Wegweiser für eine vollwertige Ernährung. Er teilt das reichhaltige Lebensmittelangebot in sieben Gruppen ein und erleichtert so die tägliche Lebensmittelauswahl. Je größer ein Kreissegment ist, desto größere Mengen sollten täglich aus der Gruppe verzehrt werden. Lebensmittel aus kleinen Segmenten sollten sparsam verwendet werden. Für eine abwechslungsreiche Ernährung sollte die Lebensmittelvielfalt der einzelnen Gruppen genutzt werden." (DGE, Bonn)

Sie brauchen: Buchstabensteine aus einem Gesellschaftsspiel, Stempelset o. Ä., Blanko-Kärtchen (E1); farbige Wortkärtchen mit Wörtern von E2, Blanko-Kärtchen (E2); Wörterbücher (E3, E4)

Den Umgang mit dem Alphabet festigen: Wiederholen Sie das Alphabet und den ABC-Rap aus dem SB, S. 13 > 2 und 3. Führen Sie die Begriffe *Vorgänger* und *Nachfolger* mithilfe von Beispielen ein und üben Sie.
★ SuS bekommen Buchstabensteine aus einem Gesellschaftsspiel, Stempelset o. Ä. Sie sortieren die Buchstaben in PA nach dem Alphabet. In weiteren Spielrunden legt ein S einen Buchstaben, der zweite den Nachfolger im Alphabet; später folgt das Spiel mit dem Vorgänger im Alphabet.
★★ SuS spielen in PA. Zum genannten Buchstaben müssen jeweils Vorgänger und Nachfolger genannt werden; wenn genügend geübt wurde, ggf. in GA als Wettspiel auf Zeit.
★★★ SuS buchstabieren sich in PA abwechselnd die Namen der Klassenliste und schreiben sie auf Kärtchen. Dann sortieren sie diese nach dem Alphabet, erst die Vor- dann die Nachnamen.

Nachschlagen im Wörterbuch: Wenn Ihnen einsprachige Wörterbücher zur Verfügung stehen oder SuS eigene Wörterbücher haben, machen Sie verschiedene Übungen: Auf welcher Seite beginnt / endet Buchstabe A / E / …? Was hilft dir dabei? (Griffleiste, Leitwörter in der Kopfzeile) Was ist das erste Wort von Buchstabe A / …? Auf welcher Seite steht das Wort …? Welches Wort steht vor / nach dem Wort …? usw. E3 folgt. Thematisieren Sie dabei ggf. die Darstellung des Plurals in den Wörterbüchern der SuS.

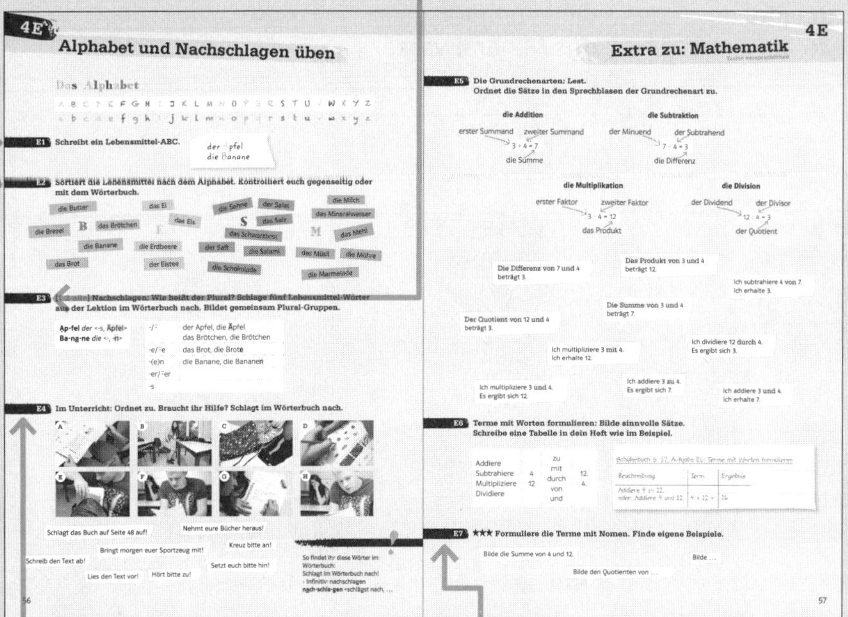
4E Alphabet und Nachschlagen üben
Das Alphabet
E1 Schreibt ein Lebensmittel-ABC.
E2 Sortiert die Lebensmittel nach dem Alphabet. Kontrolliert euch gegenseitig oder mit dem Wörterbuch.
E3 Nachschlagen: Wie heißt der Plural? Schlage fünf Lebensmittel-Wörter aus der Lektion im Wörterbuch nach. Bildet gemeinsam Plural-Gruppen.
E4 Im Unterricht: Ordnet zu. Braucht ihr Hilfe? Schlagt im Wörterbuch nach.
Extra zu: Mathematik 4E
E5 Die Grundrechenarten: Lest. Ordnet die Sätze in den Sprechblasen der Grundrechenart zu.
E6 Terme mit Worten formulieren: Bilde sinnvolle Sätze. Schreibe eine Tabelle in dein Heft wie im Beispiel.
E7 ★★★ Formuliere die Terme mit Nomen. Finde eigene Beispiele.

KV zu E3 – Plural-Rallye
> Seite 71

Quiz zu Lektion 4
> Seite 108

Quiz zu Lektion 4:
1. Was kostet das Bio-Brot?
2. Die Paprika, die Tomate und die Gurke sind …
3. Wie ist Kaffee?
4. Was ist das Lieblingsgetränk von Amers Klasse?
5. Was bringt Amer zum Frühstück mit?
6. Nenne drei Wörter mit „ö" und drei Wörter mit „ü".
7. Wie viele Teelöffel Backpulver braucht man für Frau Langers leckere Sahnewaffeln?
8. In einem Rezept stehen die Z _ _ _ _ _ _ _ und die Z _ _ _ _ _ _ _ _ _ _ _.
9. Was ist aus Getreide?
10. Was ist die „5-am-Tag-Regel"?

Wörter alphabetisch sortieren: Bringen Sie die Wörter von E2 auf farbigen Wortkärtchen mit. Lassen Sie SuS je ein Kärtchen jeder Farbe nach dem Alphabet sortieren, z. B. *die Butter, das Ei, die Sahne, die Milch*. Legen Sie dann noch Kärtchen dazu, die erfordern, dass nach dem zweiten Buchstaben sortiert wird, z. B. *das Brötchen, die Banane*. Verfahren Sie so Schritt für Schritt (Sortieren nach dem 2., 3., 4. Buchstaben), bis alle Wortkärtchen sortiert sind. Hängen Sie sie an die Tafelrückseite. SuS lösen E2 noch einmal im Heft und kontrollieren an der Tafel.
> **Eigene Wortkärtchen erstellen:** SuS, die schnell fertig sind, fertigen eigene Wortkärtchen mit Wortschatz aus L4 an und sortieren dann die eigenen, die eines Partners usw.

Spiel „Viereckenrechnen" mit den neuen Formulierungen: „Multipliziere … mit …", „Was ist die Differenz von … und …?" etc.
> Seite 109

Anweisungen im Unterricht: SuS lesen E4. Fragen Sie: „Wie findet ihr die Verben im Wörterbuch?" SuS nennen die Infinitive der Verben und schlagen sie ggf. nach.
★ SuS erarbeiten eine Tabelle im Heft:

Infinitiv	du	ihr
das Buch aufschlagen	du schlägst das Buch auf > Schlag das Buch auf!	ihr schlagt das Buch auf > Schlagt das Buch auf!

★★ / ★★★ SuS sprechen in Kleingruppen: „Schlagt das Buch auf Seite 48 auf!" – „Ja, das machen wir. Wir schlagen …" oder „Schlag …" – „Ja, das mache ich. Ich …". etc. SuS variieren: „Nehmt eure Hefte / Stifte / … heraus!" oder finden andere Anweisungen.

Lebensmittel-Quartett

1 **Arbeitet zu viert in Gruppen.**

2 **Spielt Quartett:**
- **Mischt die Karten. Jeder bekommt 4 Karten.**
- **Fragt, antwortet und tauscht die Karten.**
- **Sammelt ein Quartett, das sind alle Karten von A, B, C oder D.**
- **Wer hat zuerst ein Quartett?**

A Getränke

A1 der Kakao
A2 die Limonade
A3 das Mineralwasser
A4 der Tee

A Getränke

A1 der Kakao
A2 die Limonade
A3 das Mineralwasser
A4 der Tee

A Getränke

A1 der Kakao
A2 die Limonade
A3 das Mineralwasser
A4 der Tee

A Getränke

A1 der Kakao
A2 die Limonade
A3 das Mineralwasser
A4 der Tee

B Obst

B1 der Apfel
B2 die Orange
B3 die Erdbeere
B4 die Banane

B Obst

B1 der Apfel
B2 die Orange
B3 die Erdbeere
B4 die Banane

B Obst

B1 der Apfel
B2 die Orange
B3 die Erdbeere
B4 die Banane

B Obst

B1 der Apfel
B2 die Orange
B3 die Erdbeere
B4 die Banane

C Gemüse

C1 die Paprika
C2 die Tomate
C3 die Gurke
C4 die Möhre

C Gemüse

C1 die Paprika
C2 die Tomate
C3 die Gurke
C4 die Möhre

C Gemüse

C1 die Paprika
C2 die Tomate
C3 die Gurke
C4 die Möhre

C Gemüse

C1 die Paprika
C2 die Tomate
C3 die Gurke
C4 die Möhre

D Brot / Brotbelag

D1 das Schwarzbrot
D2 das Fladenbrot
D3 der Käse
D4 die Wurst

D Brot / Brotbelag

D1 das Schwarzbrot
D2 das Fladenbrot
D3 der Käse
D4 die Wurst

D Brot / Brotbelag

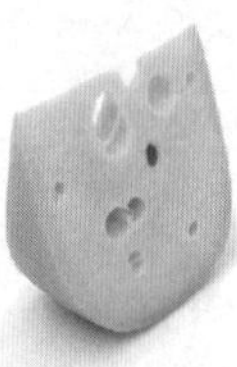

D1 das Schwarzbrot
D2 das Fladenbrot
D3 der Käse
D4 die Wurst

D Brot / Brotbelag

D1 das Schwarzbrot
D2 das Fladenbrot
D3 der Käse
D4 die Wurst

ISBN 978-3-12-666872-9 Das DaZ-Buch-Lehrerhandbuch

Name: ....

1 **Gewicht schätzen: Wie schwer sind die Dinge? Was denkst du? Trage in die Tabelle ein. Sprecht dann.**

Ich glaube, ein Brötchen wiegt …

Ja, das glaube ich auch.

Nein, ich glaube …

ein Brötchen • ein Eimer Wasser • ein Glas Wasser • deine Schultasche • ein Bleistift • dein Deutschbuch • ein Radiergummi • ein Apfel • ein Blatt Papier • eine Schere • ein Stück Kreide • ein Stuhl • eine Brille • …

0 bis 100 g	100 g bis 1 kg	1 kg bis … kg
....	....	....
....	....	....
....	....	....
....	....	....
....	....	....
....	....	....

2 **Wiegen: Wie schwer sind die Dinge von Aufgabe 1? Wiege mit Küchen- und Personenwaage und korrigiere.**

3 **Wie viel fehlt? Rechne aus.**

a) 250 g + ... = 1 kg e) 65 g + ... = 1 kg

b) 725 g + ... = 1 kg f) 352 g + ... = 1 kg

c) 875 g + ... = 1 kg g) 1/2 kg + ... = 1 kg

d) 375 g + ... = 1 kg h) 1/4 kg + ... = 1 kg

4 **Sprecht zu den Rechnungen von Aufgabe 3.**

★

Zweihundertfünfzig Gramm plus siebenhundertfünfzig Gramm ist gleich ein Kilogramm.

★★/★★★

Die Lösung von a) ist 750 Gramm. Ein Kilogramm minus 250 Gramm ist gleich 750 Gramm.

Ein Päckchen Mehl wiegt ein Kilogramm. Es wiegt jetzt noch 250 Gramm. 750 Gramm Mehl fehlen.

5 **Volumen schätzen: Wie viel Wasser fasst deine Trinkflasche? Wie viel Wasser fasst ein Glas? Schreibe auf.**

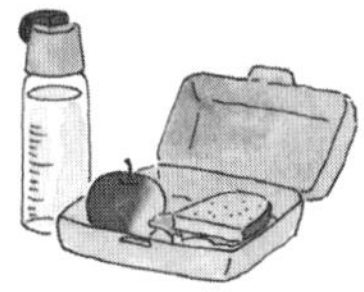

Ich glaube, meine Trinkflasche fasst .... ml Wasser.

Ich glaube, das Glas fasst .... ml Wasser.

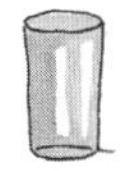

6 **Messen: Wie viel Wasser fasst deine Trinkflasche? Wie viel Wasser fasst ein Glas? Schreibe auf. Lies und rechne dann im Heft.**

Meine Trinkflasche fasst .... ml Wasser.

Das Glas fasst .... ml Wasser.

Jugendliche sollen täglich 1,5 l Wasser trinken.
Wie viele Trinkflaschen sind 1,5 l Wasser?
oder
Wie viele Gläser Wasser musst du trinken?

Ich muss täglich …

.... Trinkflaschen Wasser trinken.

.... Gläser Wasser trinken.

ISBN 978-3-12-666872-9 Das DaZ-Buch-Lehrerhandbuch

Name: ....

1 **Führe eine Woche lang ein Ernährungstagebuch. Fülle dann die Tabelle aus.**

Mein Ernährungstagebuch
Montag
- Frühstück: 1 Banane, Saft
- Pause:
- Bewegung/Sport:
- Ich: ☺ 😐 ☹

Das esse ich …

sehr oft	oft	selten	nie

2 **Zucker: Lies den Text und ergänze.**

enthalten • trinke • ungesund • Iss • Süßigkeiten • Liter

Zucker – lecker, aber ungesund

Viele Lebensmittel enthalten Zucker, zum Beispiel ...., Eis, Marmelade. Aber auch Obst, viele Getränke, Fruchtjoghurt oder Ketchup .... Zucker.
Zum Beispiel sind in einem .... Cola etwa 100 g Zucker! Wiege mal 100 g Zucker ab. Das ist ganz schön viel, oder?
Zucker ist lecker, aber zu viel Zucker ist .... und kann krank machen.
Unser Tipp: .... nicht so viel Zucker und .... Wasser.

3 **Zucker in Getränken: Wie viel Gramm Zucker sind in einem Liter Limonade, Apfelsaft, Milch und Mineralwasser? Suche die Angaben auf der Flasche. Rechne und schreibe auf.**

Getränk	… g Zucker in 1 l	
Limonade	....	Ein Liter Limonade enthält .... Gramm Zucker.
Apfelsaft	....	Ein Liter Apfelsaft enthält ....
Milch	....	Ein Liter ....
Mineralwasser	....	....

4 **Fett: Suche die Angaben auf Lebensmittelpackungen und schreibe in dein Heft. Vergleiche in der Klasse.**

Brennwert	1447 kJ / 341 kcal	905 kJ / 213 kcal
Eiweiß	9,0 g	5,6 g
Kohlenhydrate davon	71,1 g	44,4 g
- Zucker	6,2 g	3,9 g
Fett davon	2,3 g	1,4 g
- gesättigte Fettsäuren	0,7 g	0,5 g

Lebensmittel	… g Fett in 100 g

5 **Überprüfe deine Tabelle von Aufgabe 1. Ernährst du dich gesund?**

ISBN 978-3-12-666872-9 Das DaZ-Buch-Lehrerhandbuch

Name: ....

1 **Spielt mit 2–4 Spielern.**

2 **Ihr braucht 1 Würfel und 2–4 Spielfiguren.**

3 **Spielt:**

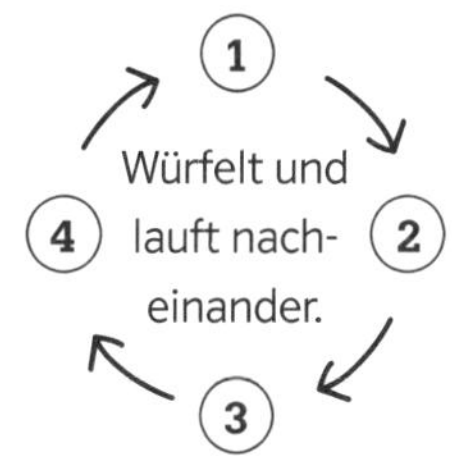

- **Man würfelt und läuft: z. B.**

  > **das Brot** > Man darf vor auf **die Brote** .

  > **die Äpfel** > Man muss zurück auf **der Apfel** .

  > ★ > Man darf Pause machen.

- **Wer ist zuerst im Ziel?**

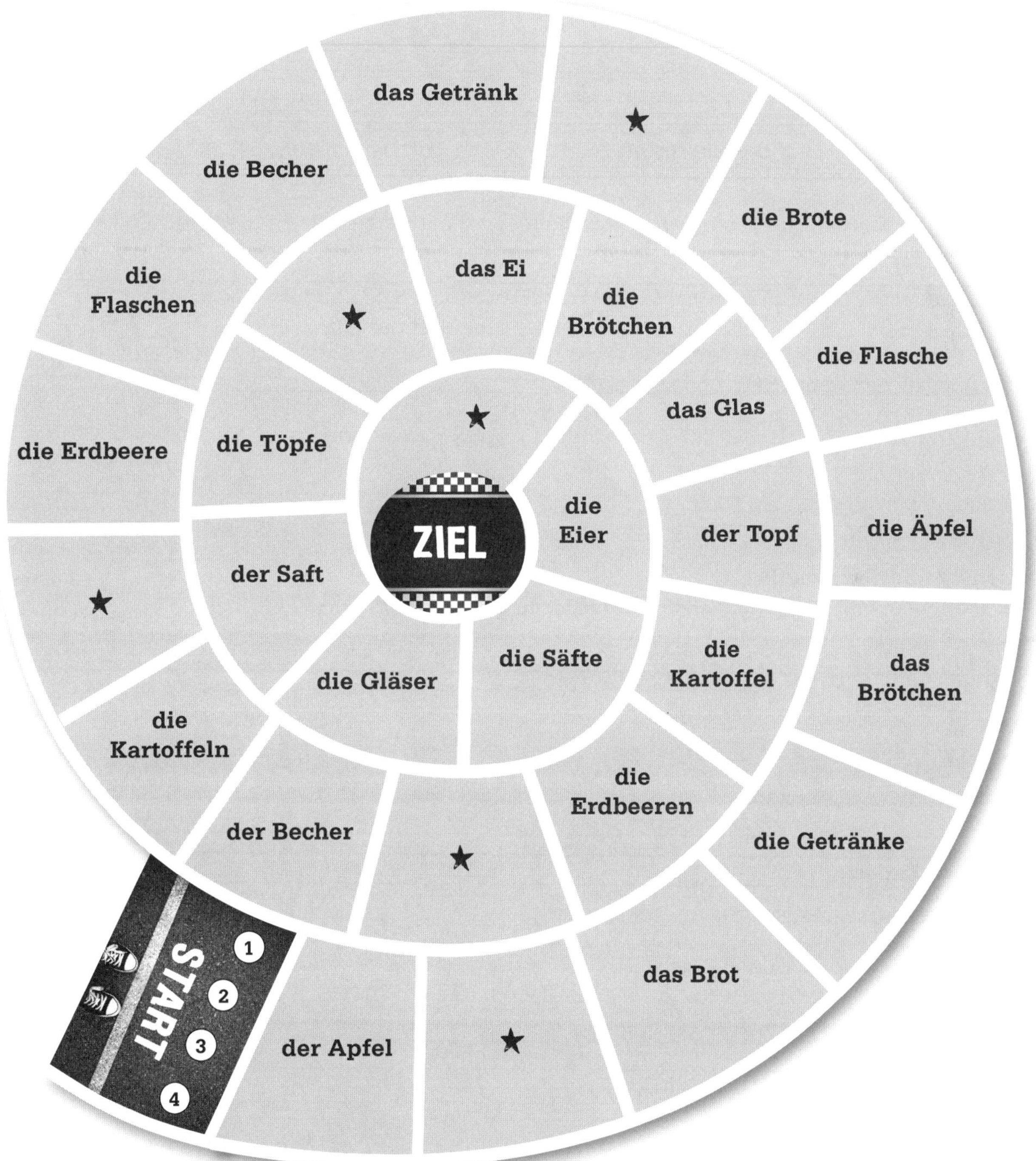

ISBN 978-3-12-666872-9 Das DaZ-Buch-Lehrerhandbuch

Name: ....

1 Fragen und Antworten .... / 10 Punkte

1 Kuchen
2 Brezeln
Marmelade?

Angebot heute
3 Brezeln 1,69 €
~~Erdbeermarmelade~~ 1,29 €

Guten Tag. Was darf es sein? → Guten Tag.  ....

....

Möchten Sie einen Apfelkuchen oder einen Käsekuchen? →  ....

Gern. ....? →  ....

Wir haben ein Angebot: ....

.... Zwei Brezeln kosten 1,60 €. → Aha, gut. Dann nehme ich das Angebot. ....

....?

Nein, tut mir leid. ....

.... → Dann ist das alles. ....?

Hm, der Apfelkuchen kostet 10 €, … dann noch das Angebot: .... → Hier, bitte. ....

Danke auch. Einen schönen Tag noch.

2 Wortschatz und Grammatik .... / 20 Punkte

2.1 Verpackungen und Mengenangaben: Was sollst du einkaufen? Ergänze. .... / 3 Punkte

Ich soll ein Päckchen Kaffee ...., ...,

.... und ....,

einkaufen.

2.2 Adjektive: Ergänze. .... / 3 Punkte

a) In der Suppe ist kein Fleisch. Sie ist vegetarisch ....

b) In der Bratwurst ist viel Fett. Sie ist sehr ....

c) In Gummibärchen ist viel Zucker. Sie sind sehr ....

d) Ich habe lange nichts gegessen. Ich bin sehr ....

e) Iss nicht so viel Schokolade, das ist ....

f) Iss lieber Obst und Gemüse. Das ist ....

g) Im Sportunterricht dürfen wir nicht trinken. Danach bin ich immer sehr ....

ISBN 978-3-12-666872-9 Das DaZ-Buch-Lehrerhandbuch

Name: ....

2.3 [gern – lieber – am liebsten] Was essen sie gern? Schreibe Sätze wie im Beispiel. .... / 3 Punkte

a) Keying – ❤ Müsliriegel, ❤❤ Schokolade, ❤❤❤ Eis: Keying isst gern Müsliriegel.
Schokolade isst sie lieber. Am liebsten isst sie Eis.

b) Kacper – ❤ Chips, ❤❤ Pizza, ❤❤❤ Döner: ....

c) du – ❤ Käsebrot, ❤❤ Salamibrötchen, ❤❤❤ Brezel mit Butter: ....

d) wir – ❤ Müsli, ❤❤ Brötchen, ❤❤❤ Waffeln: ....

2.4 [Imperativ] Bilde den Imperativ und schreibe wie im Beispiel. .... / 3 Punkte

a) gut zuhören
(du) Hör bitte gut zu!
(ihr) Hört bitte gut zu!
(Sie) Hören Sie bitte gut zu!

b) das Buch aufschlagen
(du) ....
(ihr) ....
(Sie) ....

c) lauter sprechen
(du) ....
(ihr) ....
(Sie) ....

d) leise sein
(du) ....
(ihr) ....
(Sie) ....

2.5 [„wollen" oder „sollen"?] Ergänze die richtige Form. .... / 4 Punkte

a) ► Was wollt ihr trinken? .... ihr Tee?
◁ Nein, danke. Wir .... nichts trinken.

b) ► Ich .... jetzt einen Kaffee trinken.
◁ Frau Langer, Sie .... nicht so viel Kaffee trinken, das ist ungesund.

c) ► .... Sie ein Glas Cola trinken?
◁ Nein, danke. Ich .... nur Wasser trinken, sagt mein Arzt.

d) ► Was .... wir in Deutsch als Hausaufgabe machen?
◁ Wir .... für den Test lernen.

2.6 [Positionen im Satz] Schreibe die Sätze richtig und markiere wie im Beispiel. .... / 4 Punkte

a) Amer / Oliven im Supermarkt / einkaufen / . [Amer] [kauft] Oliven im Supermarkt (ein).

b) mitbringen / er / die Oliven in die Schule / ?
....

c) Ipek / wollen / mitbringen / was / ?
....

d) wir / pünktlich in die Schule / sollen / kommen / .
....

e) auspacken / wir / zuerst / unsere Sachen / .
....

ISBN 978-3-12-666872-9 Das DaZ-Buch-Lehrerhandbuch

Name: ....

3 Lesen und Verstehen

.... / 10 Punkte

Gesund und fit in der Schillerschule

Ernährungsexperte und Koch Giovanni Talin

Wir sollen gesund essen, auch in der Mittagspause in der Schule. Kennt ihr Herrn Talin? Er ist Ernährungsexperte und Koch in der Schillerschule.
Das erzählt Herr Talin über unser Mittagessen: Es gibt jeden Tag Gemüse oder einen Salat. Und wir dürfen immer einen Apfel, eine Birne oder eine Banane nehmen. Und Fleisch? Gibt es nie Fleisch? – Doch, natürlich. Am Dienstag und am Donnerstag gibt es Fleisch und am Freitag gibt es Fisch. Nicht alle Schüler mögen Fisch, aber Fisch ist sehr gesund. Es gibt aber immer auch ein Essen ohne Fisch oder Fleisch. Manche Schüler sind Vegetarier und essen nie Fleisch oder Fisch. Am Montag gibt es immer Nudeln oder Kartoffeln, zum Beispiel Spaghetti oder eine Kartoffelpizza. Pizza?! Das ist doch Fastfood! Dazu sagt Herr Talin: „Das ist richtig, wir sollen selten Fastfood essen. Fastfood hat oft viel Fett und Salz. Das ist nicht gesund. Aber unsere Pizza ist nicht fettig und mit Kartoffeln. Das ist gesund. Und ich koche mit wenig Salz."
Und wir wissen jetzt auch: Herr Talin isst selbst manchmal Fastfood. Natürlich nicht täglich. Also, dann essen wir jetzt mal einen Burger ... – einen *Gemüseburger*. ☺

Ordne zu. Schreibe die Sätze dann auf.

a) Es gibt	sind nicht gesund.
b) Jeden Tag	jeden Tag Gemüse oder Salat.
c) Zweimal in der Woche	gibt es Obst.
d) Einmal in der Woche	gibt es Fleisch.
e) Nicht jeder Schüler	gibt es Fisch.
f) Vegetarier	essen kein Fleisch.
g) Am Montag	sind gesund.
h) Kartoffeln	darf man Fastfood essen.
i) Zu viel Fett und Salz	isst gern Fisch.
j) Herr Talin	gibt es Nudeln oder Kartoffeln.
k) Ab und zu	nimmt wenig Salz.

a) Es gibt jeden Tag Gemüse oder Salat.

b) ....

c) ....

d) ....

e) ....

f) ....

g) ....

h) ....

i) ....

j) ....

k) ....

ISBN 978-3-12-666872-9 Das DaZ-Buch-Lehrerhandbuch

Name: ....

4 Schreiben

.... / 10 Punkte

4.1 Du willst kochen und essen: Was machst du? Sortiere. Schreibe dann mit Zeitadverbien auf.

.... / 5 Punkte

- [ ] den Tisch decken
- [1] im Supermarkt einkaufen
- [ ] die Küche aufräumen
- [ ] essen
- [ ] das Essen kochen
- [ ] den Tisch saubermachen

zum Schluss • jetzt • danach • anschließend • ~~zuerst~~ • dann

Mein Mittagessen

1. Zuerst gehe ich in den Supermarkt und kaufe ein.
2. ....
3. ....
4. ....
5. ....
6. ....

4.2 Fasse die Statistik zusammen.

.... / 5 Punkte

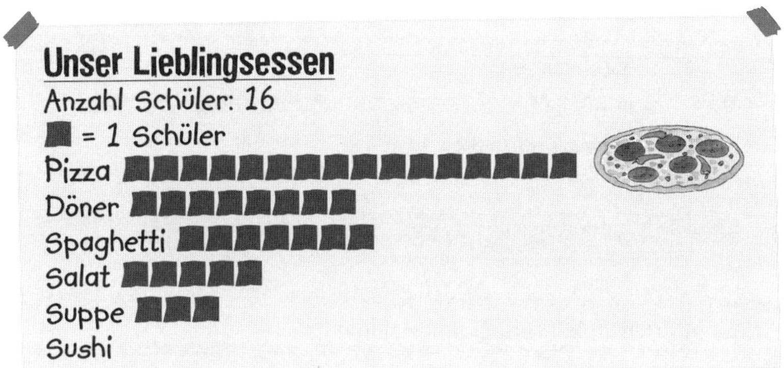

~~alle~~ • viele • die Hälfte • wenige • keiner • einige

Unser Lieblingsessen

1. Alle mögen Pizza.
2. ....
3. ....
4. ....
5. ....
6. ....

Ergebnis: .... / 50 Punkte

....

Kommentar: ....

ISBN 978-3-12-666872-9 Das DaZ-Buch-Lehrerhandbuch

Name: ....

5 Freizeit

Inhalte und Lernziele

A	Freizeitaktivitäten, Arbeitsgemeinschaften (AGs); Datum, Jahreszahlen, Geburtsdatum, Kalender (ÜB)
	Verabredungen treffen, zusagen, absagen
	Statistik: lesen und verstehen, Prozentangaben machen, eine Umfrage machen und mit der Statistik vergleichen
	[Grammatik] Zeitangaben: *montags, dienstags, …* und Positionen im Satz (ÜB)
	[Schul- / Fächerspezifisches] Ordinalzahlen
B	Verabredungen treffen; Im Secondhandladen, Kleidung
	Gefallen / Missfallen ausdrücken, Kleidung / Passform beurteilen, Komplimente machen
	eine Voice-Mail hören und verstehen
	[Grammatik] • *möchten* und Satzklammer (ÜB) • Präteritum von *sein* und *haben* • Zeitangaben: *heute, morgen, übermorgen, in einer Woche, …; gestern, vorgestern* und Positionen im Satz (ÜB) • Modaladverbien: *sehr (gut), (nicht) so (gut), gar / überhaupt nicht; zu* + Adjektiv • Positionen im Satz: Stellung des Subjekts im Satz (ÜB)
	[Schul- / Fächerspezifisches] im Wörterbuch nachschlagen (ÜB)
	[Aussprache] Z-Laute
C	sich entschuldigen
	einen Chat lesen (ÜB)
	[Grammatik] • Perfekt mit *haben* oder *sein* und Positionen im Satz, Satzklammer • Zeitangaben: *heute, gestern, vorgestern, letzte Woche, letzten Monat, letztes Jahr* und Positionen im Satz
D	Bundesjugendspiele; optische Täuschungen (ÜB); Am Schwarzen Brett (Anzeigen)
	Vergleiche ziehen
	einen Bericht lesen und verstehen; Anzeigen lesen und verstehen, beantworten und selbst schreiben
	[Grammatik] Komparation
	[Schul- / Fächerspezifisches] Fachwortschatz Mathematik: Kreis, Quadrat, Linie (ÜB)
E	ein Plakat zu Freizeitangeboten für Jugendliche erstellen
	[Schul- / Fächerspezifisches] • Recherchieren: Informationen suchen und finden, Recherchieren anbahnen (vor Ort und im Internet) • extra: Mathematik > Größen versprachlichen: Zeiten und Längen

Eine Gesamtübersicht zur Lektion finden Sie im Schülerbuch, Seite 8 / 9.

Zusatzmaterial

Bild-Wort-Karten:
Kopiervorlagen: Seite 82–85 /
Lektionstest: Seite 86–89 /

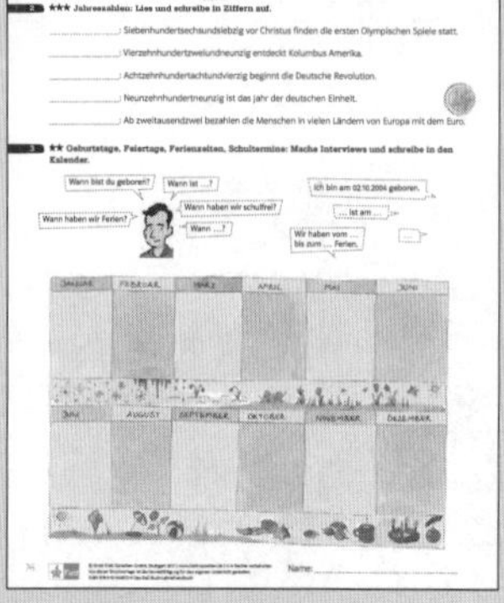
KV zu A5 | Seite 82

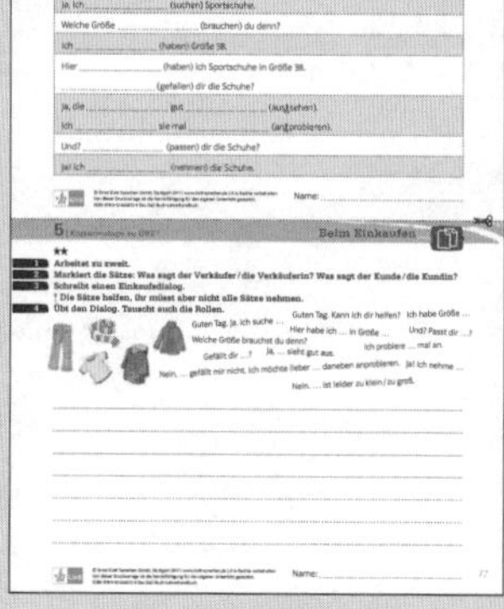
KV zu ÜB27 | Seite 83

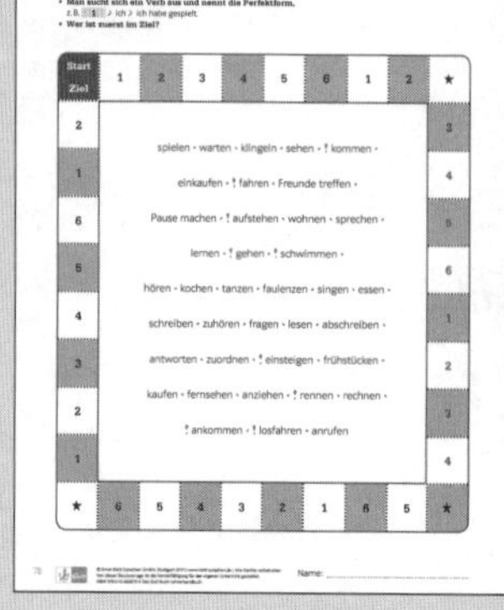
KV zu C5 | Seite 84

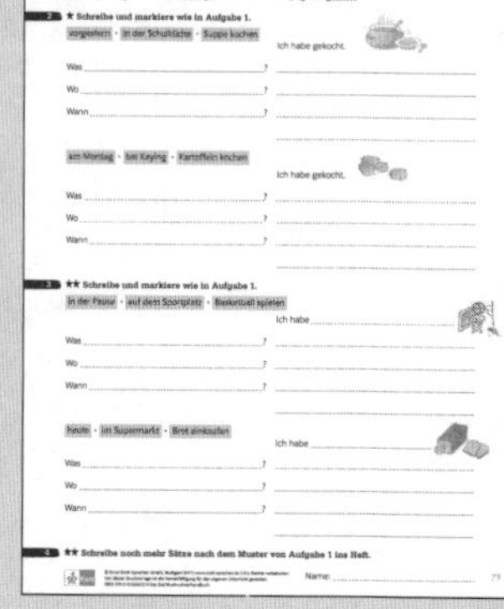
KV zu C7 | Seite 85

Sie brauchen: Gegenstände zum Thema, z. B. Tischtennisschläger oder -ball, Badeanzug / Taucherbrille, Instrument, Smartphone, Museumsflyer, … (A1); Übersicht über die AGs an Ihrer Schule (A2); Kopie eines Jahreskalenders, vergrößerte Kopie von A4 (A4); Jahreswandkalender oder Klassenkalender aus L2 (A5)

Vorwissen aktivieren: Schreiben Sie „Freizeit" an die Tafel, fragen Sie: „Was heißt das?" SuS klären das Wort durch Zerlegen in *frei* und *Zeit* und sammeln Erklärungen: *keine Schule, keine Hausaufgaben, keine Arbeit, …*
Bringen Sie einige Gegenstände zum Thema mit, z. B. Tischtennisschläger oder -ball, Badeanzug / Taucherbrille, Instrument, Smartphone, Museumsflyer, …
Fragen Sie: „Was machst du in der Freizeit?" SuS nennen ihre Freizeitaktivitäten und / oder spielen pantomimisch vor. Sammeln Sie an der Tafel. A1 folgt, dabei kann der Tafelanschrieb erweitert werden.
> **Komposita:** SuS sammeln Komposita rund um das Thema Freizeit, z. B. *Fußballspiel, -platz, -stadion, Schwimmbad, Schuldisco, Tischtennisturnier, -training, …*

Ordinalzahlen: Wiederholen Sie ggf. spielerisch die Zahlen > Seite 109 Erarbeiten Sie die Übersicht zu den Ordinalzahlen aus dem SB an der Tafel. SuS erstellen Wechselkärtchen und spielen. Weitere Übungen und Spiele können sich damit anschließen:
> **So viele Kärtchen wie SuS:** SuS ziehen Kärtchen, stellen sich in der Reihenfolge ihrer Karten auf und sprechen: „Ich bin der / die Erste. Wer bist du?" …
> **Mehr Kärtchen als SuS:** Gespielt wird wie oben, SuS müssen auch die „unbesetzten" Stellen nennen, z. B.: „Der Zweite und der Dritte fehlen. Ich bin der / die Vierte." …

Datum und Kalender: SuS erhalten die Kopie eines Jahreskalenders. SuS sprechen in PA: „Welcher Tag ist heute?" oder „Welcher Wochentag ist der dritte Oktober?"
> **Hören und Lesen:** Mehrmaliges Hören von ▶ 76 sowie die Übersicht helfen SuS beim Lesen: „am zwei*ten* Oktober".
> **Datumsangaben:** SuS üben mit dem Kalender weiter, z. B. „Wann ist Weihnachten?" – „Am 24. Dezember.", …

Dialogvariationen
★ SuS zerschneiden eine vergrößerte Kopie von A4. Sie setzen den Dialog in PA wieder zusammen und spielen ihn anschließend im Rollenspiel. Weitere Dialoge erarbeiten sie durch Zerschneiden der Variationen und Austausch im Dialog.
★★ SuS sprechen und spielen Variationen im Rollenspiel.
★★★ SuS nutzen im Rollenspiel auch Redemittel aus ÜB5.

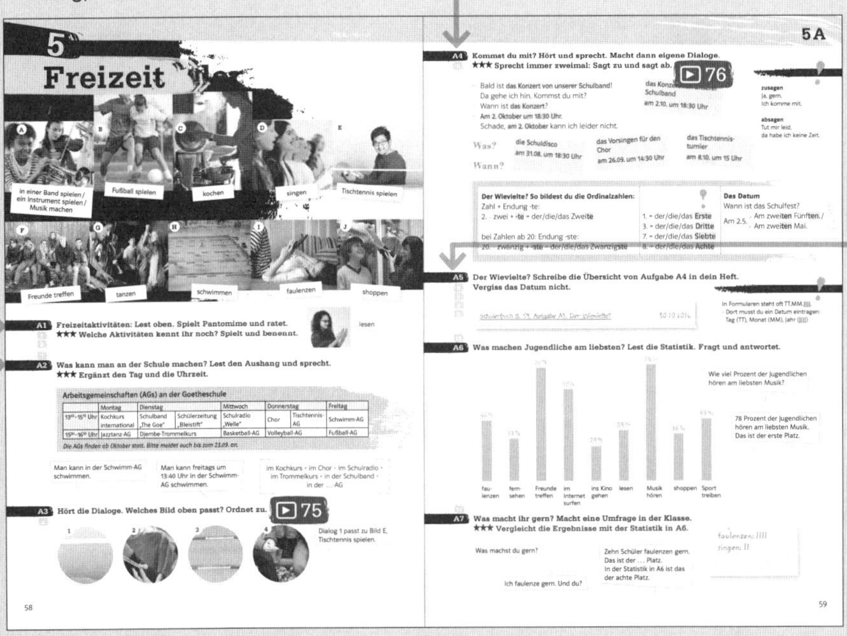

Interkultureller Kalender: SuS nutzen den bereits in L2D erstellten Kalender mit wichtigen Festen, die sie zu Hause feiern, oder erstellen nun einen interkulturellen Kalender. SuS sprechen und vergleichen: Wer feiert was wann?

KV zu A5 – Datum und Kalender: SuS üben zu Datum, Jahreszahlen und Terminen. Aufgabe 2 ergänzt ÜB9. SuS können für Aufgabe 3 ggf. den in L2D erstellten Klassenkalender nutzen. Besprechen Sie auch weitere wichtige Termine für das Schuljahr. > Seite 82

Positionen im Satz: Entwickeln Sie mit SuS folgendes Tafelbild:

Die Schwimm-AG
Man kann schwimmen.
Man kann in der Schwimm-AG schwimmen.
Man kann freitags in der Schwimm-AG schwimmen.
Man kann freitags um 13:40 in der Schwimm-AG schwimmen.

★ SuS schreiben zu allen AGs die ersten beiden Sätze im Satzmodell ins Heft.
★★ SuS schreiben die Sätze mit Zeitangaben ins Heft.
★★★ SuS stellen die Sätze auch um: *In der Schwimm-AG kann man freitags um 13:40 Uhr schwimmen. Freitags um 13:40 Uhr kann man in der Schwimm-AG schwimmen.* (Wiederholung / Erweiterung L4)

Arbeitsgemeinschaften an der eigenen Schule: Bringen Sie eine Übersicht über die AGs an Ihrer Schule mit. Klären Sie mit SuS: Was kann man wann machen? Was ist für Ihre SuS geeignet?

Sie brauchen: Wortkarten mit *sehr gut, gut, nicht so gut, nicht, gar nicht, überhaupt nicht*, Bild-Wort-Karten Kleidung, evtl. traditionelle Kleidungsstücke (B4); verschiedene Sonnenbrillen, Hüte etc. (B5)

möchten: Nach B1 können Sie den Unterschied zwischen *möchten* und *wollen* veranschaulichen, z. B. so: „Ich fahre gern Fahrrad. Ich *möchte* heute Nachmittag Fahrrad fahren." Und mit entsprechender Betonung: „Ich muss heute Nachmittag einkaufen. Ich *will* aber lieber Fahrrad fahren." Erarbeiten Sie die Satzklammer an der Tafel. ÜB12–14 folgen. SuS sprechen dann in PA über ihre Wünsche und Pläne für den Nachmittag / das Wochenende / …: „Was möchtest du … machen?" – „Ich möchte …"
! Die Form *möcht-* ist der Konjunktiv II von *mögen*. > L12

Zeitangaben: Zeichnen Sie einen Zeitstrahl an die Tafel, markieren Sie in der Mitte „heute". SuS schreiben das Datum dazu. Nennen Sie weitere Zeitangaben, SuS tragen auf dem Zeitstrahl mit Datum ein und sprechen: „Das ist der …" Variieren Sie: *in einem Monat, in einem Jahr, in zwei Jahren, in fünf Tagen, …*
! Wischen Sie den Zeitstrahl nicht aus. In ÜB28 und C7 können SuS um Zeitangaben der Vergangenheit ergänzen.

Kleidertausch: Bringen Sie für die Dialoge in B5 auch verschiedene Sonnenbrillen, Hüte etc. mit.
! Die Wendungen „gefällt / gefallen mir / dir", „steht / stehen mir / dir", „passt / passen mir / dir" werden als Chunks verwendet, Personalpronomen im Dativ folgen in L8.

KV zu ÜB27 – Beim Einkaufen > Seite 83
★★★ SuS schreiben in PA eigene Dialoge und spielen diese.

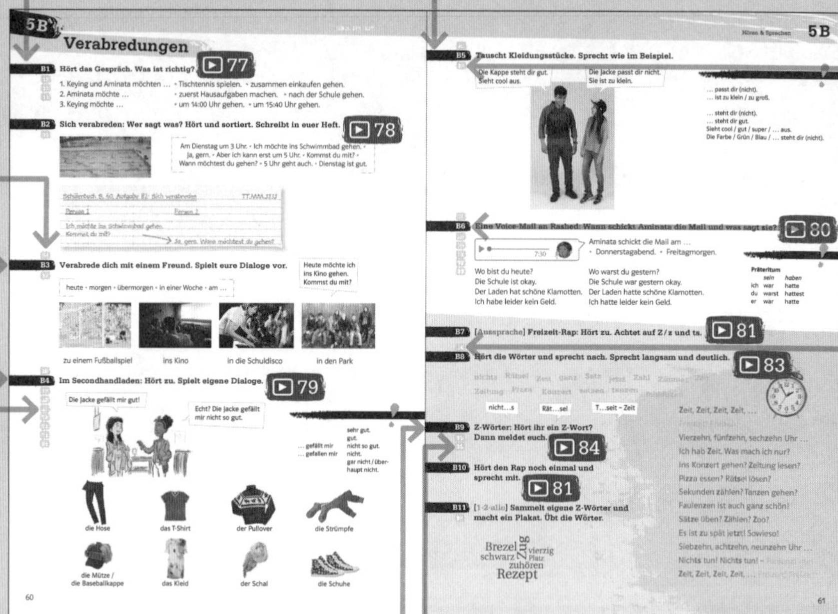

Verabredungen
★ SuS nutzen das Dialograster von B2 im Heft und variieren in PA mit den Aktivitäten von B3.
★★ SuS schreiben in PA Dialoge, auch unter Verwendung der Redemittel aus ÜB15, und spielen dann im Rollenspiel.
★★★ SuS hören noch einmal ▶ 77. Daraus sowie aus A4, B2, B3 und den zugehörigen ÜB-Aufgaben sammeln sie Redemittel zum Zu- und Absagen bzw. Finden eines neuen Termins im Heft. In PA üben sie Dialoge als Rollenspiel ein.

Traditionelle Kleidungsstücke: SuS erzählen und bringen die Kleidungsstücke evtl. mit, z. B. Sari, Kaftan, …
> **Wortschatzerweiterung:** z. B. *tragen, anhaben, anziehen, ausziehen, aufsetzen, umbinden, waschen* (+ Akkusativ).

Vorwissen aktivieren: SuS bekommen Wortkarten mit *sehr gut, gut, nicht so gut, nicht, gar nicht, überhaupt nicht*. Zeichnen Sie zwei Smileys an die Tafel, SuS ordnen die Karten den Smileys zu. Anschließend erarbeiten sie mit Plus- / Minuszeichen eine Rangfolge: ++, +, + / –, –, ––.

☺	☹

Spiel „Wer bin ich?": SuS schlagen S. 10 / 11 im SB auf und spielen: „Ich trage eine Jacke. Die Jacke ist weiß. …" – „Du bist Linh."
! Weisen Sie SuS ggf. auf *anhaben / tragen* + Akkusativ hin.
> **Spiel „Ich packe meinen Koffer"** mit Kleidungsstücken
★ SuS nutzen Bild-Wort-Karten und legen sie in der genannten Reihenfolge vor sich auf den Tisch.

Z-Wörter: Schreiben Sie nach dem Hören von ▶ 84 *Seite – Zeit, nicht – nichts* an die Tafel > *Z* klingt wie *ts*, nicht wie *t* (*nicht*) bzw. *s* (*Seite*); *ts* schreibt man als *z, zz, ts* oder *tz*.

Präteritum mit *sein* oder *haben*: SuS ergänzen zur Vorentlastung den Zeitstrahl von B3 an der Tafel um *gestern* und *vorgestern*. Sie lesen die Sätze in B6, schreiben sie an, markieren die Verben und hören dann ▶ 80.

Z-Laut richtig sprechen: SuS sprechen *t* und *s* bewusst getrennt, dann immer schneller hintereinander – so entsteht *ts*.

Wechselkärtchen: SuS denken sich Rechenaufgaben mit Z-Zahlen aus, schreiben sie auf Kärtchen und spielen.

Sie brauchen: Folie von C4, farbiger Folienstift (C4); Plakate (C5); Verbkarten der Lektionen 1 bis 5, Wörterbücher (C6)

Einführung Perfekt: Fragen Sie nach ÜB38: „Was macht Keying / Aminata um … / von … bis …?", „Wann / Von wann bis wann …?" Zeichnen Sie einen Zeitstrahl an die Tafel. SuS ergänzen mit den Zeiten und Tätigkeiten aus ▶ 77.

Keying / Tischtennis spielen	Keying / duschen und so	Aminata / warten
13.40–15.15	15.15 – 15.40	15.40 →

SuS hören ▶ 86 und lösen C1. Die zeitliche Abfolge der Ereignisse veranschaulicht die Bedeutung des Perfekts. Fragen Sie: „Wie lange *hat* Aminata *gewartet*?", „Was *hat* Keying *gespielt*?", „Wie lange *hat* die AG *gedauert*?" SuS ergänzen den Zeitstrahl an der Tafel. ÜB39 folgt.

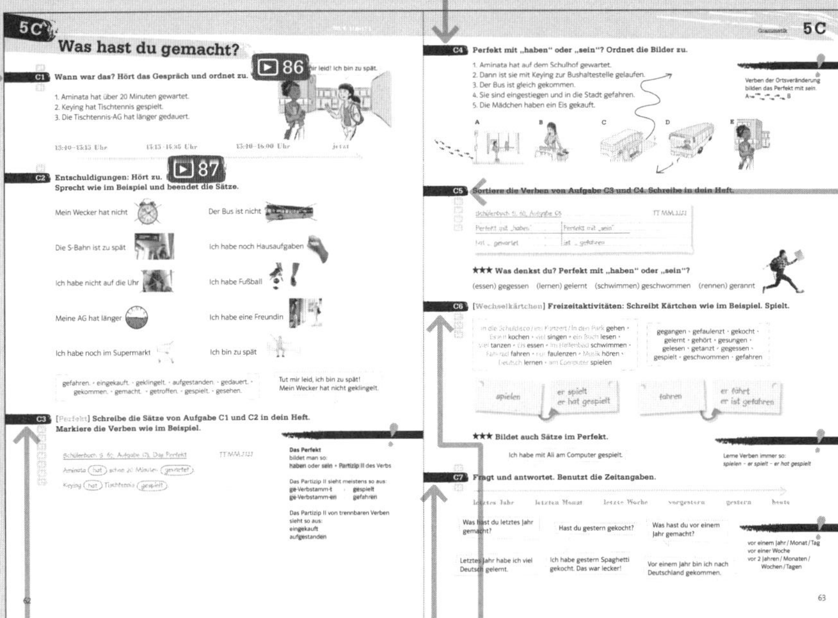
5C Was hast du gemacht?

C1 Wann war das? Hört das Gespräch und ordnet zu. ▶ 86

1. Aminata hat über 20 Minuten gewartet.
2. Keying hat Tischtennis gespielt.
3. Die Tischtennis-AG hat länger gedauert.

13:40–15:15 Uhr · 15:15–15:35 Uhr · 15:40–16:00 Uhr · jetzt

C2 Entschuldigungen: Hört zu. ▶ 87 Sprecht wie im Beispiel und beendet die Sätze.

Mein Wecker hat nicht · Der Bus ist nicht · Die S-Bahn ist zu spät · Ich habe noch Hausaufgaben · Ich habe nicht auf die Uhr · Ich habe Fußball · Meine AG hat länger · Ich habe eine Freundin · Ich habe noch im Supermarkt · Ich bin zu spät

gefahren. · eingekauft. · geklingelt. · aufgestanden. · gedauert. · gekommen. · gemacht. · getroffen. · gespielt. · gesehen.

Tut mir leid, ich bin zu spät! Mein Wecker hat nicht geklingelt.

C3 [Perfekt] Schreibe die Sätze von Aufgabe C1 und C2 in dein Heft. Markiere die Verben wie im Beispiel.

Aminata (hat) schon 20 Minuten (gewartet).
Keying (hat) Tischtennis (gespielt).

Das Perfekt bildet man so: haben oder sein + Partizip II des Verbs
Das Partizip II sieht meistens so aus: ge-Verbstamm-t – gespielt; ge-Verbstamm-en – gefahren
Das Partizip II von trennbaren Verben sieht so aus: eingekauft, aufgestanden

62

Grammatik 5C

C4 Perfekt mit „haben" oder „sein"? Ordnet die Bilder zu.

1. Aminata hat auf dem Schulhof gewartet.
2. Dann ist sie mit Keying zur Bushaltestelle gelaufen.
3. Der Bus ist gleich gekommen.
4. Sie sind eingestiegen und in die Stadt gefahren.
5. Die Mädchen haben ein Eis gekauft.

Verben der Ortsveränderung bilden das Perfekt mit *sein*. A → B

C5 Sortiere die Verben von Aufgabe C3 und C4. Schreibe in dein Heft.

Perfekt mit „haben"	Perfekt mit „sein"
hat … gewartet	ist … gefahren

★★★ Was denkst du? Perfekt mit „haben" oder „sein"?
(essen) gegessen (lernen) gelernt (schwimmen) geschwommen (rennen) gerannt

C6 [Wechselkärtchen] Freizeitaktivitäten: Schreibt Kärtchen wie im Beispiel. Spielt.

gegangen · gefaulenzt · gekocht · gelernt · gehört · gesungen · gelesen · getanzt · gegessen · gespielt · geschwommen · gefahren

spielen – er spielt, er hat gespielt · fahren – er fährt, er ist gefahren

★★★ Bildet auch Sätze im Perfekt.
Ich habe mit Ali am Computer gespielt.

Lerne Verben immer so: *spielen – er spielt – er hat gespielt*

C7 Fragt und antwortet. Benutzt die Zeitangaben.

letztes Jahr · letzten Monat · letzte Woche · vorgestern · gestern · heute

Was hast du letztes Jahr gemacht? – Letztes Jahr habe ich viel Deutsch gelernt.
Hast du gestern gekocht? – Ich habe gestern Spaghetti gekocht. Das war lecker!
Was hast du vor einem Jahr gemacht? – Vor einem Jahr bin ich nach Deutschland gekommen.

vor einem Jahr / Monat / Tag, vor einer Woche, vor 2 Jahren / Monaten / Wochen / Tagen

63

Perfekt mit *haben* oder *sein*: Stellen Sie sich vor das rechte Ende der Tafel, gehen Sie ans andere Ende der Tafel und fragen dabei: „Was mache ich?" SuS antworten: „Sie gehen." Gehen Sie noch einmal an der Tafel vorbei und zeichnen dabei einen Pfeil von links nach rechts. Sagen Sie dann: „Was habe ich gemacht? – Ich *bin* gegangen."
Legen Sie eine Folie von C4 auf, die Sätze und Bilder sind zerschnitten. SuS ordnen Sätze und Bilder zu. Zeigen Sie am OHP noch einmal die Bewegung bei 2A, 3D und 4C. Markieren Sie mit farbigem Folienstift die Bewegung auf den Bildern und die Formen von *sein* in den Sätzen.

Lernplakate: SuS, die mit C5 und den ÜB-Aufgaben schneller fertig sind, gestalten je ein Plakat zum Perfekt mit *haben* und zum Perfekt mit *sein*. Darauf sammeln sie Verben, z. B.: *gehen – sie geht – sie ist gegangen*. Die Plakate können als „Spickzettel" aufgehängt und nach und nach ergänzt werden. > Seite 105

Sprachvergleich: SuS vergleichen mit ihren Herkunftssprachen: Gibt es eine Vergangenheitsform mit Hilfsverben? Verwendet man eines oder mehrere Hilfsverben? Gibt es eine Satzklammer? usw.

KV zu C5 – Perfekt-Spiel: Ggf. können SuS die Spielregeln erweitern: Gibt es eine Belohnung, wenn man die richtige Form genannt hat? Was muss man tun, wenn die Form nicht richtig war? usw. > Seite 84

Perfekt entdecken: In C3 und ÜB 41–47 entdecken SuS das Perfekt Schritt für Schritt: Zweiteiligkeit und Satzklammer, Formen Partizip II, auch von trennbaren Verben.
! Perfekt von Verben auf *-ieren* und untrennbaren Verben folgt in L6.
★★★ SuS schreiben *vor* C3 die Sätze aus ÜB40 und C2 in eine Tabelle, unterstreichen den Verbstamm und markieren, was ihnen auffällt. Sie versuchen, Regeln fürs Perfekt zu formulieren und überprüfen ihre Annahmen dann in C3 und im ÜB.

Infinitiv	Präsens	Perfekt
Klingeln	Mein Wecker klingelt.	Mein Wecker hat (nicht) geklingelt.

Wechselkärtchen: SuS ergänzen ihre bisherigen Verbkärtchen um die Perfektformen. Sie arbeiten auch mit dem Wörterbuch: Wie findet man die Verbformen dort?
> **Variante:** Zur Wiederholung des Imperativs spielen SuS in PA. Schüler A zieht ein Kärtchen und sagt: „Spiel Fußball!" B spielt Pantomime und sagt: „Ich habe Fußball gespielt." usw.

KV zu C7 – Positionen im Satz > Seite 85
★★★ SuS schreiben nach dem Muster der KV eigene Sätze und schreiben die Satzteile auf Kärtchen. Sie tauschen die Sätze mit einem Partner. Sie bilden Sätze und wechseln dabei auch die Positionen 1 und 3.
Schnelle ★ / ★★-SuS können dann mit ihnen und diesen Kärtchen Sätze puzzeln.

Sie brauchen: Kärtchen mit Piktogrammen Fußgänger, Fahrrad, Auto, Flugzeug (D2); Wörterbücher (D3); Bilder verschiedener Künstler (D4); einfache Anzeigen aus der Zeitung, geeignete Zeitungen und Zeitschriften mit Anzeigen (D8)

Vorentlastung: Schreiben Sie *werfen, springen* und *laufen / rennen* an die Tafel. SuS, die diese Verben kennen, führen sie pantomimisch vor. Fragen Sie: „Was machst du gern / lieber / am liebsten?" SuS antworten.
Nennen Sie dann *schnell, weit* und *hoch*. SuS ordnen zu und schreiben vor die Verben an der Tafel und ergänzen ggf. Meter und Sekunden.

weit	werfen
hoch / weit	springen
schnell	laufen / rennen

SuS lesen und lösen D1. Fragen Sie: „Wer hat schon Leichtathletik gemacht? Wie weit kannst du werfen? Wie schnell läufst du 100 m? …"
> **Wortschatzarbeit:** SuS üben das Verb *stattfinden* in PA mit weiteren Nomen aus Teil A, z. B. Schuldisco, Konzert, AGs „Wann *findet* die Schuldisco *statt*?" – „…"

Wechselkärtchen und Wörterbucharbeit: SuS erstellen Wechselkärtchen zu den bisher gelernten Adjektiven (Vorderseite Grundform, Rückseite Steigerungsformen). Sie arbeiten dabei auch mit dem Wörterbuch: Wie findet man die Steigerungsformen im Wörterbuch? Sie markieren unregelmäßige Steigerungsformen. Dann spielen sie.

Vorentlastung Komparation: Zeigen Sie Piktogramme von einem Fußgänger, einem Fahrrad, einem Auto und einem Flugzeug. Fragen Sie: „Was ist schnell?" Zeichnen Sie einen Pfeil an die Tafel, SuS sortieren die Bilder. Sprechen Sie: „Das Fahrrad ist schnell. Das Auto ist schneller. Das Flugzeug ist am schnellsten." Schreiben und markieren Sie an der Tafel.

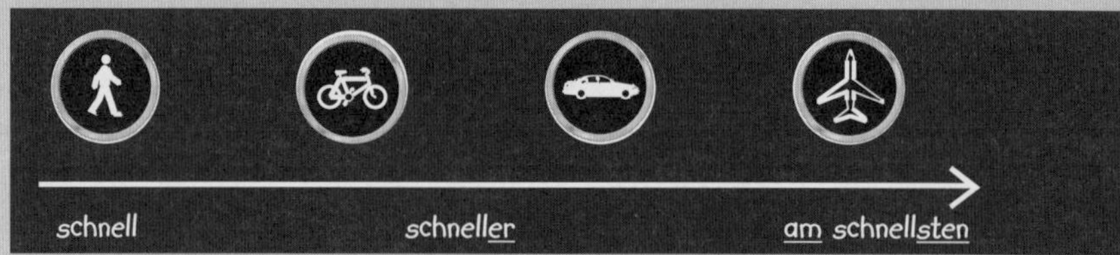

Nach D2 und den ÜB-Aufgaben dazu ergänzen SuS an der Tafel die Begriffe: *Grundform, Komparativ, Superlativ.*

Anzeigentexte: SuS überlegen, warum Anzeigentexte möglichst kurz sind und welche Informationen enthalten sein sollen. Sie lesen D5, vervollständigen Sätze und finden Imperative. Dann lösen sie D5.

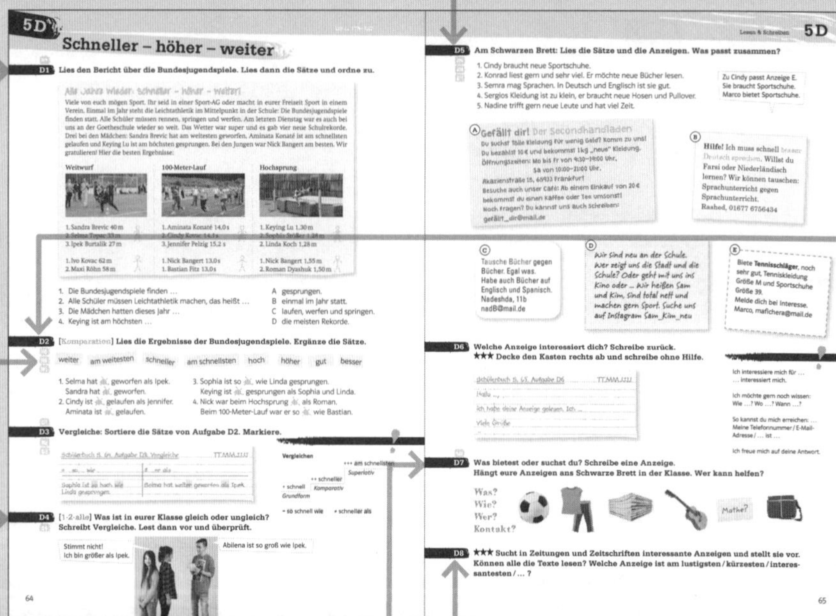

5D

Schneller – höher – weiter

D1 **Lies den Bericht über die Bundesjugendspiele. Lies dann die Sätze und ordne zu.**

Alle Jahre wieder: Schneller – höher – weiter!
Viele von euch mögen Sport. Ihr seid in einer Sport-AG oder macht in eurer Freizeit Sport in einem Verein. Einmal im Jahr steht die Leichtathletik im Mittelpunkt in der Schule: Die Bundesjugendspiele finden statt. Alle Schüler müssen rennen, springen und werfen. Am letzten Dienstag war es auch bei uns an der Goetheschule wieder so weit. Das Wetter war super und es gab vier neue Schulrekorde. Drei bei den Mädchen: Sandra Brevic hat am weitesten geworfen, Aminata Konaté ist am schnellsten gelaufen und Keying Lu ist am höchsten gesprungen. Bei den Jungen war Nick Bangert am besten. Wir gratulieren! Hier die besten Ergebnisse:

Weitwurf	100-Meter-Lauf	Hochsprung
1. Sandra Brevic 40 m	1. Aminata Konaté 14,0 s	1. Keying Lu 1,30 m
2. Selma Topac 33 m	2. Cindy Kovac 14,1 s	2. Sophia Stößer 1,28 m
3. Ipek Burtalik 27 m	3. Jennifer Pelzig 15,2 s	2. Linda Koch 1,28 m
1. Ivo Kovac 62 m	1. Nick Bangert 13,0 s	1. Nick Bangert 1,55 m
2. Maxi Röhn 58 m	1. Bastian Fitz 13,0 s	2. Roman Dyashuk 1,50 m

1. Die Bundesjugendspiele finden …
2. Alle Schüler müssen Leichtathletik machen, das heißt …
3. Die Mädchen hatten dieses Jahr …
4. Keying ist am höchsten …

A gesprungen.
B einmal im Jahr statt.
C laufen, werfen und springen.
D die meisten Rekorde.

D2 [Komparation] **Lies die Ergebnisse der Bundesjugendspiele. Ergänze die Sätze.**

weiter am weitesten schneller am schnellsten hoch höher gut besser

1. Selma hat … geworfen als Ipek. Sandra hat … geworfen.
2. Cindy ist … gelaufen als Jennifer. Aminata ist … gelaufen.
3. Sophia ist so … wie Linda gesprungen. Keying ist … gesprungen als Sophia und Linda.
4. Nick war beim Hochsprung … als Roman. Beim 100-Meter-Lauf war er so … wie Bastian.

D3 **Vergleiche: Sortiere die Sätze von Aufgabe D2. Markiere.**

Vergleichen
+ schnell *Grundform*
++ schneller *Komparativ*
+++ am schnellsten *Superlativ*
= so schnell wie ≠ schneller als

D4 [1-2-alle] **Was ist in eurer Klasse gleich oder ungleich? Schreibt Vergleiche. Lest dann vor und überprüft.**

Stimmt nicht! Ich bin größer als Ipek.
Abilena ist so groß wie Ipek.

64

Lesen & Schreiben 5D

D5 **Am Schwarzen Brett: Lies die Sätze und die Anzeigen. Was passt zusammen?**

1. Cindy braucht neue Sportschuhe.
2. Konrad liest gern und sehr viel. Er möchte neue Bücher lesen.
3. Semra mag Sprachen. In Deutsch und Englisch ist sie gut.
4. Sergios Kleidung ist zu klein, er braucht neue Hosen und Pullover.
5. Nadine trifft gern neue Leute und hat viel Zeit.

Zu Cindy passt Anzeige E. Sie braucht Sportschuhe. Marco bietet Sportschuhe.

A Gefällt dir! Der Secondhandladen
Du suchst tolle Kleidung für wenig Geld? Komm zu uns! Du bezahlst 10 € und bekommst 1 kg „neue" Kleidung. Öffnungszeiten: Mo bis Fr von 9:30–19:00 Uhr, Sa von 10:00–21:00 Uhr. Akazienstraße 15, 65933 Frankfurt
Besuche auch unser Café: Ab einem Einkauf von 20 € bekommst du einen Kaffee oder Tee umsonst!
Noch Fragen? Du kannst uns auch schreiben: gefällt_dir@mail.de

B **Hilfe!** Ich muss schnell besser Deutsch sprechen. Willst du Farsi oder Niederländisch lernen? Wir können tauschen: Sprachunterricht gegen Sprachunterricht. Rashed, 01677 6756434

C Tausche Bücher gegen Bücher. Egal was. Habe auch Bücher auf Englisch und Spanisch. Nadeshda, 11b nadB@mail.de

D Wir sind neu an der Schule. Wer zeigt uns die Stadt und die Schule? Oder geht mit uns ins Kino oder … Wir heißen Sam und Kim, sind total nett und machen gern Sport. Suche uns auf Instagram Sam_Kim_neu

E Biete **Tennisschläger**, noch sehr gut, Tenniskleidung Größe M und Sportschuhe Größe 39. Melde dich bei Interesse. Marco, mafichera@mail.de

D6 **Welche Anzeige interessiert dich? Schreibe zurück.**
★★★ Decke den Kasten rechts ab und schreibe ohne Hilfe.

Schülerbuch S. 65, Aufgabe D6 TT.MM.JJJJ
Hallo …,
ich habe deine Anzeige gelesen. Ich …
Viele Grüße

Ich interessiere mich für … / … interessiert mich.
Ich möchte gern noch wissen: Wie …? Wo …? Wann …?
So kannst du mich erreichen: … Meine Telefonnummer / E-Mail-Adresse / … ist …
Ich freue mich auf deine Antwort.

D7 **Was bietest oder suchst du? Schreibe eine Anzeige.**
Hängt eure Anzeigen ans Schwarze Brett in der Klasse. Wer kann helfen?

Was? Wie? Wer? Kontakt?
Mathe?

D8 **★★★ Sucht in Zeitungen und Zeitschriften interessante Anzeigen und stellt sie vor. Können alle die Texte lesen? Welche Anzeige ist am lustigsten / kürzesten / interessantesten / … ?**

65

Vergleiche in der Klasse: Weisen Sie SuS auf einen respektvollen Umgang miteinander hin und achten Sie darauf, dass niemand in verletzender Weise verglichen wird.

Vergleiche im Fachunterricht
Kunst: SuS vergleichen Bilder verschiedener Künstler: Farben (heller / dunkler), Strichstärke (dünner / dicker), Größen des gemalten Objektes etc.
> **Mathematik:** SuS wiederholen (> L4) und vergleichen Gewichte, Volumen, Längen etc. (*schwerer / leichter, weniger / mehr, größer / kleiner, länger / kürzer*).

Anzeigentexte schreiben
★ SuS können die Anzeigen B und D von D5 durch Ersetzen um eigene Angaben an sich selbst anpassen.
★★ SuS nutzen Bausteine der Anzeigen aus D5 beim Schreiben ihrer Anzeigen.
★★★ SuS verfassen eigene Anzeigen. Die Impulse von D7 helfen.
Evtl. können SuS ihre Anzeigen ans Schwarze Brett der Schule hängen und so in Kontakt mit anderen SuS der Schule treten.

Anzeigen und Abkürzungen: Bringen Sie einfache Anzeigen aus der Zeitung mit oder erstellen Sie sie selbst, z. B.: „Biete Sp.sch. Gr. 36."
★★★ SuS versuchen, die Abkürzungen zu entschlüsseln.
Bringen Sie Zeitungen und Zeitschriften mit Anzeigen für D8 mit. Achten Sie bei der Auswahl vor allem auf geeignete Themen und Wortschatz. Gehen Sie evtl. auch auf Anzeigenrubriken ein.

Sie brauchen: Buchstabensteine aus einem Gesellschaftsspiel, Stempelset o. Ä., Wortkärtchen und Blanko-Kärtchen, Telefonbuch bzw. Gelbe Seiten, Stadtplan, Fähnchen (E1); Internetzugang und Endgeräte (E3); Plakate (E4); Kopien von E7 (E7)

Stationenlernen – Nachschlagen üben: SuS arbeiten in PA. Frischen Sie in kleinen Stationen den Umgang mit dem Alphabet auf. Dafür eignen sich Spiele und Übungsvorschläge aus L4 / E. › Seite 67
An einer Station suchen SuS dann Adressen aus dem Telefonbuch bzw. den Gelben Seiten und sammeln in einer Tabelle im Heft.

Wo finde ich Informationen?

	Wo?	Adresse
das Rathaus	im Rathaus	

★ **Orte und Redemittel:** SuS schreiben Sätze zur Tabelle: *Ich bekomme Informationen im Rathaus. Ich finde das Rathaus in der …straße.*
★★ / ★★★ **Orientierung auf dem Stadtplan:** SuS hängen einen Stadtplan an die Wand, suchen die Adressen darauf und markieren mit Fähnchen. Dann fragen SuS in PA nach dem Weg, beschreiben Wege und üben kleine Dialoge ein (Wdh. L3). Diese führen sie anschließend im Plenum vor, auch als Vorbereitung auf E2 (Recherchieren im Ort).

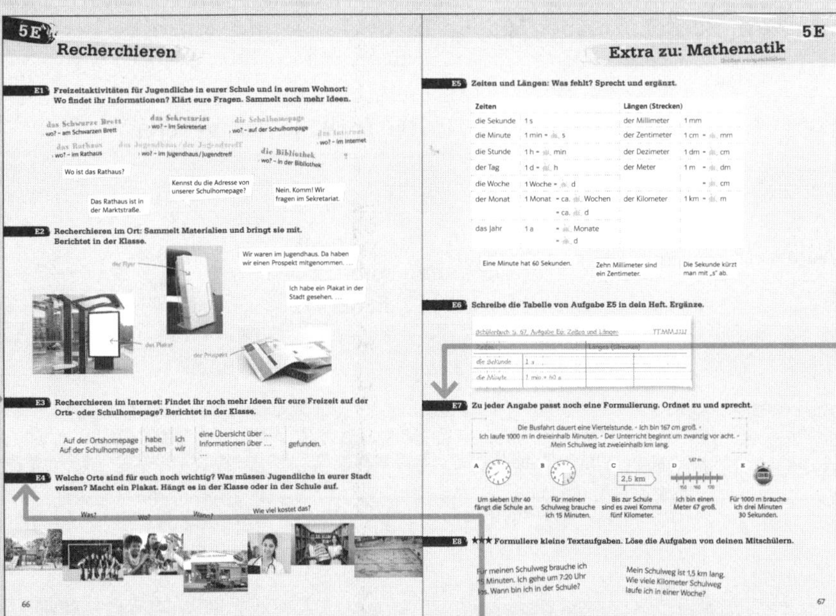
5E Recherchieren

E1 Freizeitaktivitäten für Jugendliche in eurer Schule und in eurem Wohnort: Wo findet ihr Informationen? Klärt eure Fragen. Sammelt noch mehr Ideen.

das Schwarze Brett – wo? – am Schwarzen Brett
das Sekretariat – wo? – im Sekretariat
die Schulhomepage – wo? – auf der Schulhompage
das Internet – wo? – im Internet
das Rathaus – wo? – im Rathaus
das Jugendhaus / der Jugendtreff – wo? – im Jugendhaus / Jugendtreff
die Bibliothek – wo? – in der Bibliothek
?

Wo ist das Rathaus?
Das Rathaus ist in der Marktstraße.
Kennst du die Adresse von unserer Schulhomepage?
Nein. Komm! Wir fragen im Sekretariat.

E2 Recherchieren im Ort: Sammelt Materialien und bringt sie mit. Berichtet in der Klasse.

der Flyer – das Plakat – der Prospekt
Wir waren im Jugendhaus. Da haben wir einen Prospekt mitgenommen. …
Ich habe ein Plakat in der Stadt gesehen. …

E3 Recherchieren im Internet: Findet ihr noch mehr Ideen für eure Freizeit auf der Orts- oder Schulhomepage? Berichtet in der Klasse.

Auf der Ortshomepage	habe	ich	eine Übersicht über …	gefunden.
Auf der Schulhomepage	haben	wir	Informationen über …	
			…	

E4 Welche Orte sind für euch noch wichtig? Was müssen Jugendliche in eurer Stadt wissen? Macht ein Plakat. Hängt es in der Klasse oder in der Schule auf.

Was? Wo? Wann? Wie viel kostet das?

66

5E Extra zu: Mathematik

E5 Zeiten und Längen: Was fehlt? Sprecht und ergänzt.

Zeiten		Längen (Strecken)	
die Sekunde	1 s	der Millimeter	1 mm
die Minute	1 min = … s	der Zentimeter	1 cm = … mm
die Stunde	1 h = … min	der Dezimeter	1 dm = … cm
der Tag	1 d = … h	der Meter	1 m = … dm
die Woche	1 Woche = … d		= … cm
der Monat	1 Monat = ca. … Wochen = ca. … d	der Kilometer	1 km = … m
das Jahr	1 a = … Monate = … d		

Eine Minute hat 60 Sekunden.
Zehn Millimeter sind ein Zentimeter.
Die Sekunde kürzt man mit „s" ab.

E6 Schreibe die Tabelle von Aufgabe E5 in dein Heft. Ergänze.

Schülerbuch S. 67, Aufgabe E6: Zeiten und Längen TT.MM.JJJJ

Zeiten		Längen (Strecken)	
die Sekunde	1 s		
die Minute	1 min = 60 s		

E7 Zu jeder Angabe passt noch eine Formulierung. Ordnet zu und sprecht.

Die Busfahrt dauert eine Viertelstunde. – Ich bin 167 cm groß. – Ich laufe 1000 m in dreieinhalb Minuten. – Der Unterricht beginnt um zwanzig vor acht. – Mein Schulweg ist zweieinhalb km lang.

A Um sieben Uhr 40 fängt die Schule an.
B Für meinen Schulweg brauche ich 15 Minuten.
C 2,5 km – Bis zur Schule sind es zwei Komma fünf Kilometer.
D 167 m – Ich bin einen Meter 67 groß.
E Für 1000 m brauche ich drei Minuten 30 Sekunden.

E8 ★★★ Formuliere kleine Textaufgaben. Löse die Aufgaben von deinen Mitschülern.

Für meinen Schulweg brauche ich 15 Minuten. Ich gehe um 7:20 Uhr los. Wann bin ich in der Schule?
Mein Schulweg ist 1,5 km lang. Wie viele Kilometer Schulweg laufe ich in einer Woche?

67

Vorentlastung: Wie werden SuS an Ihrer Schule informiert? SuS erzählen und erkunden. Sammeln Sie den notwendigen Wortschatz, z. B. *Infoblatt, Elternbrief, Schwarzes Brett, Aushang, …*

Zeit- und Längen- / Streckenangaben formulieren: SuS lösen E7 und formulieren dann für A–E mit ihren eigenen Angaben.
★ Schreiben Sie für schwächere SuS – ggf. nur eine Version – an die Tafel. SuS markieren die zu variierenden Angaben und formulieren dann für sich.
★★ SuS bekommen eine Kopie von E7 und markieren die „Hinweiswörter" auf Zeit- bzw. Längen- / Streckenangaben, z. B. *brauchen, dauern, groß, …* So können später auch Textaufgaben im Mathematikunterricht analysiert werden.
★★★ SuS wenden das Gelernte dann in E8 an.

Quiz zu Lektion 5
› Seite 108

Quiz zu Lektion 5:
1. Wie heißt das Schulradio an der Goetheschule?
2. Wie lange dauert eine AG?
3. Was machen Jugendliche lieber als Freunde treffen?
4. Was gefällt Keying im Secondhandladen?
5. Wie viel Uhr ist es auf dem Wecker in der Lektion?
6. Perfekt mit „sein": Nenne ein Verb.
7. Perfekt mit „haben": Nenne ein Verb.
8. Wie weit wirft Sandra Brevic?
9. Wie viele Zentimeter hat ein Kilometer?
10. Eine Stunde hat 3800 Sekunden. Stimmt das?

Recherchieren im Internet: Durch E1 und E2 kennen SuS die Adressen der Orts- und Schulhomepage, falls nicht, geben Sie diese vor. SuS recherchieren in Kleingruppen auf diesen Seiten. Wenn möglich bilden Sie leistungsgemischte Gruppen, in denen es auch je eine/n S gibt, der / die über gute Kenntnisse im Umgang mit dem Internet verfügt. So schaffen es die Gruppen besser, vieles überfliegend und suchend zu lesen und nur die wichtigen Informationen genauer zu lesen.
SuS machen sich Notizen und berichten anschließend. Der Satzbaukasten in E3 hilft. Weisen Sie SuS auf die Verwendung des Akkusativs hin und erweitern Sie ggf. den Wortschatz.
! Recherchieren im Internet ist ausführlicher Thema in L11E.

Ein Plakat erstellen: SuS erstellen mit den recherchierten und ggf. schon zuvor bekannten Informationen ein oder mehrere Plakate zum Thema Freizeit und Jugendliche in ihrer Stadt. Die Fragen in E4 helfen dabei, die Informationen übersichtlich darzustellen, sodass auf dem Plakat Anlaufstellen wie Bibliothek, Jugendhaus, Schwimmbad, … mit Ort, Uhr- bzw. Öffnungszeiten und Kosten ersichtlich sind.
Evtl. interviewen sie auch SuS der Regelklassen: „Wo geht ihr am Nachmittag / Abend / Wochenende hin? In welchen Vereinen seid ihr? …" und ergänzen das Plakat mit diesen Angaben.

1 ★★ **Welches Datum ist heute? Schreibe auf wie im Beispiel.**

Heute ist der zwölfte Dezember zweitausendsiebzehn.

....

....

....

2 ★★★ **Jahreszahlen: Lies und schreibe in Ziffern auf.**

..............................: Siebenhundertsechsundsiebzig vor Christus finden die ersten Olympischen Spiele statt.

..............................: Vierzehnhundertzweiundneunzig entdeckt Kolumbus Amerika.

..............................: Achtzehnhundertachtundvierzig beginnt die Deutsche Revolution.

..............................: Neunzehnhundertneunzig ist das Jahr der deutschen Einheit.

..............................: Ab zweitausendzwei bezahlen die Menschen in vielen Ländern von Europa mit dem Euro.

3 ★★ **Geburtstage, Feiertage, Ferienzeiten, Schultermine: Mache Interviews und schreibe in den Kalender.**

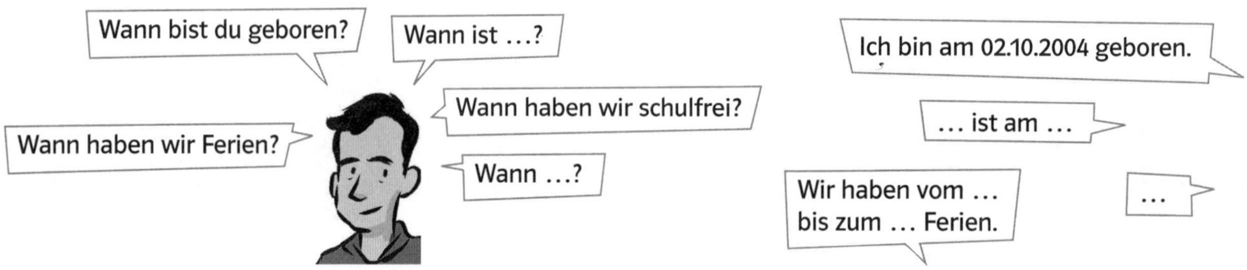

ISBN 978-3-12-666872-9 Das DaZ-Buch-Lehrerhandbuch

Name: ....

★

1 **Ergänze die richtige Verbform.**
2 **Zerschneide den Dialog.**
3 **Sortiere.**
4 **Kontrolliere und übe dann mit einem Partner. Tauscht auch die Rollen.**

Hallo, ………………… (können) ich dir helfen?

Ja, ich ………………… (suchen) Sportschuhe.

Welche Größe ………………… (brauchen) du denn?

Ich ………………… (haben) Größe 38.

Hier ………………… (haben) ich Sportschuhe in Größe 38.

………………… (gefallen) dir die Schuhe?

Ja, die ………………… gut ………………… (aus|sehen).

Ich ………………… sie mal ………………… (an|probieren).

Und? ………………… (passen) dir die Schuhe?

Ja! Ich ………………… (nehmen) die Schuhe.

ISBN 978-3-12-666872-9 Das DaZ-Buch-Lehrerhandbuch

Name: …………………

5 | Kopiervorlage zu ÜB27 Beim Einkaufen

★★

1 **Arbeitet zu zweit.**
2 **Markiert die Sätze: Was sagt der Verkäufer / die Verkäuferin? Was sagt der Kunde / die Kundin?**
3 **Schreibt einen Einkaufsdialog.**
! Die Sätze helfen, ihr müsst aber nicht alle Sätze nehmen.
4 **Übt den Dialog. Tauscht auch die Rollen.**

Guten Tag. Kann ich dir helfen? Ich habe Größe …
Guten Tag. Ja. ich suche …
Hier habe ich … in Größe …
Und? Passt dir …?
Welche Größe brauchst du denn?
Ich probiere … mal an.
Gefällt dir …?
Ja, … sieht gut aus.
Nein, … gefällt mir nicht. Ich möchte lieber … daneben anprobieren.
Ja! Ich nehme …
Nein. … ist leider zu klein / zu groß.

…………………
…………………
…………………
…………………
…………………
…………………
…………………

ISBN 978-3-12-666872-9 Das DaZ-Buch-Lehrerhandbuch

Name: …………………

Perfekt-Spiel

1 **Spielt mit 2–4 Spielern.**

2 **Ihr braucht 1 Würfel und 2–4 Spielfiguren.**

3 **Spielt:**

- **Man würfelt und läuft.**

1	> ich	4	> wir
2	> du	5	> ihr
3	> er / sie / es	6	> sie / Sie
★	> Man muss Pause machen.		

- **Man sucht sich ein Verb aus und nennt die Perfektform,**
  z. B. 1 > ich > ich habe gespielt.
- **Wer ist zuerst im Ziel?**

(1) → (2) → (3) → (4)
Würfelt und lauft nacheinander.

Start **Ziel**	1	2	3	4	5	6	1	2	★
2									3
1									4
6									5
5									6
4									1
3									2
2									3
1									4
★	6	5	4	3	2	1	6	5	★

spielen • warten • klingeln • sehen • ! kommen •

einkaufen • ! fahren • Freunde treffen •

Pause machen • ! aufstehen • wohnen • sprechen •

lernen • ! gehen • ! schwimmen •

hören • kochen • tanzen • faulenzen • singen • essen •

schreiben • zuhören • fragen • lesen • abschreiben •

antworten • zuordnen • ! einsteigen • frühstücken •

kaufen • fernsehen • anziehen • ! rennen • rechnen •

! ankommen • ! losfahren • anrufen

Klett

ISBN 978-3-12-666872-9 Das DaZ-Buch-Lehrerhandbuch

Name: ....

1 Lies die Sätze.

gestern • in der Küche • Spaghetti kochen

	Ich habe gekocht.
Was hast du gekocht?	Ich habe Spaghetti gekocht.
Wo hast du gekocht?	Ich habe in der Küche Spaghetti gekocht.
Wann hast du gekocht?	Ich habe gestern in der Küche Spaghetti gekocht.

2 ★ Schreibe und markiere wie in Aufgabe 1.

vorgestern • in der Schulküche • Suppe kochen

Ich habe gekocht.

Was ....? ....

Wo ....? ....

Wann ....? ....

....

am Montag • bei Keying • Kartoffeln kochen

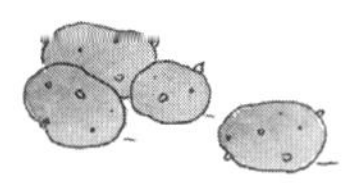

Ich habe gekocht.

Was ....? ....

Wo ....? ....

Wann ....? ....

....

3 ★★ Schreibe und markiere wie in Aufgabe 1.

in der Pause • auf dem Sportplatz • Basketball spielen

Ich habe ....

Was ....? ....

Wo ....? ....

Wann ....? ....

....

heute • im Supermarkt • Brot einkaufen

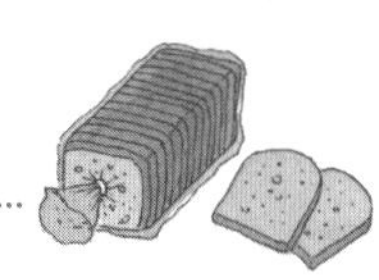

Ich habe ....

Was ....? ....

Wo ....? ....

Wann ....? ....

....

4 ★★ Schreibe noch mehr Sätze nach dem Muster von Aufgabe 1 ins Heft.

ISBN 978-3-12-666872-9 Das DaZ-Buch-Lehrerhandbuch

Name: ....

1 Fragen und Antworten

.... / 10 Punkte

Hi Keying! Wir gehen in den Park.

....? → Ja, gern! ....?

Aminata und Rashed kommen noch mit. → Super. ....?

Wir gehen nach der Tischtennis-AG los, um 15:30 Uhr. → Schade, ...

Ich muss noch Hausaufgaben machen.

....

....?

Ja, um 16:30 Uhr geht auch. Wir treffen uns auf dem Schulhof. → Gut. Bis später!

Kadir, Aminata und ich möchten heute zusammen einkaufen gehen. Kommst du mit?

....? → Wir möchten in einem Secondhandladen einkaufen.

Shoppen?! Nein, ... → Schade. Der Laden hat so schöne Klamotten.

Danach gehen wir ins Kino. ....?

Tut mir leid, ...

2 Wortschatz und Grammatik

.... / 20 Punkte

2.1 [Nomen + Modaladverbien] Wie gefällt dir ...? Schreibe wie im Beispiel. .... / 3 Punkte

++ a) Das Kleid gefällt mir sehr gut.

....

\- c) ....

....

-- b) ....

....

\+ d) ! ....

....

2.2 [„zu" + Adjektiv] Schreibe wie im Beispiel. .... / 3 Punkte

a) Die Hose passt nicht.

Sie ist zu weit.

c) ....

....

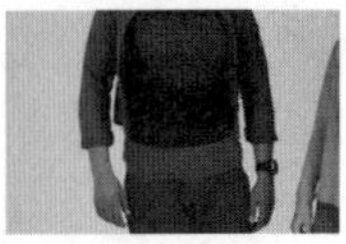

b) ....

....

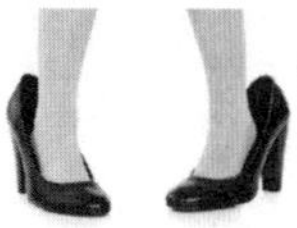

d) ! ....

....

ISBN 978-3-12-666872-9 Das DaZ-Buch-Lehrerhandbuch

Name: ....

2.3 [Zeitangaben + Datum] Der Wievielte ist / war …? Ergänze und schreibe wie im Beispiel. .... / 3 Punkte

29.11.	30.11.	01.12.	02.12.
a)	b) heute	c)	d) ....

a) ! .... c) ....

b) Heute ist der dreißigste November. d) ....

2.4 [„möchten"] Was möchten sie am Wochenende machen? Schreibe Sätze wie im Beispiel. .... / 3 Punkte

a) Kadir: lange schlafen – Kadir möchte am Wochenende lange schlafen.

b) Keying und Aminata: Deutsch lernen – ....

c) ihr: Fahrrad fahren – ....

d) ich: Pause machen – ....

2.5 [Präteritum von „sein" und „haben"] Ergänze. .... / 2 Punkte

Wo warst du gestern?

Ich .... gestern im Konzert. .... ihr auch im Konzert?

Nein. Wir .... leider keine Zeit und Kadir .... kein Geld.

2.6 [Perfekt] Was haben sie am Wochenende gemacht? Schreibe Sätze im Perfekt. .... / 3 Punkte

a) Kadir: lange schlafen – Kadir hat am Wochenende lange geschlafen.

b) Keying und Aminata: nicht Deutsch lernen – ....

c) ihr: Fahrrad fahren – ....

c) ich: nicht aufstehen – ....

2.7 [Komparation] Vergleiche. .... / 3 Punkte

Abilena	1,65 m
Sergio	1,70 m
Anna	1,65 m
Rashed	1,85 m

a) Abilena ist .... groß .... Anna.

b) Sergio ist .... Abilena und Anna.

c) Rashed ist ....

ISBN 978-3-12-666872-9 Das DaZ-Buch-Lehrerhandbuch

Name: ....

3 Lesen und Verstehen

.... / 10 Punkte

Wer kann mir helfen?
Ich fahre für ein halbes Jahr nach Asien. Ich möchte gern auf Türkisch, Arabisch und Chinesisch zählen lernen. Und auch die wichtigsten Wörter, zum Beispiel „Guten Tag", „Auf Wiedersehen", „Danke", ... Biete gern Deutschunterricht. Bitte meldet euch bei Peter. Tel: 015745328892

Habe **super Inliner**. Leider sind sie mir zu groß ☹. Tausche Inliner Größe 40 gegen Inliner Größe 38.
Biete auch **zwei Tischtennisschläger**, noch sehr gut, für etwa 10 Euro. Bei Interesse bitte melden bei Lena: Le.na@tmail.com

Ich bin neu hier in der Stadt. Ich lese gern und gehe manchmal ins Kino. Aber am liebsten spiele ich Tischtennis. Wer möchte mich kennenlernen? Schreibt mir doch oder ruft an unter: 017856773421 (Maria)

1-€-Flohmarkt
Wir machen am Samstag, dem 09.12., einen Flohmarkt in der Schule.
Wer hat alte Sachen und möchte mitmachen?
Achtung: Alles soll nur 1 € kosten!
Meldet euch bitte bis Freitag, 01.12.
Max und Ali, Klasse 9

3.1 Kreuze an.

.... / 6 Punkte

	Das ist richtig.	Das ist falsch.	Das weiß ich nicht.
a) Peter möchte Zahlen in anderen Sprachen lernen.	☐	☐	☐
b) Peter spricht viele Sprachen.	☐	☐	☐
c) Peter spricht gut Deutsch.	☐	☐	☐
d) Maria mag keine Bücher.	☐	☐	☐
e) Maria hat viele Freunde.	☐	☐	☐
f) Lena hat Schuhgröße 38.	☐	☐	☐
g) Lena tauscht Inliner gegen Tischtennisschläger.	☐	☐	☐
h) Lena hat kein Handy.	☐	☐	☐
i) Der Flohmarkt ist immer samstags.	☐	☐	☐
j) Der Flohmarkt findet auf dem Schulhof statt.	☐	☐	☐
k) Auf dem Flohmarkt kostet alles einen Euro.	☐	☐	☐
l) Max und Ali sind älter als Peter.	☐	☐	☐

3.2 Was ist richtig? Kreuze an.

.... / 4 Punkte

Hallo Lena,

ich habe deine Anzeige gelesen. Das passt ja super! Ich trage Schuhgröße 40 und meine alten Inliner sind zu klein. Sie sind in Größe 38 und noch sehr gut. Wir können tauschen. Treffen wir uns auf dem Schulhof und fahren dann zusammen im Park Inliner? Das wäre super. Ich fahre oft allein. Das ist langweilig.
Ich spiele auch gern Tischtennis, aber ich habe gerade wenig Geld. Kann ich auch nur einen Tischtennisschläger kaufen? Welche Farbe haben die Schläger?

Viele Grüße
Abilena

- a) Abilena ist Größe 40 zu klein. ☐
- b) Größe 38 passt Abilena sehr gut. ☐
- c) Sie möchte mit Lena im Park Inliner fahren. ☐
- d) Abilena fährt nicht gern allein Inliner. ☐
- e) Sie ist in der Tischtennis-AG. ☐
- f) Sie hat wenig Geld. ☐
- g) Sie braucht zwei Tischtennisschläger. ☐
- h) Abilena hat eine E-Mail-Adresse. ☐

ISBN 978-3-12-666872-9 Das DaZ-Buch-Lehrerhandbuch

Name: ....

4 Schreiben

.... / 10 Punkte

Was hast du letzte Woche nach der Schule gemacht? Wann hast du das gemacht? Wo hast du das gemacht? Schreibe 10 Sätze.

Meine letzte Woche
am Montag
Ich habe mit Ali eingekauft.
Wir haben danach zusammen gekocht.

....

....

....

....

....

....

....

....

....

....

....

....

....

....

Ergebnis: .... **/ 50 Punkte**

....

Kommentar: ....

ISBN 978-3-12-666872-9 Das DaZ-Buch-Lehrerhandbuch

Name: ....

6 Miteinander

Inhalte und Lernziele

A	Gemeinschaften: Klasse, Familie, Jugendwohngemeinschaft, Freunde, Vereine; Aufgaben und Pflichten zu Hause / in der Gemeinschaft; Gefühle
	ein Diagramm lesen und verstehen; Gründe angeben
	[Grammatik] Satzverbindungen mit *denn*
B	Klassenrat, Regeln in der Schule
	Meinung sagen, zustimmen, widersprechen; Konsequenzen nennen
	einen Chat lesen, verstehen und weiterschreiben (ÜB)
	[Grammatik] • Satzverbindungen mit *deshalb (darum, deswegen, daher)* und Positionen im Satz • Präsens und Perfekt von Verben auf *-ieren* und untrennbaren Verben
	[Aussprache] Wortakzent in Verben (trennbare, untrennbare und Verben auf *-ieren*)
C	Aufgaben und Pflichten in der Gemeinschaft, Probleme in der WG
	Vermutungen anstellen und beim Hören überprüfen
	[Grammatik] • Nomen: Dativ • Verben mit Dativ • Ortsangaben, Präpositionen mit Dativ • Satzverbindungen mit *und, oder, aber, sondern, denn, deshalb* und Positionen im Satz
D	Lieder über Freundschaft
	eine Stichwortsammlung erstellen, eine Bildergeschichte schreiben
	eine Person beschreiben, ein Akrostichon schreiben (ÜB)
	[Schul- / Fächerspezifisches] • Überblick über Texte verschaffen: Formalien im Liedtext • im Wörterbuch nachschlagen
E	**[Schul- / Fächerspezifisches]** • Schule hier und anderswo: ein Venn-Diagramm erstellen und eine Kurzpräsentation halten • Gesprächsregeln finden und formulieren • extra: Gemeinschaftskunde / Sozialkunde / Politik › Erste Texthilfen für Fachtexte: Kinderrechte

Eine Gesamtübersicht zur Lektion finden Sie im Schülerbuch, Seite 8 / 9.

Zusatzmaterial

Bild-Wort-Karten: ⬇

Kopiervorlagen: Seite 96–99 / ⬇

Lektionstest: Seite 100–103 / ⬇

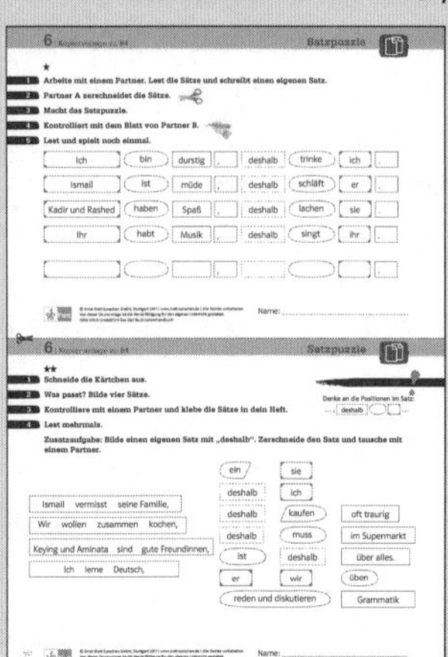

KV zu B4 | Seite 96

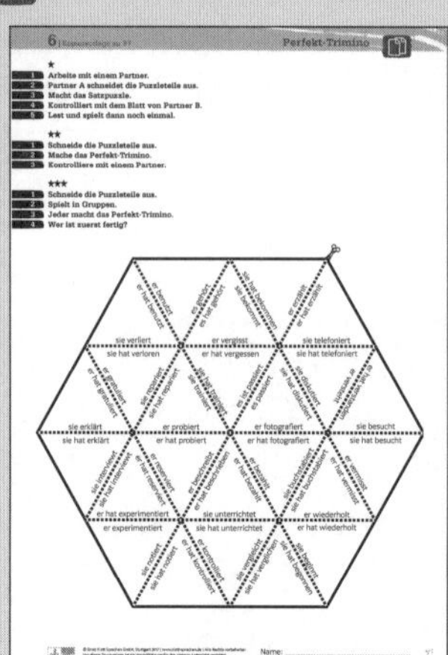

KV zu B7 | Seite 97

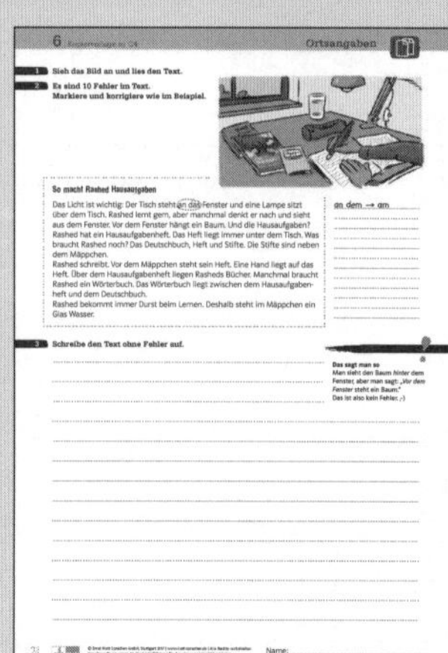

KV zu C4 | Seite 98

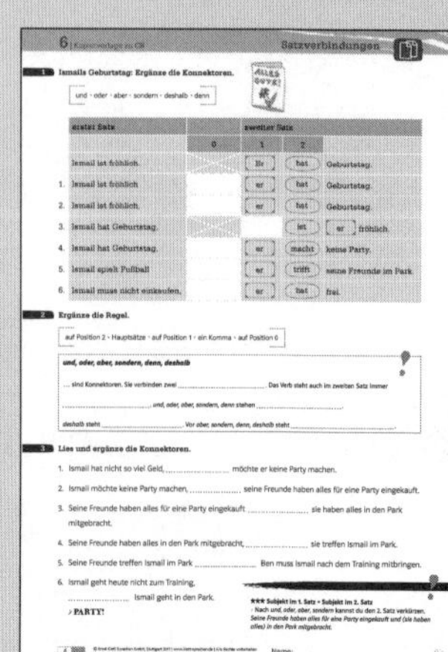

KV zu C8 | Seite 99

Sie brauchen: Folie der Collage zu A1, Bildunterschriften separat (A1); vergrößerte und zerschnittene Kopien von A3, Ball (A3); Plakate (A3, A4); Blanko-Wortkarten (A5)

Vorwissen aktivieren: Legen Sie eine Folie der Collage zu A1 ohne Bildunterschriften auf. SuS nennen ihre Assoziationen dazu. Legen Sie dann die Bildunterschriften dazu, SuS ordnen zu. Fragen Sie: „Was ist unser Thema?" Vielleicht nennen SuS Begriffe wie *Menschen, zusammen, leben / wohnen*, …, anhand derer Sie anschließend die Lektionsüberschrift *Miteinander* klären können.

A1 folgt. SuS sammeln in PA zu jedem Bild Wörter, die sie bereits kennen, tauschen sich dann mit anderen SuS aus und klären dabei auch unbekannte Wörter.

Hörverstehen: Die Aufgabe dient der Wortschatzeinführung und verbindet das Hören und Sprechen, wobei die Ortsangaben als Chunks verwendet werden.

★ SuS formulieren Sätze ohne die Angaben im Kasten.

★★ SuS formulieren wie im Beispiel und ordnen die Begriffe den Angaben im Kasten zu.

★★★ SuS stellen die Sätze auch um: *Auf dem Familienfoto* … oder *Man sieht* …

Unterstützen Sie SuS mit einem Tafelanschrieb:

★ Die Familie passt zu Nummer 1. Man sieht Ismails Eltern und Geschwister.
★★ Ismails Eltern und Geschwister sieht man auf dem Familienfoto.
★★★ [Ismails Eltern und Geschwister] sieht [man] [auf dem Familienfoto].

SuS, die bei ÜB4 mehr als das vorgegebene Satzschema aufschreiben möchten, notieren vorab beim – ggf. mehrfachen – Hören Schlüsselwörter und -sätze.

> **Eigene Fotos beschreiben:** SuS machen ähnliche Fotos, bringen Familienfotos, Fotos aus dem Verein o.Ä. mit und sprechen in Gruppen: „Auf dem Foto sieht man …"

Vorentlastung: SuS erhalten in PA vergrößerte und zerschnittene Kopien von A3. Sie ordnen Verben und Fotos zu. Wiederholen Sie mit einem schnellen Ballspiel die Konjugation und die Satzklammer bei trennbaren Verben: „das Zimmer aufräumen – ich" > Ball werfen > Fänger: „Ich räume das Zimmer auf."

Aufgaben zu Hause: SuS sammeln noch mehr Wörter und ordnen die Tätigkeiten Familienmitgliedern oder Mitbewohnern zu. Weiterführend nennen sie ihre Präferenzen:

Ich Koche	(gar) nicht nicht so sehr	gern.	Lieber … ich. Am liebsten … ich.

> **Klassendienste:** SuS sammeln Aufgaben, die es in der Klassengemeinschaft gibt: *Tafel putzen, Arbeitsblätter / Hefte austeilen, Spiele aufräumen, Blumen gießen, fegen*, … Fragen Sie: „Wann macht man das? Vor oder nach der Schule / Stunde / Pause?" SuS antworten und bilden – ggf. mit Ihrer Hilfe – Sätze mit *müssen*, z.B.: „Man muss nach der Schule Tafel putzen." SuS erstellen einen Plan für die Klassendienste, hängen diesen im Klassenzimmer auf und teilen SuS zu den Diensten ein. Die Dienste können dann regelmäßig gewechselt werden.

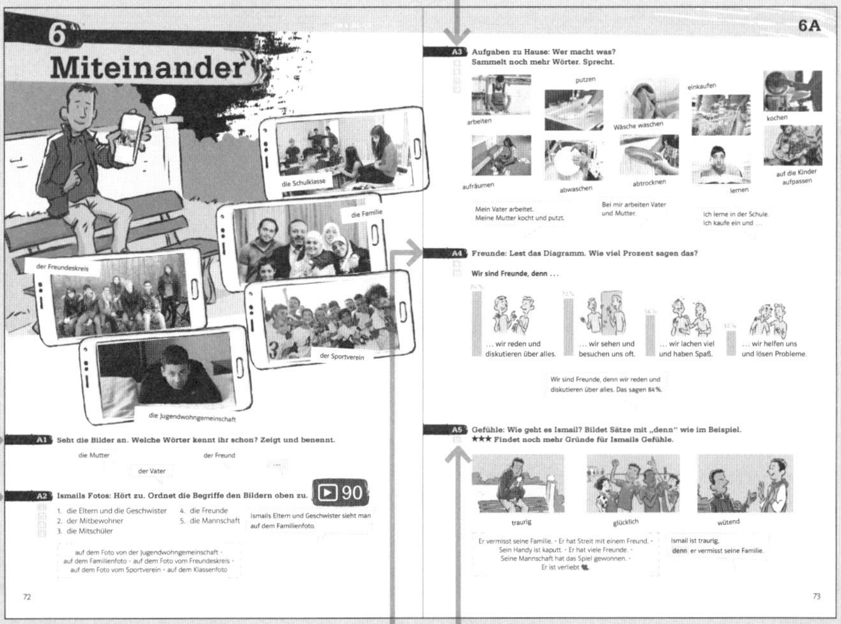

Freunde: Das Diagramm zum Thema Freunde führt die Hauptsatz-Hauptsatz-Kombination mit *denn* ein. SuS wenden das Satzmuster an dieser Stelle imitativ an.

! Das Lesen und Beschreiben von Diagrammen wird in L9ff weiterführend behandelt.

> **Ein Sprachenplakat erstellen:** Passend zu ÜB10 erstellen SuS ein „Wordle" zur Wortfamilie „Freund". SuS ergänzen um ihre eigenen Sprachen, vergleichen die verschiedenen Sprachen und ihre Gesetzmäßigkeiten, z.B. ob es Wortfamilien wie im Deutschen gibt oder nicht.

Gefühle: SuS lesen die Lösung zu ÜB11 mit entsprechender Mimik, Gestik und Stimme vor.

★ SuS spielen Pantomime zu den bekannten Gefühlen. Die anderen SuS raten, z.B.: „Du bist müde."

★★ SuS sammeln Gründe für die verschiedenen Gefühle und schreiben sie auf Karten. Dann ziehen sie eine Karte und spielen: „Du hast viele Freunde." Ein anderer S antwortet: „Ich bin glücklich, denn ich habe viele Freunde."

★★★ SuS spielen ebenfalls Pantomime. Sie raten und lassen sich eine (lustige) Begründung dazu einfallen: „Du bist müde, denn es ist Freitag, 6. Stunde."

Sie brauchen: Verkehrsschilder (Fahrradweg, Fahrradverbot), Karten mit *erlaubt, verboten, ich darf, ich darf nicht*, Plakate (B2); Stein oder Ball (ÜB23 / B5); Flaschen, Kärtchen aus B7 (B6)

Hörverstehen: Für die Lösung von B1 reicht es aus, ▶ 91 anfangs nur bis „Man darf niemanden auslachen." zu hören. Für ÜB12 hören SuS ▶ 91 ganz.

Regeln an der Schule: Bringen Sie einfache Verkehrsschilder mit, z. B. Fahrradweg und Fahrradverbot, und Karten mit *erlaubt, verboten, ich darf, ich darf nicht*. SuS ordnen die Karten den Schildern zu und bilden Sätze (Wdh. L3).
B2 folgt. Nach der Plenumsphase des „1-2-alle" arbeiten SuS in drei Gruppen, erstellen und gestalten je ein Plakat:
Was ist erlaubt? Was ist verboten?
1. In der Schule
2. Im Unterricht
3. In der Pause
Wenn die Plakate im Klassenzimmer aufgehängt werden, können SuS damit neuen SuS die Regeln erklären.

Die Meinung sagen
★★★ SuS finden kleine Begründungen für ihre Meinung wie in den Sprechblasen angedeutet, evtl. mit *denn*-Sätzen, aber noch ohne Nebensätze (*weil* > L8).
Vertiefend folgen ÜB 15–17, ÜB17 bahnt ein Prüfungsformat aus dem DSD I an: Meinungen lesen und verstehen, vergleichen und sich dazu positionieren.

Verben auf „-ieren" und untrennbare Verben: ÜB23 dient der Vorentlastung des Wortschatzes und verwendet die neuen Verben im Präsens. Ein kurzes Spiel zur Konjugation der neuen Verben kann sich anschließen: SuS konjugieren reihum und recht schnell im Präsens: „ich benutze" – „du benutzt" – … Dabei kann ein Stein oder Ball weitergegeben werden. Anschließend wird ein Beispielsatz gebildet. B5 und ÜB24 folgen.

Perfekt von Verben auf „-ieren" und untrennbaren Verben: SuS hören noch einmal ▶ 92. Fragen Sie dann: „Wann war das mit Herrn Peters?" (am Vormittag > Ben erzählt im Perfekt) SuS bearbeiten B6 und B7 mit den zugehörigen Aufgaben im ÜB. Sie können mit den in L5 gelernten Verben im Perfekt vergleichen (*ge* fehlt bei den neuen Perfektformen) und die Materialien von L5 ergänzen.
> **Flaschendrehen in GA:** Kärtchen aus B7 werden im Kreis angeordnet. Mit dem Wort, auf das der Flaschenhals zeigt, muss ein Satz im Perfekt gebildet werden.
> **Lebende Sätze:** SuS bilden Sätze im Perfekt, schreiben sie auf, zerschneiden sie und finden mögliche Satzstellung(en).

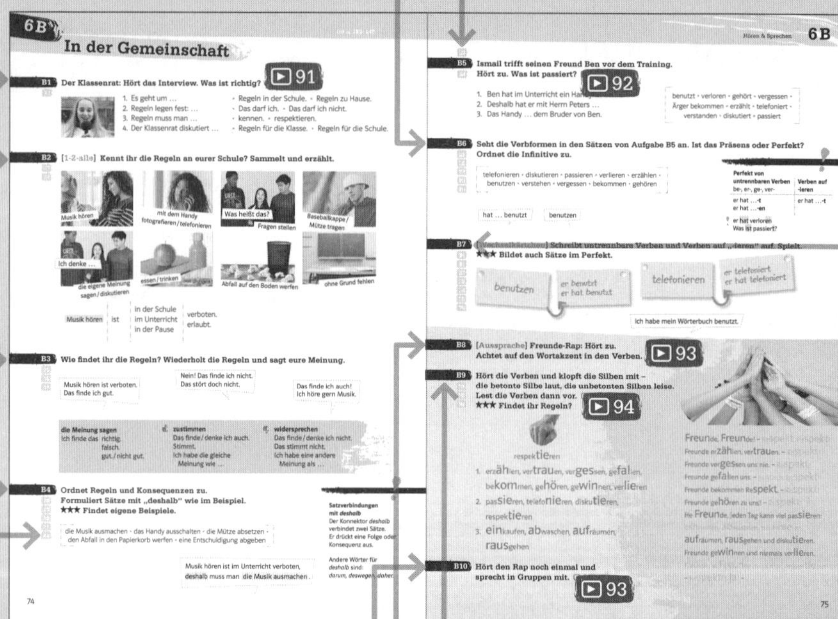

Vorentlastung Satzverbindungen mit „deshalb": Schreiben Sie *müde* an die Tafel und fragen Sie: „Was kann ich tun?" SuS finden eine Antwort. Bilden Sie aus den Begriffen einen Satz mit *deshalb* und schreiben Sie ihn an. SuS finden weitere Beispiele und bilden einfache Sätze mit *deshalb*.

müde → schlafen → Ich bin müde, deshalb schlafe ich.
hungrig
durstig

KV zu B4 – Satzpuzzle
> Seite 96
★★★ SuS verwenden die ★★-KV. Nach dem Puzzeln variieren sie die Position von *deshalb*. Dann schreiben sie zusätzlich vier Kärtchen mit *denn*, zerschneiden die Satzanfänge und stellen die *deshalb*- zu *denn*-Sätzen um.

Rap variieren: Nach B10 wiederholen SuS den Rap, einzelne sprechen dann einen eigenen Satz zum Thema Freunde, z. B.: „Freunde sind super.", „Ich habe zwei Freunde." Die anderen antworten mit: „Respekt!"

KV zu B7 – Perfekt-Trimino
> Seite 97

Vorentlastung Freunde-Rap: SuS sammeln Wörter rund um das Thema Freundschaft, dabei kann Wortschatz aus dem Rap vorentlastet werden: *Respekt, respektieren, vertrauen, Freunde gewinnen, …*

Wortakzent von trennbaren und untrennbaren Verben und Verben auf „-ieren": Weitere Systematisierung und Regelentdeckung folgen im ÜB. Weiterführend kann noch einmal über die Bildung des Partizip II mit und ohne *ge* gesprochen werden.

Sie brauchen: Folie von ÜB40 (ÜB40 / C1); Plakate (C2); Sporttasche, Handy, Korb, Päckchen (C3); Flasche, Blatt Papier o. Ä. (ÜB51 / C4)

Vorentlastung: SuS lösen ÜB40. Bringen Sie eine Folie der Aufgabe mit und kontrollieren Sie gemeinsam. Fragen Sie: „Was seht ihr noch?" SuS benennen auch Dinge und Tätigkeiten. SuS lesen dann C1 und vermuten, wem das Handy gehört, bevor ▶ 97 gehört wird. Dabei wird der Dativ noch als Chunk verwendet.

Präpositionen: Bringen Sie eine Sporttasche und ein Handy mit. SuS lesen C3, dann legen sie das Handy an verschiedene Positionen und fragen jeweils: „Wo ist das Handy?" Die anderen antworten nach dem Muster des Beispielsatzes von C3. Anschließend zeichnen und schreiben SuS im Heft.

> **Wechselkärtchen:** SuS betrachten die Übersicht zu den Präpositionen im SB auf Seite 93, erstellen Wechselkärtchen und üben.

> **Bewusstmachung des Dativs in Ortsangaben:** Stellen Sie einen Korb und ein Päckchen zur Sporttasche. SuS legen das Handy an verschiedene Positionen und sprechen. Entwickeln Sie mit SuS eine Übersicht an der Tafel. SuS üben dann weiter.

auf · hinter · vor · in · neben · unter →

der Korb	das Päckchen	die Tasche
... dem Korb	... dem Päckchen	... der Tasche

Dativ entdecken: In C2 und ÜB41–47 entdecken SuS den Dativ Schritt für Schritt. SuS, die schneller arbeiten, können in Gruppen Plakate zum Dativ erstellen:
1. Übersicht zum Dativ und den Artikelwörtern
2. ggf. auch eine Übersicht über die Possessivartikel im Dativ
3. Sammlung von Verben mit Dativ

Unterstützung bzw. Kontrollmöglichkeit finden SuS durch die ÜB-Aufgaben, im ÜB auf S. 159 und im SB auf S. 92. Die Plakate können in der Folge erweitert und um Präpositionen mit Dativ ergänzt werden.

! Nomen mit Plural-s bilden den Dativ im Plural *ohne* -n. Diese Ausnahme können Sie ggf. mit ★★★-SuS thematisieren.

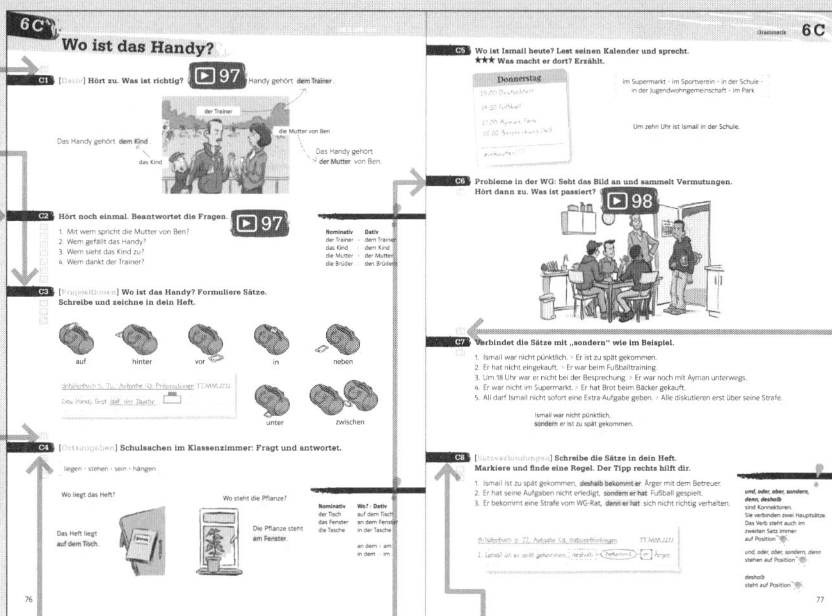

Vorentlastung: Erklären Sie die Verben *liegen, stehen* und *hängen* mit einer stehenden und einer liegenden Flasche, einem Blatt Papier, das an der Wand hängt, und einem, das auf dem Tisch liegt, usw. SuS sammeln, was im Klassenzimmer liegt, steht oder hängt.

> **Sprachvergleich:** Gibt es Unterschiede zu den Herkunftssprachen? Was steht, liegt, hängt in anderen Sprachen?

Spiel mit Ortsangaben: „Ich sehe was, was du nicht siehst, und das liegt / steht / hängt auf dem Tisch / am Fenster / …" SuS spielen in Kleingruppen nach den bekannten Regeln.

KV zu C4 – Ortsangaben > Seite 98

★ SuS bekommen eine Kopie, in der die Fehler im Text bereits markiert sind. Sie verbessern den Text und schreiben ihn auf.

★★ SuS bearbeiten KV wie dort beschrieben.

★★★ SuS nutzen nur die Illustration und versprachlichen sie. In PA können sie auch kleine Wechselspiele machen: Partner A beschreibt etwas mit Ortsangaben und macht sich dabei Notizen, Partner B malt. Anschließend wird das Bild gemeinsam überprüft und dann werden die Rollen getauscht.

KV zu C8 – Satzverbindungen > Seite 99

Vermutungen anstellen und beim Hören überprüfen: SuS betrachten das Bild von C6. Sie benennen Personen und Dinge, beschreiben mit Ortsangaben. Sie vermuten, wie es den Personen geht, was sie sagen und was passiert ist. Fordern sie SuS ggf. noch einmal auf, mit Ismails Kalender von C5 zu vergleichen.
SuS hören mehrmals ▶ 98 und berichten dann im Perfekt.

Vorentlastung: SuS sammeln Adjektive und ihre Gegensätze. Dann bilden sie Sätze: „Die Maus ist nicht groß, sondern klein."

Sie brauchen: Lied „Freundschaft" der Band „Glasperlenspiel" (D1); Wörterbücher (D3); weitere Lieder über Freundschaft, Klebepunkte (D4); Texthilfe für ★-SuS (D8)

Hörverstehen: Bringen Sie das Lied „Freundschaft" der Band „Glasperlenspiel" mit und spielen Sie es mehrmals vor. SuS notieren Wörter, die sie verstanden haben, und sammeln diese anschließend an der Tafel.
D1 folgt: SuS lesen den Liedtext und finden einen passenden Titel.

Fachsprache Musik: SuS lösen D2. Sie können fachsprachlich erweitern, indem SuS einen Steckbrief zum Lied anfertigen: Titel, Interpret, Musikrichtung, Erscheinungsjahr, Instrumente, Inhalt (Text), Stimmung / Gefühle. SuS suchen passende Adjektive zum Lied.

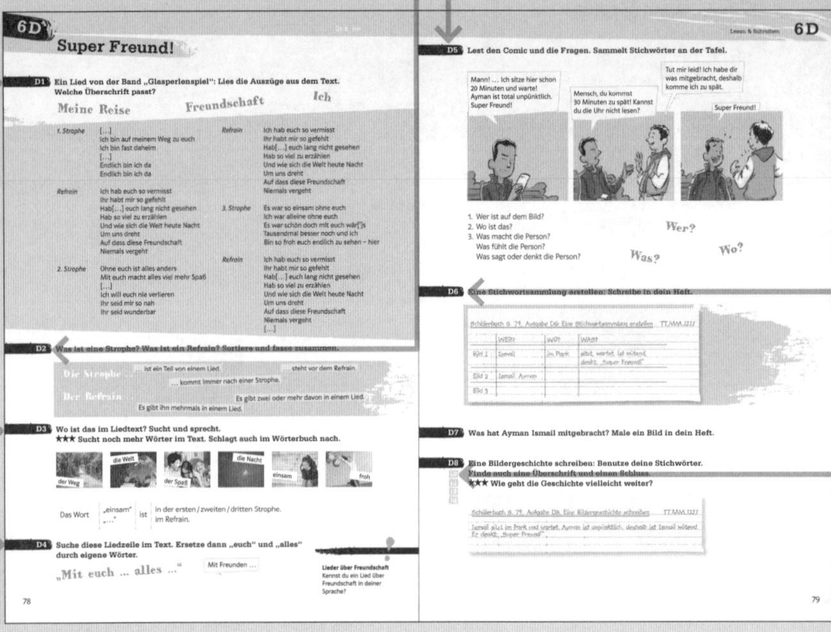

Einen Comic lesen und verstehen: SuS lesen den Comic in PA und üben ihn dann als Rollenspiel ein. Einige Partner präsentieren das Rollenspiel im Plenum. Wer trifft die Betonung von „Super Freund!" am Anfang (ärgerlich) und am Ende (erfreut) besonders gut? D5 folgt.

Eine Stichwortsammlung erstellen und eine Bildergeschichte schreiben: Die Aufgaben D5 / 6–D8 führen SuS Schritt für Schritt zur eigenen Geschichte. SuS arbeiten in EA oder PA. SuS organisieren anschließend eine Vorlesestunde.
★-SuS, die das Schreiben einer eigenen Geschichte überfordert, erhalten folgenden Text ohne Verben oder als Satzpuzzle und erstellen so „ihren" Text:
Ismail sitzt im Park und wartet. Ayman ist unpünktlich, deshalb ist Ismail wütend. Er denkt: „Super Freund!" Endlich kommt Ayman. Er ist 30 Minuten zu spät. Er sagt: „Es tut mir leid!" Und er hat Ismail etwas mitgebracht. Ismail ist nicht mehr wütend, sondern glücklich. Die Überraschung von Ayman gefällt ihm sehr gut. Ayman ist wirklich ein „super Freund"!

Eine Person beschreiben und ein Akrostichon schreiben: ÜB60–63 bieten weitere Schreibaufgaben zum Thema Freundschaft.

Arbeit am Liedtext
★ SuS fragen und antworten in PA. Schreiben Sie für die Frage ein Satzmuster an die Tafel: *Wo ist das Wort … im Liedtext?*
★★ SuS suchen die illustrierten Wörter, sprechen mithilfe des Satzbaukastens und stellen sich dann gegenseitig weitere Rätselfragen nach dem Muster: „Wo ist das Wort … im Liedtext?" SuS helfen sich gegenseitig beim Klären von unbekannten Wörtern, helfen Sie, wenn nötig.
★★★ SuS schlagen unbekannte Wörter auch im Wörterbuch nach. Sie finden Reimwörter und Wiederholungen im Text.

Lieder über Freundschaft: Bringen Sie noch mehr deutsche Lieder über Freundschaft mit, z. B. Ein Freund, ein guter Freund (Heinz Rühmann), Wir beide (Juli), Freunde (Pur), … SuS können Lieder auf Englisch oder in ihren Herkunftssprachen sammeln und diese ggf. mitbringen. SuS gestalten eine kleine Ausstellung mit Steckbriefen, gestalteten und illustrierten Liedtexten, Schlüsselwörtern auf Deutsch zum Thema Freundschaft, die im jeweiligen Text wichtig sind, und präsentieren ihr(e) Lied(er). SuS dürfen anschließend die Lieder, die ihnen besonders gut gefallen, mit einem Klebepunkt auszeichnen und finden evtl. auch eine Begründung, weshalb das jeweilige Lied ihnen gut gefällt.

Schreiben zum Thema Freundschaft: Gehen Sie in D4 nicht auf Personalpronomen im Dativ ein (> L8), SuS ersetzen „euch" mit Nomen im Dativ und „alles" mit Tätigkeiten oder Nomen im Nominativ.
★ SuS sammeln ihre Arbeitsergebnisse zu D4 in Kleingruppen. Sie finden eine Reihenfolge für die gefundenen Sätze, erstellen so gemeinsam ein Gedicht und gestalten dieses.
★★ SuS erstellen und gestalten nach D4 in PA Gedichte nach dem Muster: *Ohne dich? – Ohne dich bin ich allein. Ohne dich …* oder *Wir sind Freunde. Wir … zusammen. Wir …*
★★★ SuS überlegen sich ein Gespräch zwischen der Ich-Erzählerin des Lieds von Glasperlenspiel und ihren Freunden beim Wiedersehen.

Sie brauchen: Fotos von Schulen / Schulklassen in aller Welt und Kärtchen mit Ländernamen (E1); Zirkel und / oder Schnur, Plakate (E2); Plakat (E4); Liste der Mitgliedsstaaten der UN, Weltkarte, Blanko-Fähnchen (E7)

Über Schule sprechen: Schreiben Sie Impulsfragen für ein Gespräch an die Tafel. Sprechen Sie auch über die Schule in Deutschland.

- Wie lange bist du in deinem Heimatland / in ... zur Schule gegangen?
- Wie viele und welche Unterrichtsfächer hattest du?
- Wie viele Schüler waren in deiner Klasse?
- Musstest du Schuluniform tragen?
- Musstest du Geld für die Schule bezahlen?
- Wie ist die Schule in Deutschland?
- Was war in der Schule hier neu für dich?

! Das Schulsystem in Deutschland wird in L12 thematisiert.

Überblick über einen Text verschaffen: Anhand der Textformalien nähern sich SuS dem Thema des Fachtextes. Erst in E6 und E7 lesen sie den ganzen Text.

! **Vorbereitung auf den Regelunterricht:** Üben Sie diese Herangehensweise an Texte – ohne Didaktisierung und Vorentlastung durch Sie – mit den SuS konsequent ein.

Schulvergleich: Bringen Sie Fotos von Schulen / Schulklassen in Deutschland und anderen Ländern mit. Achten Sie bei der Auswahl darauf, dass die Fotos Schule in anderen Ländern nicht abwertend darstellen. Legen Sie ungeordnet Kärtchen mit den Ländernamen dazu. SuS ordnen zu, argumentieren und diskutieren, um welche Länder es sich handelt. Vorentlastend zu E1 sammeln SuS Adjektive. Fragen Sie: „Wie kann ein Schulweg / ein Lehrer / Unterricht / ... sein?" Wiederholen Sie ggf. auch Komparation und Modaladverbien.
E1 folgt. SuS aus demselben Herkunftsland können zusammenarbeiten.

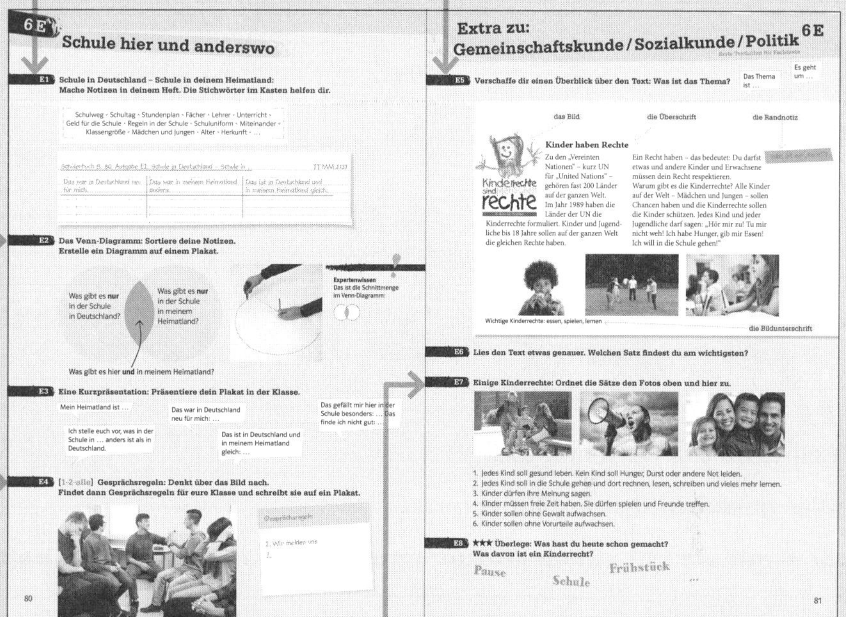

Das Venn-Diagramm: Führen Sie das Venn-Diagramm anhand des Einmaleins ein. SuS notieren die 2er- und die 3er-Reihe bis 30 und markieren die Zahlen, die durch 2 *und* durch 3 teilbar sind. Stellen Sie das Ergebnis in einem Venn-Diagramm dar und versprachlichen Sie beispielhaft: „Die Zahlen links sind durch 2 teilbar. Die Zahlen rechts sind durch 3 teilbar. Die Zahlen in der Schnittmenge sind durch 2 *und* durch 3 teilbar." SuS erstellen in PA weitere Venn-Diagramme zu Zahlenreihen (Zahlenraum begrenzen!). SuS üben dabei ggf. auch den Umgang mit dem Zirkel oder ziehen die Kreise wie im Foto zu E2 dargestellt. Anschließend stellen sie ihre Diagramme vor. Schreiben Sie dafür ein Satzmuster an die Tafel.
E2 und E3 folgen: SuS stellen ihre Arbeitsergebnisse von E1 im Venn-Diagramm dar und präsentieren dieses mithilfe der Redemittel aus E3.

Gesprächsregeln: SuS finden eigene Gesprächsregeln. Sie lesen davor ggf. noch einmal die Regeln für den Erzählkreis > SB, Seite 70 (T8).

! Die Gesprächsregeln werden ab sofort bei jeder Gelegenheit trainiert. Anfangs wachen jeweils ein bis zwei SuS über das Einhalten der Regeln.

Verständnissicherung: Fragen Sie auch, welche Rechte zu „Hör mir zu!" und den anderen Aussagen vom Ende des Textes gehören. Stellen Sie Fragen, für die SuS einen Satz im Text finden müssen, z. B.: „Warum haben die Länder der UN die Kinderrechte formuliert?", „Was ist ein Recht?", ...
SuS können im Anschluss den Begriff *Kinderrechte* in ihre Sprache übersetzen. Bringen Sie eine Liste der Mitgliedsstaaten der UN mit. SuS sehen nach, ob ihr Herkunftsland Mitglied ist. Hängen Sie eine Weltkarte auf, in die kleine Fähnchen mit Übersetzung und Infos gesteckt werden können.

Quiz zu Lektion 6
> Seite 108

Quiz zu Lektion 6:

1. Ismail hat viele Freunde. Stimmt das?
2. Was machen über 80 % aller Freunde miteinander?
3. Du darfst in der Schule nicht ohne ... fehlen.
4. Was ist das Gegenteil von „zustimmen"?
5. Welche Haarfarbe hat der Trainer von Ben?
6. Ben und Ismail trainieren zusammen. Stimmt das?
7. Welche Band singt das Lied über Freundschaft?
8. Wo möchte Ismail Ayman treffen?
9. Nenne zwei wichtige Gesprächsregeln.
10. Wie heißen die „United Nations" (UN) auf Deutsch?

Satzpuzzle

★

1. **Arbeite mit einem Partner. Lest die Sätze und schreibt einen eigenen Satz.**
2. **Partner A zerschneidet die Sätze.**
3. **Macht das Satzpuzzle.**
4. **Kontrolliert mit dem Blatt von Partner B.**
5. **Lest und spielt noch einmal.**

Ich	bin	durstig	,	deshalb	trinke	ich	.
Ismail	ist	müde	,	deshalb	schläft	er	.
Kadir und Rashed	haben	Spaß	,	deshalb	lachen	sie	.
Ihr	habt	Musik	,	deshalb	singt	ihr	.
			,				.

ISBN 978-3-12-666872-9 Das DaZ-Buch-Lehrerhandbuch

Name: ....

6 | Kopiervorlage zu B4

Satzpuzzle

★★

1. **Schneide die Kärtchen aus.**
2. **Was passt? Bilde vier Sätze.**
3. **Kontrolliere mit einem Partner und klebe die Sätze in dein Heft.**
4. **Lest mehrmals.**

Zusatzaufgabe: Bilde einen eigenen Satz mit „deshalb“. Zerschneide den Satz und tausche mit einem Partner.

Denke an die Positionen im Satz:
… , deshalb … …

Ismail vermisst seine Familie,

Wir wollen zusammen kochen,

Keying und Aminata sind gute Freundinnen,

Ich lerne Deutsch,

ein. | sie | deshalb | ich | deshalb | kaufen | oft traurig. | deshalb | muss | im Supermarkt | ist | deshalb | über alles. | er | wir | üben. | reden und diskutieren | Grammatik

ISBN 978-3-12-666872-9 Das DaZ-Buch-Lehrerhandbuch

Name: ....

★

1 **Arbeite mit einem Partner.**
2 **Partner A schneidet die Puzzleteile aus.**
3 **Macht das Satzpuzzle.**
4 **Kontrolliert mit dem Blatt von Partner B.**
5 **Lest und spielt dann noch einmal.**

★★

1 **Schneide die Puzzleteile aus.**
2 **Mache das Perfekt-Trimino.**
3 **Kontrolliere mit einem Partner.**

★★★

1 **Schneide die Puzzleteile aus.**
2 **Spielt in Gruppen.**
3 **Jeder macht das Perfekt-Trimino.**
4 **Wer ist zuerst fertig?**

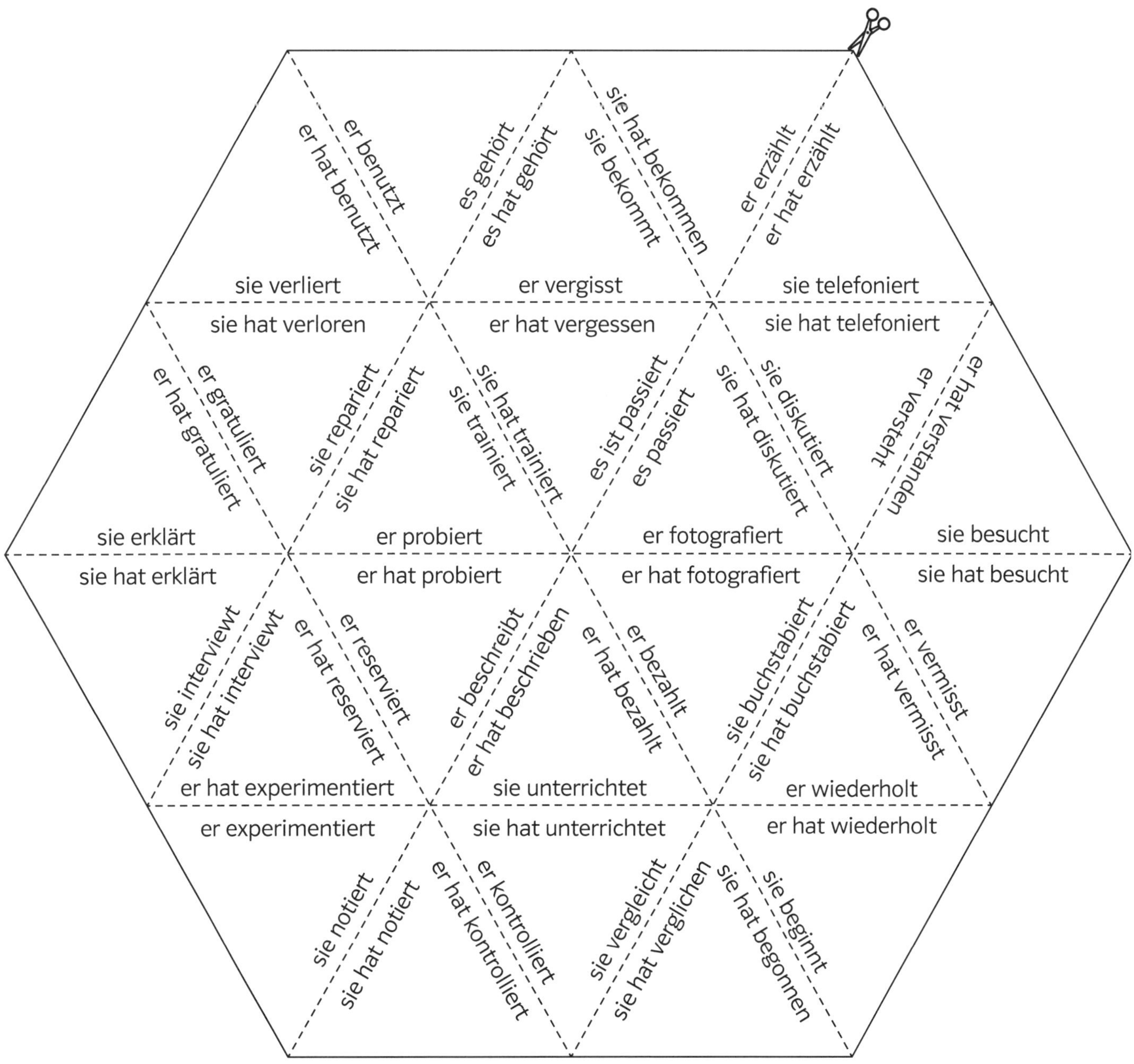

ISBN 978-3-12-666872-9 Das DaZ-Buch-Lehrerhandbuch

Name: ....

1 **Sieh das Bild an und lies den Text.**

2 **Es sind 10 Fehler im Text.**
Markiere und korrigiere wie im Beispiel.

So macht Rashed Hausaufgaben

Das Licht ist wichtig: Der Tisch steht (an das) Fenster und eine Lampe sitzt über dem Tisch. Rashed lernt gern, aber manchmal denkt er nach und sieht aus dem Fenster. Vor dem Fenster hängt ein Baum. Und die Hausaufgaben? Rashed hat ein Hausaufgabenheft. Das Heft liegt immer unter dem Tisch. Was braucht Rashed noch? Das Deutschbuch, Heft und Stifte. Die Stifte sind neben dem Mäppchen.
Rashed schreibt. Vor dem Mäppchen steht sein Heft. Eine Hand liegt auf das Heft. Über dem Hausaufgabenheft liegen Rasheds Bücher. Manchmal braucht Rashed ein Wörterbuch. Das Wörterbuch liegt zwischen dem Hausaufgabenheft und dem Deutschbuch.
Rashed bekommt immer Durst beim Lernen. Deshalb steht im Mäppchen ein Glas Wasser.

an dem → am
....
....
....
....
....
....
....
....
....
....
....

3 **Schreibe den Text ohne Fehler auf.**

Das sagt man so
Man sieht den Baum *hinter* dem Fenster, aber man sagt: *„Vor dem Fenster* steht ein Baum."
Das ist also kein Fehler. ;-)

....
....
....
....
....
....
....
....
....
....
....
....
....

ISBN 978-3-12-666872-9 Das DaZ-Buch-Lehrerhandbuch

Name: ....

1 Ismails Geburtstag: Ergänze die Konnektoren.

und • oder • aber • sondern • deshalb • denn

	erster Satz		zweiter Satz		
		0	1	2	
	Ismail ist fröhlich.	X	Er	hat	Geburtstag.
1.	Ismail ist fröhlich		er	hat	Geburtstag.
2.	Ismail ist fröhlich,		er	hat	Geburtstag.
3.	Ismail hat Geburtstag,	X		ist	er fröhlich.
4.	Ismail hat Geburtstag,		er	macht	keine Party.
5.	Ismail spielt Fußball		er	trifft	seine Freunde im Park.
6.	Ismail muss nicht einkaufen,		er	hat	frei.

2 Ergänze die Regel.

auf Position 2 • Hauptsätze • auf Position 1 • ein Komma • auf Position 0

und, oder, aber, sondern, denn, deshalb

… sind Konnektoren. Sie verbinden zwei .... Das Verb steht auch im zweiten Satz immer .... *und, oder, aber, sondern, denn* stehen ....

deshalb steht .... Vor *aber, sondern, denn, deshalb* steht ....

3 Lies und ergänze die Konnektoren.

1. Ismail hat nicht so viel Geld, ... möchte er keine Party machen.
2. Ismail möchte keine Party machen, ... seine Freunde haben alles für eine Party eingekauft.
3. Seine Freunde haben alles für eine Party eingekauft .... sie haben alles in den Park mitgebracht.
4. Seine Freunde haben alles in den Park mitgebracht, ... sie treffen Ismail im Park.
5. Seine Freunde treffen Ismail im Park .... Ben muss Ismail nach dem Training mitbringen.
6. Ismail geht heute nicht zum Training, ... Ismail geht in den Park.

› PARTY!

★★★ Subjekt im 1. Satz = Subjekt im 2. Satz
› Nach *und, oder, aber, sondern* kannst du den 2. Satz verkürzen.
Seine Freunde haben alles für eine Party eingekauft und (sie haben alles) in den Park mitgebracht.

ISBN 978-3-12-666872-9 Das DaZ-Buch-Lehrerhandbuch

Name: ....

Test

1 Fragen und Antworten

.... / 10 Punkte

1. ► ....?

◁ Den Klassenrat finde ich super! Wir können im

Klassenrat ....

....

2. ► Fotografieren ist in der Schule verboten. Das finde ich nicht gut.

◁ Nein! ....

Ich möchte keine Fotos von mir in der Schule.

► ....

3. ► Im Unterricht darf man keine Musik hören. Wie findest du das?

◁ ....

Das stört doch nicht.

► ....

Ich kann mich bei Musik nicht konzentrieren.

4. ► Im Unterricht dürfen wir nicht trinken.

....?

◁ Das finde ich nicht so gut. Man soll viel trinken.

► ....

....

5. ► Hallo Ben! Ist etwas passiert?

◁ Ja. ....

....

Das ist im Unterricht nicht erlaubt.

► Und was ist dann passiert?

◁ ....

....

2 Wortschatz und Grammatik

.... / 20 Punkte

2.1 [Verben, Präpositionen, Ortsangaben] Ergänze und schreibe eine Antwort. Verwende nicht das Verb „sein".

.... / 3 Punkte

a) 

Wo sitzt das Mädchen?

› Das Mädchen sitzt zwischen den Jungen.

b) 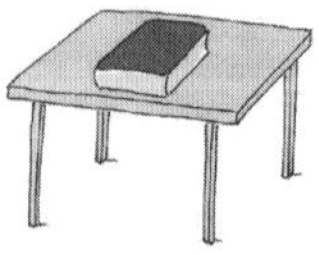

Wo .... das Buch?

› ....

c) 

Wo .... die Frau?

› ....

d) 

Wo .... das Bild?

› ....

2.2 [Satzverbindungen I] Gefühle: Schreibe wie im Beispiel.

.... / 2 Punkte

a) 

Ismail ist traurig, denn er vermisst seine Familie.

b) 

....

c) 

....

Klett

ISBN 978-3-12-666872-9 Das DaZ-Buch-Lehrerhandbuch

Name: ....

2.3 [Verben auf „-ieren“ und untrennbare Verben] Ordne zu und schreibe wie im Beispiel. .... / 5 Punkte

a) zum Geburtstag	probieren
b) die Hausaufgaben	bekommen
c) die Suppe	gratulieren
d) mit dem Handy	erzählen
e) Ärger	fotografieren
f) eine Geschichte	vergessen

a) Sie gratuliert zum Geburtstag.

Sie hat zum Geburtstag gratuliert.

b) ....

....

c) ....

....

d) ....

e) ....

f) ....

2.4 [Verben mit Dativ] Ergänze. .... / 3 Punkte

a) Ich helfe dem Vater. b) Wir danken .... Mutter. c) Das Geschenk gefällt .... Tante.

d) Das Mäppchen gehört .... Schülerin. e) Sie gratuliert .... Onkel zum Geburtstag.

f) Hör .... Lehrerin bitte zu! g) Die Schuluniform passt .... Kindern gut.

2.5 [Satzverbindungen II] Ergänze „denn“ oder „deshalb“. .... / 3 Punkte

a) Ismail vermisst seine Familie, ... ist er traurig.

b) Ich mache mein Handy aus, ... ich darf es in der Schule nicht benutzen.

c) Frau Zimmermann erklärt eine Matheaufgabe, ... passen alle Schüler auf.

d) Ismail hat gestern lange mit seiner Familie telefoniert, ... ist er heute müde.

e) Yusup hat Probleme im Test, ... er hat nicht gelernt.

f) Wir haben gestern die Grammatik wiederholt, ... wir schreiben heute einen Test.

2.6 [Positionen im Satz] Bilde Sätze wie im Beispiel. .... / 4 Punkte

a) geht Ismail oder . in den Park er Fußball spielt .	b) kommt Ismail und aus Ägypten er in Deutschland lebt .	c) kochen Wir , . sondern backen keine Suppe wir eine Pizza	d) mag Amer Schule er aber mag , . keine Hausaufgaben	e) schreiben Wir deshalb einen Test , bin aufgeregt ich .

a) Ismail geht in den Park oder er spielt Fußball.

b) ....

c) ....

d) ....

e) ....

ISBN 978-3-12-666872-9 Das DaZ-Buch-Lehrerhandbuch

Name: ....

3 Lesen und Verstehen

........../ 10 Punkte

Die Vereinten Nationen

Die Vereinten Nationen heißen auf Englisch „United Nations", deshalb sagt man auch kurz „UN" oder „UNO" für „United Nations Organization".
Die UN gibt es seit 1945. Zuerst waren es 51 Nationen (Länder) und heute sind es 193 Länder. Die UN helfen bei Katastrophen wie einem Tsunami oder bei Kriegen. Sie helfen mit Wasser, Essen, Medizin und manchmal auch mit Soldaten. Alle Menschen sollen die gleichen Rechte haben.
Seit 1989 gibt es die UN-Kinderrechte. Warum brauchen Kinder Hilfe und Rechte?
Vielen Kindern auf der Welt geht es sehr schlecht: Über 160 Millionen Kinder leiden unter Hunger. Über 70 Millionen Kinder können nicht zur Schule gehen. Viele Millionen Kinder müssen arbeiten und haben keine Zeit zum Spielen. Viele Millionen Kinder erleben täglich Gewalt.

Die UN-Kinderrechtskonvention

In der Kinderrechtskonvention stehen 54 Rechte von Kindern und Jugendlichen.
Fast alle Länder auf der Welt stimmen der Kinderrechtskonvention zu.
Hier sind die wichtigsten Kinderrechte:
- Das Recht auf Schule
- Das Recht auf Spiel und Freizeit
- Das Recht auf Essen und Trinken
- Das Recht auf Gesundheit
- Das Recht auf eine Familie
- Das Recht auf eine Meinung
- Das Recht auf ein Leben ohne Gewalt
- Das Recht auf Hilfe in Notfällen

Was ist richtig? Was ist falsch? Kreuze an.

	richtig	falsch
a) In den UN sind 54 Länder.	☐	☐
b) Die UN gibt es seit über 70 Jahren.	☐	☐
c) Die UN hilft nur Kindern.	☐	☐
d) Viele Kinder auf der Welt haben zu wenig Essen.	☐	☐
e) Viele Kinder auf der Welt dürfen nicht in der Schule lernen.	☐	☐
f) Viele Kinder auf der Welt dürfen nicht spielen, sondern sie müssen arbeiten.	☐	☐
g) Es gibt 89 Kinderrechte in der UN-Kinderrechtskonvention.	☐	☐
h) Alle Länder finden die Kinderrechte richtig.	☐	☐
i) „Kinder dürfen ihre Meinung sagen." ist ein Kinderrecht.	☐	☐
j) Kinder sollen ohne Gewalt aufwachsen.	☐	☐

ISBN 978-3-12-666872-9 Das DaZ-Buch-Lehrerhandbuch

Name: ....

4 Schreiben

.... / 10 Punkte

Regeln in der Schule
im Unterricht
in der Pause

- Handy benutzen / ausmachen
- Abfall wegwerfen
- Musik hören
- fehlen
- Mütze tragen
- essen und trinken
- Gesprächsregeln respektieren

Welche Regeln gibt es an deiner Schule und in deiner Klasse? Wie findest du die Regeln? Schreibe 10 Sätze.

Unsere Regeln

....

....

....

....

....

....

....

....

....

....

....

....

....

....

Ergebnis: .... **/ 50 Punkte**

Kommentar: ....

ISBN 978-3-12-666872-9 Das DaZ-Buch-Lehrerhandbuch

Name: ....

Vorüberlegungen

Arbeitsanweisungen

Das Verständnis von Arbeitsanweisungen ist eine unabdingbare Voraussetzung für das Lernen. Stellen Sie daher sicher, dass alle Ihre Arbeitsanweisungen verstanden werden, verwenden Sie am besten stets die gleichen Formulierungen.
Sie können zur Einführung und Visualisierung die Anweisungen aus dem ÜB 1, Seite 26 (ÜB70) auf DIN-A4-Größe kopieren und im Klassenzimmer aufhängen. Ergänzen Sie, wenn weitere Anweisungen eingeführt werden.
Vergrößern Sie die einzelnen Arbeitsanweisungen von ÜB70, schneiden Sie sie aus und laminieren Sie sie. Hängen Sie dann bei Aufgaben die entsprechenden Anweisungskarten an die Tafel.
Variante: SuS erhalten Kopien der Arbeitsanweisungen und unterstreichen vor der Bearbeitung einer Aufgabe die Verben in der entsprechenden Anweisung. Fragen Sie: „Was musst du machen?" SuS antworten mit den entsprechenden Verben und Ergänzungen in der Ich-Form. Bei PA und GA: „Was müssen wir machen?" – „Wir …"

Folien als Vorentlastung

Bei der Arbeit mit einem Lehrwerk ist vieles bereits gut visualisiert. Wenn SuS aber die Arbeit mit Büchern nicht gewohnt sind, empfiehlt es sich, vor allem zu Beginn als Vorentlastung bestimmte Seiten des Schüler- oder Übungsbuchs als Folie zu ziehen und im Unterricht auf die behandelten Begriffe, Bilder usw. zu zeigen.

Heftführung

Eine strukturierte Heftführung von Anfang an trägt wesentlich zum Lernerfolg bei und sollte als eigener Punkt mit Lernanfängern besprochen und geübt werden. *Das DaZ-Buch* unterstützt die SuS in ihrer Heftführung: Es leitet sie in Band 1 an, zu jedem Heftaufschrieb die Aufgabe und evtl. auch eine Überschrift zu notieren. Ab Lektion 5, in der das Datum eingeführt wird, erinnert bei Aufgaben, die im Heft gelöst werden müssen, der Heftausriss mit „TT.MM.JJJJ" an das Datum. Die Heftausrisse dienen auch einem Beispiel zur Lösung der Aufgabe. Das Schülerbuch thematisiert die Heftführung ganz explizit in der ersten Lektion: SB1, Seite 23, E6.
Überlegen Sie vorher, welchen Hefttyp Sie benötigen: mit Rand, Doppelrand oder ohne Rand, liniert oder kariert (jeder Hefttyp hat eine Nummer, die Sie den SuS angeben können). Je nach Schreibgeläufigkeit der SuS kann die Verwendung einer Drittklässler- oder Zweitklässler-Lineatur sinnvoll sein. Wie viele Hefte brauchen Sie? Nur ein Deutschheft? Oder ein Deutschheft für die Schule, eines für die Hausaufgaben, eines für Texte, eines für Grammatik, ein Wörterheft und ein Hausaufgabenheft? Für jedes andere Fach ein zusätzliches Heft: ein Mathematikheft, ein Biologieheft, …? Das hängt von Ihrem Unterricht und von der Zusammensetzung der Klasse ab.

Für unorganisiertere SuS ist es einfacher, einzelne Lerninhalte kompakt in einem Heft (Wörterheft, Grammatikheft …) beisammen zu haben. So können sie punktuell besser wiederholen. Für Sie ist es einfacher, wenn die SuS zwei Deutschhefte führen, dann müssen Sie nicht innerhalb von einem Tag korrigieren, weil im anderen Heft weitergearbeitet werden kann.

! In den ersten Wochen ist es sinnvoll, wenn Sie selbst die gleichen Hefte führen und den SuS als Beispiele zeigen. Auch ein Hausaufgabenheft muss oft erst erklärt werden. Hilfreich sind verschiedenfarbige Umschläge. Zeigen Sie dann das rote, gelbe oder grüne Heft, und alle wissen, welches Heft sie brauchen.
! SuS beginnen bei jeder neuen Lektion eine neue Seite. Sie schreiben den Titel der Lektion oben auf die Seite und gestalten den Titel. Bleiben dadurch halbe Seiten leer, können SuS sie mit Übungen zu den Wortlisten füllen oder fortgeschrittene Lerner schreiben auf, was sie in der Lektion gelernt haben, was ihnen gefallen und was ihnen nicht gefallen hat.
! Erinnern Sie SuS auch immer wieder daran, Tafelaufschriebe mitzuschreiben, Aufgaben im Unterricht, die z. B. im LHB angeregt werden, im Heft zu machen, und leiten Sie sie an, sich Notizen zum Unterricht zu machen. Erinnern Sie dann auch immer an Überschrift, Datum etc.

Lernplakate

(Lern-)Plakate eignen sich als „Spickzettel" für den jeweiligen Themenschwerpunkt. Sie bündeln Inhalte in übersichtlicher Form, können laufend ergänzt oder verändert und individuell an die Klasse oder eine Lerngruppe angepasst werden. Sie stellen eine gute Differenzierungs- und Schriftübungsmöglichkeit dar. Lassen Sie ★★/★★★-SuS Plakate zu verschiedenen Inhalten in großer deutlicher Schrift erstellen, die von ★-SuS als Vorlage für Hefteinträge genutzt werden können.

! Zeigen Sie bereits erstellte Plakate als Beispiele. Überlegen Sie sich, wann Plakate gewechselt oder abgehängt werden. Neue Inhalte sollten immer für alle gut sichtbar an der gleichen Stelle hängen.

Mögliche Inhalte von Plakaten:

- Zahlen von 1 - 20, Zahlen von 20 - 21, Zehnerzahlen, Hunderterzahlen, Ordinalzahlen, ...
- Konjugationen von *sein, haben*, Verben mit Vokalwechsel, Verben mit Akkusativ / Dativ
- Pluralformen
- Wortschatz der Woche
- Perfektbildung, Partizip Perfekt und andere Zeiten
- Artikel im Nominativ - Akkusativ - Dativ, Possessivpronomen, ...

Variante: Die SuS fertigen sich mit zunehmendem Sprachwissen zu bestimmten Lerninhalten eigene „Spickzettel" an. Diese können sie zum Üben so lange verwenden, bis sie sie nicht mehr benötigen.

Spiele

Mit bekannten Spielen, wie etwa Ballspiele, Karten- oder Brettspiele usw., können viele Lerninhalte wie „nebenbei" eingeübt werden. Spiele lockern ganz allgemein den Unterrichtsalltag auf und sollten bewusst eingeplant werden. Sie sorgen für Bewegung, stärken den Gruppenzusammenhalt und machen auch einfach Spaß. Folgende Punkte sind beim Einsatz von Spielen zu beachten:

- Üben Sie mit SuS wichtige Sätze im Vorfeld von Spielen ein: „Du bist dran.", „Ich bin dran.", „Wer ist dran?", „Ich habe gewonnen.", „Das war nicht richtig.", Das gilt nicht.", „Du bekommst einen Punkt.", „Gib mir bitte den Würfel."
- Erklären Sie bei der Einführung von Spielen nur wenig und so einfach wie möglich, spielen Sie mit den SuS stattdessen Proberunden und begleiten Sie diese mit einfachen Erklärungen; bei Spielen in Kleingruppen können Sie die Proberunde mit einer Gruppe exemplarisch für alle spielen. Üben Sie mit SuS, Punkte in Tabellen zu schreiben, oder geben Sie Spielchips als Wertungspunkte aus.
- Teilen Sie SuS ein, die nach den Spielen die Materialien einsammeln, sortieren und aufräumen (Würfel, Karten, Spielsteine etc.).
- Funktionieren Sie handelsübliche Spielmaterialien um: Mit Würfeln kann man beispielsweise nicht nur Zahlen lernen. So gibt es Leerwürfel, die Sie nach Bedarf beschriften können, z. B. mit Fragewörtern. Nimmt man beim Beschriften Klebepunkte, so kann man damit auch normale Zahlenwürfel umfunktionieren.

Sprachvergleich

Ziel der Sprachvergleiche ist die Einbeziehung und Wertschätzung der Erstsprache und der Vorkenntnisse der SuS (vgl. auch Seite 14). Sprachvergleiche können auf verschiedenen Ebenen stattfinden. In den ersten Unterrichtsstunden kann man, wenn SuS auch das lateinische Alphabet gelernt haben, die Aussprache der **Buchstaben des Alphabets** vergleichen. Kommen SuS aus einem anderen Schriftsystem, sprechen Sie einzelne deutsche Laute vor und lassen Sie SuS dazu Buchstaben des Alphabets der Erstsprache zuordnen.

Bei **Zahlen** können die Ziffernschreibweise, die Zahlwörter und die Bildung der Zahlen ab 10 verglichen werden. Dabei können Gemeinsamkeiten und Unterschiede gekennzeichnet werden. Bei den Zahlwörtern ab 10 werden die Einer und Zehner in verschiedenen Farben geschrieben, um die unterschiedlichen Positionen zu erkennen (24 - vierund*zwanzig*; *twenty-four, vingtquatre, ventiquattro*, ...). Man kann auch vergleichen, wie man mit den Fingern zählt. Da gibt es durchaus kulturell Unterschiede.

Bei der **Einführung neuer Themen** könnte das Thema in verschiedenen Sprachen an der Tafel stehen, z. B.: *family, famille, famiglia*, ... SuS sollen das deutsche Wort finden. Dann könnten SuS die in verschiedenen Sprachen gleichen Silben einkreisen. Lustig sind auch Vergleiche der „Tiersprachen" in verschiedenen Ländern. Der Hahn kräht nicht überall mit „kikeriki". Sprachvergleiche bieten sich auch bei Wochentagen und Monaten an. Im Englischen und im Deutschen scheint am *Sonntag* die Sonne, in anderen Sprachen ist es der Tag des Herrn (z. B. *domenica*). Sind in den Monatsnamen auch Zahlen enthalten? *September* - der siebte Monat, *Oktober* - der achte Monat usw.

Noch interessanter wird es, wenn man **Wortbildungen und Grammatik** vergleicht, z. B.: Gibt es in anderen Sprachen auch Komposita? Wie sind die Positionen im Satz? Gibt es in anderen Sprachen die gleichen Zeiten oder wird die Vergangenheit nur mit einem Signalwort wie „gestern" ausgedrückt? etc.

Textarbeit

Ohne Texte sinnerfassend lesen zu können, ist eine Teilnahme am Regelunterricht nicht möglich. Deshalb sollen SuS so früh wie möglich mit Textarbeit vertraut werden. Folgende Aufgaben können bereits in den ersten Lektionen bei kleinen Texten gestellt werden:

- Unbekannte Wörter erkennen und nachschlagen
- Nomen, Verben und Adjektive in verschiedenen Farben unterstreichen
- Tabellen für Nomen des Textes in Singular und Plural anlegen
- Verben konjugieren
- Adjektive steigern (ab Einführung des Komparativs)
- Überschriften für Textabschnitte suchen
- Fragen zum Text beantworten
- Selbst Fragen zum Text stellen

> s. auch: Lesen, Seite 13

Wortschatz erarbeiten

Beim gemeinsamen Besprechen der Doppelseite **Mein Wortschatz** im ÜB können Sie den SuS Tipps geben, wie sie sich den Wortschatz am besten erarbeiten können:

- Nomen mit verschiedenen Artikeln verschieden markieren
- Gegenteile suchen bei Nomen, Adjektiven und Verben (Eingang – Ausgang, dick – dünn, kommen – gehen)
- zu Nomen passende Adjektive angeben und umgekehrt
- passende Verben zu Nomen suchen (ein Buch kann man lesen, kaufen, haben, …)
- Verben konjugieren
- Wettspiel: Wer kann am meisten Nomen (Verben, Adjektive) aus der Lektion nennen?
- Abfragen der Wörter mit Fragesätzen: Was ist groß? Was ist blau? Wer ist eine Person? Was ist ein Schulmaterial? … Als Antworten gelten nur Wörter aus der Liste.
- Wie findest du …? Smileys an Tafel (super, gut, nicht gut / interessant / langweilig / …)
- Fragen zur freiwilligen Wortschatzerweiterung: Wer kennt noch andere Schulmaterialien? Wer kennt noch andere Tätigkeiten in der Schule? Wer kennt noch andere Nomen (Adjektive, Verben) mit A (B, C, D …)? Welche Komposita kann man bilden?
- Wie heißt das bei uns? (regionale Varianten sammeln)
- Pantomime, Montagsmaler oder andere Spiele > vgl. Seite 111ff

! Klären Sie beim gemeinsamen Besprechen der „Mein Wortschatz"-Seiten auch Abkürzungen: z. B. Pl. für Plural. Thematisieren Sie auch den Tippkasten „Noch mehr üben?": Die SuS sollen die Wörter aus der Lernwortschatzliste, die sie besonders wichtig finden oder noch lernen müssen, und Wörter aus der Lektion oder ihrem täglichen Gebrauch, die sie zusätzlich wichtig finden, ins (Wörter-)Heft schreiben und evtl. ihre Muttersprache ergänzen.

Außerdem können die SuS zum Wörterlernen **Bild-Wort-Karten** verwenden. Sie nutzen die Bild-Wort-Karten aus dem Onlineservice zum LHB oder sie malen auf die Vorderseite einer Karte ein Bild und schreiben auf die Rückseite den entsprechenden Begriff: bei Nomen mit Plural, bei Verben mit Konjugation und Partizip Perfekt, Präteritum, + Dativ / Akkusativ, + Präposition, … – je nach Sprachstand. Bild-Wort-Karten oder reine Wortkarten ermöglichen ein hohes Maß an individuellem Arbeiten, neue SuS können dadurch sofort mit einbezogen werden.

! Kopieren Sie die Bild-Wort-Karten doppelseitig. Die Kopiervorlagen zum Download sind so angelegt, dass sie im doppelseitigen Druck aufeinanderpassen. Wenn Sie mehrere Sets benötigen, verwenden Sie pro Set eine andere Farbe. Fertigen Sie evtl. einen Satz mit vergrößerten und laminierten Karten an und vermerken Sie darauf, zu welcher Lektion die Karten gehören. Durch das Laminieren werden die Karten haltbarer, man kann sie mit Folienstiften zusätzlich beschriften und die Schrift auch wieder entfernen. Für die Hand der SuS, zum Üben, Einkleben etc. können Sie weiße Kopien machen.

! Aufbewahrung und Organisation der Karten: Falten Sie mit SuS eine Box aus Karton, kaufen Sie kleine Karteikartenboxen oder lassen Sie die SuS kleine „Schatzkisten" mitbringen, die sie noch gestalten können. Die Boxen können dann in zwei oder mehrere Fächer unterteilt werden: Neue Karten kommen in das erste Fach, die bereits gelernten in das zweite Fach; wenn Wörter aus dem zweiten Fach vergessen wurden, wandern sie wieder in das erste Fach. Den Wortschatz einer Lektion kann man mit einem Gummi zusammenfassen. Jedes Lektionsgummi hat eine andere Farbe. Teilen Sie SuS ein, die gemeinsam verwendete Karten nach Spielen einsammeln, sortieren und zurücklegen.
So können die SuS die Karten einsetzen:
- selbstständiges Erlernen und (tägliches) Wiederholen von Wortschatz
- Abfragen mit Partner: S1 zeigt die Bildkarte, spielt Pantomime oder zeichnet, S2 nennt den Begriff
- Artikeltraining: ordnen nach der / die / das
- Ordnen nach Oberbegriffen, Gegenteile zuordnen, nach Alphabet sortieren
- zur Übung grammatikalischer Strukturen
- für Spiele: „Paare finden", „Bilderlotto", ... > vgl. Seite 108f

Die **Tipps & Tricks 1** nach Lektion 2 thematisieren das Wörterlernen und -üben. Hier lernen die SuS, was sie mit den Bild-Wort-Karten machen können, wie man eigene Lernkarten erstellt, wie man mit der Lernwortschatzliste „Mein Wortschatz" übt, Wortschatz vernetzt und wie man ein Wörterheft führt.

Wiederkehrende Aufgabenformate im DaZ-Buch

1-2-alle
Bei diesem Aufgabenformat, auch Think - Pair - Share („Denken - Teilen - Austauschen") genannt, arbeiten SuS zuerst alleine. Dann besprechen und vergleichen sie ihre Ergebnisse mit einem Partner. Anschließend sprechen sie in der Gruppe über die Ergebnisse und / oder präsentieren sie der ganzen Klasse.

Arbeit mit Satzmodellen
Die Satzmodelle veranschaulichen die Positionen im Satz, helfen beim Verstehen der syntaktischen Strukturen und erleichtern das Üben. Die SuS können auch selbst Satzmodellkärtchen erstellen, mit denen sie dann Sätze bilden, Satzbau-Wettbewerbe veranstalten oder „Lebende Sätze" (s. u.) bilden.

Dialogvariationen
Ein zu übender Dialog kann zur Unterstützung an die Tafel geschrieben werden. Die zu ersetzenden Wörter werden markiert. Zusätzlich kann man auch noch die unterschiedlichen Sprecher kennzeichnen. Die SuS setzen die in der Aufgabe vorgeschlagenen Varianten ein, für fortgeschrittene SuS bietet sich auch eine Wörtersammlung für weitere Alternativen an.
Variante: SuS erhalten den Dialog als Kopie mit freiem Raum für die zu ersetzenden Wörter und erstellen in PA einen neuen Dialog, den sie dann einüben und vortragen. (Bei Dialogen mit mehreren Gesprächspartnern entsprechend mehr SuS in der Gruppe arbeiten lassen.)

Lebende Sätze
An eine Gruppe von SuS werden Wortkarten verteilt, mit denen man einen Satz bilden kann. SuS stellen sich so auf, dass die Wörter einen Satz in einer grammatikalisch richtigen Reihenfolge ergeben. Dann werden weitere Möglichkeiten der Satzbildung gesucht. Anschließend können SuS neue Wortkarten schreiben und Sätze damit bilden, die sie im Plenum vorstellen.

Wechselkärtchen
SuS nutzen hierfür die Bild-Wort-Karten oder sie schreiben Stichworte, neuen Wortschatz oder Strukturen auf Kärtchen, die Rückseite wird mit Erklärungen, Antwortmöglichkeiten, Anwendung im Satz, einer Lösung oder Ähnlichem versehen. Jeder S bekommt ein Kärtchen, es finden sich Partner, sie sprechen, tauschen nach der mündlichen Interaktion die Kärtchen und suchen dann je einen neuen Partner. Dieses Aufgabenformat ist ideal, um Lerninhalte intensiv längere Zeit in vielerlei Variation zu üben, ohne dass es langweilig wird. Achten Sie darauf, dass die Kärtchen mit Druckschrift beschriftet und die für diese Übung erstellten Kärtchen nach dem Spiel nicht mit den Bild-Wort-Karten vermischt werden.

❗ Die Einführung des Aufgabenformats finden Sie im SB1, Aufgabe B5. Dort wird das Vorgehen mit einfachen Mitteln veranschaulicht. Da sich der Einsatz von Wechselkärtchen für viele Lerninhalte eignet und den Unterricht bei Bedarf auflockert, sollten Sie immer genug Blanko-Kärtchen oder -Zettel für den Einsatz des Aufgabenformats im Klassenzimmer vorrätig haben.

Quiz im Lehrerhandbuch

Die Aufgaben beim abschließenden Lektionsquiz fragen nicht in erster Linie Lerninhalte ab, sondern sollen den SuS Spaß machen und sie anregen, in den Lektionen nach den Lösungen zu suchen. Es gibt mehrere Durchführungsmöglichkeiten:

- SuS bearbeiten das Quiz in PA. Sie schreiben Fragen und Antworten auf Vorder- und Rückseite von Kärtchen (> zusätzliche Schriftübung). Abwechselnd stellen sie sich dann die Aufgaben / Fragen. Bei richtigen Antworten dürfen sie die Karte behalten.
- Gruppenwettspiel wie bei „Der Preis ist heiß": Die Klasse wird in zwei Gruppen eingeteilt. Jedes Gruppenmitglied darf nur einmal antworten. Dann werden die Fragen / Aufgaben auf Kärtchen verdeckt oder in Umschlägen aufgehängt. Schwerere Fragen bekommen zwei Punkte, einfachere Fragen bekommen einen Punkt. Die Punkte sind bei der Frage angegeben.
- Später kann man auch die Fragen von mehreren Lektionen zur spielerischen Wiederholung zusammenfassen. Alle Fragen kommen gemischt und mit Lektionsangabe auf einen Stapel. Die Klasse wird in zwei oder mehr Gruppen aufgeteilt. Abwechselnd zieht jede Gruppe eine Frage und beantwortet sie. Die Reihenfolge innerhalb der Gruppe wird vorher festgelegt und muss eingehalten werden.
- ❗ Fortgeschrittene SuS können zusätzlich eigene Quizfragen erstellen.

Weitere Aufgabenformate

Kugellager

Die Klasse wird in zwei Gruppen geteilt. Eine Gruppe bildet einen Innen-, die andere einen Außenkreis, sodass sich immer zwei SuS gegenüberstehen. Die SuS können sich nun Fragen stellen oder sich gegenseitig interviewen. Dann geht entweder der Innen- oder der Außenkreis zum nächsten S (die Laufrichtung festlegen!) und wiederholt die Aufgabe. Bei komplexen Aufgaben, können sich die SuS Notizen machen, ihre Ergebnisse zusammenfassen und anschließend präsentieren. Eine visuelle Unterstützung zur Einführung dieses Aufgabenformats finden Sie im SB2, Seite 16.

Laufdiktat

Das Laufdiktat ist eine Methode, bei der sich SuS einen abzuschreibenden Text erlaufen müssen. Ziehen Sie mehrere Kopien von einem Text und legen Sie diese im Klassenzimmer oder im Flur aus oder hängen sie an den Wänden auf. Die SuS gehen ohne Heft und Stift zu dem Text, lesen einen Satz und prägen ihn sich ein. Dann gehen sie zu ihrem Platz zurück und schreiben den gelesenen Satz ins Heft. Jetzt muss jeder S wieder zum Text laufen und sich den nächsten Teil einprägen. So schreiben SuS den Text Stück für Stück ins Heft. Zum Schluss können SuS mit dem fertigen Text noch einmal zur Kopie gehen und kontrollieren, dafür können sie auch das Heft mit einem Partner tauschen. SuS dürfen dabei nur gehen und nicht rennen (auch wenn es Laufdiktat heißt). Außerdem sollte während des Laufdiktats Ruhe im Klassenzimmer herrschen, damit sich die SuS konzentrieren können.

Staffelspiel „Blitzlesen"

Die Klasse teilt sich in zwei Gruppen. Jede Gruppe stellt sich in einer Reihe hintereinander auf. Als Staffelstab dient das SB mit einem Lesetext, das Buch muss also bei beiden Gruppen auf der gleichen Seite aufgeschlagen sein. Stellen Sie nun Fragen, die mit den Informationen des Textes zu beantworten sind. Der Staffelträger, der die Frage zuerst beantwortet hat, erhält einen Punkt für seine Gruppe. Dann werden die Bücher weitergegeben und die nächste Frage folgt.

Wechselnde Paarungen

Sollen Fragen und Antworten geübt werden, ist es interessanter, wenn SuS dies mit mehreren Gesprächspartnern tun. Man kann den Partnerwechsel steuern, indem man z. B. wie beim Speed-Dating ein akustisches Signal zum Partnerwechsel gibt. Auch die Methode Kugellager (siehe dort) bietet sich an.

Alphabet üben

Üben Sie mit den SuS nach dem Erlernen des Alphabets immer wieder das Buchstabieren, z. B. verschiedener Namen (den der Lehrerin, der Klassenkameraden, den eigenen Namen, der Stadt, in der sie zur Zeit wohnen, ...), bekannter oder neu gelernter Wörter, ...
Wenn das Alphabet recht gut sitzt, können Sie verschiedene Übungen dazu machen, z. B.:

- Die SuS nennen einen Buchstaben, werfen einen Ball, der Fänger nennt Vorgänger und / oder Nachfolger des Buchstabens.
- Die SuS schreiben sich gegenseitig Buchstaben oder Wörter auf den Rücken und raten oder andere Übungen für alle Sinne.
- Nach dem Üben mit Wortkarten können die SuS die Kärtchen nach dem Alphabet sortieren.

Zahlen üben

Die böse Sieben

SuS zählen reihum von „eins" bis „sechs", S7 darf nicht „sieben" sagen, sondern muss summen oder schnalzen. Dasselbe gilt für alle Zahlen des Siebener-Einmaleins (14, 21, ...). Zusätzlich darf auch keine Zahl mit der sieben im Zahlwort genannt werden wie 17, 27, ... Wer einen Fehler macht, scheidet aus. GRUPPE
Variante: Dies kann mit jeder Zahl gespielt werden.

Rückwärts zählen

SuS nennen Zahlen in umgekehrter Reihenfolge. GRUPPE
Variante: Passt auch bei Monaten, Wochentagen, Buchstaben des Alphabets.

Viereckenrechnen

Drei bis vier SuS starten in einer Ecke des Klassenzimmers. Stellen Sie eine Rechenaufgabe (im Niveau an die Gruppe angepasst). Wer zuerst das richtige Ergebnis sagt, darf eine Ecke weitergehen. Wer zuerst in der Ausgangsecke wieder ankommt, ist Sieger. Alle Gruppensieger treten noch einmal gegeneinander an. GRUPPE
Varianten: Wer ein falsches Ergebnis sagt, geht eine Ecke zurück. Das Spiel kann auch bei Grammatikübungen eingesetzt werden: Nennen Sie ein Nomen. Wer zuerst den richtigen Artikel dazu sagt, darf eine Ecke weiter. Ebenso mit Verb im Infinitiv - Partizip Perfekt, Singular - Plural, Gegenteile, ... Bei fortgeschrittenen Lernern können Sie auch einen Hauptsatz vorgeben. Wer zuerst einen passenden Nebensatz sagt, darf weitergehen.

Vorgänger / Nachfolger

Sie oder SuS geben reihum eine Zahl vor. SuS sagen die Zahl davor oder danach und nennen dann eine neue Zahl. GRUPPE
Variante: Vorgänger / Nachfolger von Wochentagen, Monaten, Buchstaben des Alphabets

Zahlendiktat

Die SuS nennen nacheinander eine Zahl und jeder schreibt die Ziffer ins Heft, die Lehrkraft notiert an der Tafelrückseite die Zahlwörter mit, wenn jede/r S einmal dran war, wird kontrolliert: Das Zahlwort an der Tafel wird noch einmal gelesen, die Ziffern dazugeschrieben und in den Heften korrigiert. GRUPPE
Variante 1: Jede/r S markiert seine selbst diktierte Zahl im Heft, beim Korrigieren wird auch darauf geachtet, ob er/sie selbst richtig diktiert hat.
Variante 2: Zu den Ziffern wird auch das Zahlwort ins Heft geschrieben, gleich beim Diktieren oder als Abschreibübung nach dem Korrigieren.

Zahlen erkennen

Schreiben Sie 20 Zahlen über die ganze Tafel verteilt an. Zwei SuS kommen an die Tafel und stellen sich in ca. 1 m bis 1,50 m Abstand vor der Tafel auf. SuS erhalten jeder eine Kreide in einer anderen Farbe. Sagen Sie nun eine der angeschriebenen Zahlen. Wer sie zuerst mit seiner Kreide einkreist, bekommt den Punkt. Falsch eingekreiste Zahlen geben Minuspunkte. PARTNER GRUPPE
! Dies wird mit höheren ähnlichen Zahlen richtig spannend: 2.242, 2.420, ...

Zahlen würfeln

PARTNER GRUPPE

SuS spielen in Gruppen von zwei bis vier Spielern. Sie würfeln mit ein bis drei Würfeln.
Variante 1 mit einem Würfel: Die SuS würfeln abwechselnd der Reihe nach, sprechen die gewürfelte Zahl laut aus und der Spielleiter notiert den Zahlenwert. Alle Würfe werden zusammengezählt. Wer zuerst 50 (oder 100 …) hat, hat gewonnen. Man kann auch eine Zahl als „böse" erklären, z.B. die Drei. Würfelt S eine Drei, so wird diese nicht gezählt oder sogar abgezogen, je nach Abmachung.
Variante 2 mit mehreren Würfeln: Wie bei Variante 1, nur dass man mit den Würfeln bestimmte Rechenoperationen ausführt und den Endwert dann notiert. Die Rechenoperationen können vorgegeben werden oder SuS suchen die für sie günstigsten aus. Dann muss man allerdings die Endzahl erhöhen, da beim Multiplizieren hohe Werte entstehen. SuS sprechen bei den Rechenoperationen. Hier kann sprachlich differenziert werden: „5 mal 5 ist gleich 25" oder „5 multipliziert mit 5 gibt 25" oder … > vgl. SB1, Seite 57.

Aussprache üben

Stille Post

GRUPPE

Die Klasse teilt sich in zwei Gruppen. Der erste Spieler von Gruppe 1 zieht eine Wortkarte. Dann flüstert er dem zweiten Spieler seiner Gruppe das Wort ins Ohr. Dieser dem dritten usw. Die Gruppe bekommt einen Punkt, wenn der letzte Spieler das Wort richtig wiedergeben kann. Beim Flüstern müssen die SuS besonders korrekt sprechen und üben so die Aussprache.
Variante: Anstatt Wortkarten nimmt man Bildkarten. Dann kommt es nicht nur auf die Aussprache an, sondern auch auf den Wortschatz.

Vokale und Umlaute

GRUPPE

SuS stehen im Kreis. Wählen Sie einen Konsonanten, z.B. das *B*. Sie werfen einem S einen Ball zu und sagen *ba*, er fängt und wirft weiter mit *be*, so geht es fort mit *bi*, *bo* und *bu*, *bä*, *bö* und *bü*. Der letzte S darf einen neuen Konsonanten wählen und wirft z.B. mit *ka* den Ball dem nächsten S zu usw.
Variante 1: Die SuS können alleine üben: Sie werfen einen Jonglierball in die Luft, fangen abwechselnd mit der linken und rechten Hand und sprechen dabei *ba, be, bi, bo, bu* usw.
Variante 2: SuS üben und singen / sprechen das Lied „Drei Chinesen mit dem Kontrabass", jeweils mit anderen Vokalen, allerdings sollte das Präteritum bekannt sein. Ein weiteres Lied, das sich gut für DaZ eignet, ist „Mein Hut, der hat drei Ecken. Drei Ecken hat mein Hut". Hier werden die Positionen im Satz und der Sprechrhythmus (Betonung, Sprachmelodie usw.) geübt, und es macht Spaß, wenn die Wörter mit Gesten ersetzt werden.

Spiele mit Karten, Schwerpunkt Wortschatz

Artikelkärtchen

GRUPPE

Verteilen Sie an SuS je drei verschiedenfarbige Kärtchen, z.B. blau für Maskulinum, grün für Neutrum, rot für Femininum. Nennen Sie Nomen ohne Artikel, SuS halten das passende Kärtchen hoch.
Variante: SuS erhalten jeweils nur ein farbiges Kärtchen und halten es hoch, wenn ein entsprechendes Nomen genannt wird.

Artikel üben

GRUPPE

Wie „Wortarten üben" (siehe unten: Grammatik): Wortkarten mit Nomen auf dem Boden verteilen. Die SuS werden in drei Gruppen für „der", „die" oder „das" eingeteilt und sollen jeweils nach Wörtern mit „ihrem" Artikel suchen.

Bilderdiktat

PARTNER GRUPPE

Jeweils ein S sucht eine Bildkarte aus und zeigt sie den anderen. Die Mitspieler schreiben das passende Wort auf. Danach tauschen SuS die Listen mit den Wörtern untereinander aus und prüfen mithilfe der Wortkarten, ob die Wörter richtig sind.

Bilderlotto

S1 und S2 legen jeweils – ohne dass der Partner es sieht – sechs, acht oder zehn Bildkarten und die passenden Wortkarten aus und legen die Bildkarten mit dem Bild nach oben auf die passenden Wortkarten. Dann versucht S1, die Wörter unter den Bildkarten von S2 zu erraten. Wenn er richtig geraten hat, kann er die Bildkarte behalten. Wenn nicht, ist der Partner mit Raten an der Reihe. Gewonnen hat, wer am Ende die meisten Bildkarten hat. PARTNER

Kartenpuzzle

S1 legt die Karten mit den Wörtern nach oben, S2 mit den Bildern nach oben auf den Tisch. Dann suchen beide die Paare und legen jeweils eine Bildkarte mit der passenden Wortkarte nebeneinander. PARTNER

Wort-Bild-Paare finden

Hängen Sie vergrößerte Bildkarten an den Wänden und an der Tafel auf. Die dazugehörigen Wortkarten werden auf den Boden oder die Tische gelegt. Jeder nimmt eine Wortkarte auf und sucht die passende Bildkarte. Dann legt man das Paar auf dem Lehrertisch ab. Ein S führt eine Strichliste, um den Gewinner mit den meisten Paaren zu ermitteln. Man kann auch zum Lehrertisch hüpfen, auf Zehenspitzen gehen o. ä. GRUPPE

Variante „Finde die Partner": Zu Beginn des Spieles verlassen zwei SuS den Klassenraum, die anderen finden sich paarweise zusammen. Der Spielleiter verteilt je eine Bildkarte und eine Wortkarte an jedes Paar und alle verteilen sich dann im Raum. Die beiden SuS dürfen wieder hereinkommen und müssen nun nacheinander durch Fragen die Paare herausfinden. S1 fragt zwei Mitschüler: Wer bist du? Ein S zeigt seine Karte und sagt zum Beispiel „ein Füller" und der andere zeigt seine Karte und sagt „eine Tafel". Hat S1 kein Paar gefunden, darf S2 weitermachen. Hat S1 aber gleich ein Bild-Wort-Kartenpaar gefunden, bekommt er den Punkt und darf das Spiel fortsetzen. Gewonnen hat der Spieler, der die meisten Paare finden konnte.

Schere / Stein / Papier

Zeigen Sie eine Bildkarte, die SuS sprechen das Wort mit Artikel und machen dazu bei femininen Wörtern das Scherezeichen, bei maskulinen das Steinzeichen und bei Neutrum das Papierzeichen. Sie sehen dann recht schnell, wer die Artikel beherrscht und wer noch mehr Übung braucht. GRUPPE

Wortschatz: Lernen – Üben – Wiederholen

Ballonspiel

Teilen Sie die Klasse in zwei Gruppen. Geben Sie ein Thema vor, z. B. Obst. Spieler 1 wirft einen Ballon in die Höhe und sagt eine Obstsorte, z. B. „Apfel". Bevor der Ballon zu Boden fällt, muss ein anderer Spieler der Gruppe eine andere Obstsorte sagen. Gewonnen hat die Gruppe mit den meisten Ballkontakten hintereinander. So kann man auch den Wortschatz einzelner Lektionen wiederholen. Es dürfen dann nur Wörter dieser Lektion genannt werden. GRUPPE

Bingo

Für das Spiel zeigen Sie als Spielleiter alle Bildkarten, die zu einem Wortfeld gehören, und wiederholen die Begriffe. Danach werden die Bildkarten gemischt und verdeckt auf das Pult gelegt. SuS zeichnen ein Raster mit neun Feldern (in einem Quadrat) auf ein Blatt Papier. Sie schreiben dann in jedes Feld einen Begriff aus dem genannten Wortfeld. Ziehen Sie nun nacheinander beliebig viele Karten und nennen Sie die entsprechenden Begriffe laut. Wer das genannte Wort auf seinem Blatt findet, streicht es durch. Wer drei Begriffe in einer Linie (senkrecht, waagerecht oder diagonal) durchgestrichen hat, ruft laut „Bingo!". Am Ende muss der Gewinner alle durchgestrichenen Begriffe auf seinem Blatt laut vorlesen und die Klasse vergleicht mit den Bildkarten. GRUPPE

Domino

Das Spiel ist für **Wortschatz- und Grammatik-Übungen** geeignet. Es wird mit zweigeteilten Karten gespielt. Bei der ersten Karte ist der vordere Teil leer oder man schreibt „Start" darauf. Bei der letzten Karte ist der hintere Teil leer oder mit „Ende" oder „Ziel" beschriftet. Beim Domino liegen die Karten verdeckt PARTNER GRUPPE auf einem Stapel, jeder Spieler erhält (je nach Gesamtanzahl) vier bis sieben Karten. An eine aufgedeckte Anfangskarte legen die SuS nun reihum eine passende Karte an. Wer nicht anlegen kann, zieht eine Karte vom Stapel nach. Wer als Erster alle Karten gelegt hat, hat gewonnen. Man kann so Singular / Plural, Gegenteile, Fragen und Antworten u. a. einüben.

Einer muss raus!

GRUPPE

Jede/r S erhält eine Tabelle mit vier Spalten. In jeder Spalte steht ein Wort, zwei davon passen thematisch zusammen. Die vierte Spalte ist mit: „Warum passt das nicht?" überschrieben. Das nicht passende Wort wird eingekreist. Die Begründung für die Auswahl soll in die vierte Spalte eingetragen werden. Es empfiehlt sich, den SuS freie Hand zu lassen, nach welchen Kategorien sie die Wörter gruppieren. Das Suchen und Finden von Kategorien schafft Sprachanregung in der Gruppe. In der „Warum passt das nicht?"-Spalte kann mit ganzen Sätzen oder mit Stichworten gearbeitet werden, je nach Lernstand der SuS. Beispiel: Käse - Marmelade - Salat - „Marmelade ist süß."

! Diese Wortschatzübung kann auf allen Niveaus eingesetzt werden. Damit können ganz verschiedene Begriffe, aber auch Schülernamen und geografische Namen geübt werden.

Elflein

PARTNER GRUPPE

Ein Elflein ist ein kurzes Gedicht mit einer genau festgelegten Form: Es besteht aus elf Wörtern in fünf Zeilen. In der ersten Zeile steht ein Wort, in der zweiten stehen zwei Wörter, in der dritten drei und in der vierten vier Wörter. In der letzten Zeile steht wieder nur ein Wort. Sie geben ein Thema oder das erste Wort vor, SuS „dichten".

Beispiel:

Deutsch
eine Sprache
Ich lerne sie.
Ich schreibe und lese.
Schwierig.

Zu Beginn können auch nur einzelne Wörter genannt werden, es müssen keine Sätze sein. SuS machen sich dabei noch einmal Gedanken über das Wochenthema oder bereiten ein neues Thema damit vor.

Variante: Das Haiku ist eine weitere einfache Gedichtform (Verteilung von 17 Silben auf drei Zeilen), die sich für kreative Sprachspiele eignet.

Farben würfeln

PARTNER GRUPPE

SuS würfeln mit einem Farbwürfel. Würfelt ein S „Rot", fragen die Mitspieler: „Was ist rot?" Der Spieler muss dann einen Gegenstand im Raum suchen, der rot ist, und einen Satz bilden: „Der Kuli ist rot." Dann bekommt er einen Punkt und der nächste Spieler / der Partner ist dran.

Gedächtnisspiele (Kim-Spiele)

PARTNER GRUPPE

Verschiedene Gegenstände oder Bildkarten werden auf den Tisch gelegt. SuS sehen sich diese eine Minute lang an und prägen sich die Begriffe dazu ein. Dann wird ein Tuch über die Gegenstände gelegt. SuS müssen aus dem Gedächtnis so viele Begriffe wie möglich auf einen Zettel schreiben. Nach einer gewissen Zeit wird die Zahl der aufgeschriebenen Wörter verglichen und danach das Tuch weggenommen. Gewinner ist der S mit den meisten richtigen Begriffen.

Variante 1: SuS verlassen den Raum und Sie nehmen drei oder fünf Veränderungen im Raum vor: Fenster öffnen, Stuhl umkippen, ein Wort an die Tafel schreiben, ein Plakat umhängen, ... SuS betreten den Raum, schauen sich um und schreiben die Veränderungen auf einen Zettel.

! Dieses Spiel kann in Verbindung mit dem Lernen von Ortsangaben und Präpositionen eingesetzt werden.

Variante 2: Schreiben Sie etwa zehn Wörter aus dem aktuellen Lernwortschatz an die Tafel. Die SuS dürfen die Wörter eine Minute lang betrachten; danach wischen Sie - für SuS nicht sichtbar - einen der Begriffe weg. SuS versuchen, sich an das gelöschte Wort zu erinnern, und schreiben es auf. So geht es weiter, bis kein Wort mehr an der Tafel steht. Die SuS lesen ihre Listen vor. Sieger ist derjenige mit den meisten richtigen Wörtern.

Glücksblume (ähnlich Galgenmännchen)

PARTNER GRUPPE

Ein S ist Spielleiter und zeichnet eine große Blume auf ein Blatt Papier oder an die Tafel. Der Partner oder die anderen SuS sitzen so, dass sie das Blatt oder die Tafel gut sehen können. Der Spielleiter überlegt sich ein Wort aus dem gelernten Wortschatz. Er zeichnet so viele Striche nebeneinander an die Tafel oder auf das Blatt, wie das Wort Buchstaben hat. Nun geht es los: Ein Spieler nennt einen Buchstaben und fragt dabei: „Hat das Wort ein ___?" Kommt dieser Buchstabe im Wort vor, trägt der Spielleiter ihn an der richtigen Stelle ein und der Spieler darf weiterraten. Kommt der Buchstabe nicht im Wort vor, wird ein Teil der Blume farbig nachgefahren und der nächste S kommt an die Reihe. Der S, der zuerst das Wort erkennt, gewinnt und darf sich ein neues Wort ausdenken.

Ich sehe was, was du nicht siehst, ...

GRUPPE

Ein S sucht sich einen Gegenstand im Klassenzimmer aus und beschreibt ihn. Zu Anfang können das nur Farbangaben sein. Je mehr Adjektive SuS kennen, umso genauer kann der Gegenstand beschrieben werden. Es ist schwieriger, wenn man die allgemeineren Eigenschaften zuerst nennt, z. B. *groß, klein* ... Die anderen SuS müssen den Gegenstand erraten.

Koffer packen (Wortketten)

GRUPPE

SuS bilden einen Stuhlkreis und stellen sich im Kreis vor ihre Stühle. Sie packen nun einen „Koffer" mit verschiedenen Gegenständen. Jeder legt gedanklich etwas hinein. S1 sagt: „Ich packe meinen Koffer und lege einen Apfel hinein." (! Das Spiel übt auch den Akkusativ.) S2 merkt sich das und fügt einen Gegenstand hinzu: „Ich packe meinen Koffer und lege einen Apfel und ein Brot hinein." usw. Wer die Wörter nicht mehr in der richtigen Reihenfolge aufsagen kann, muss sich auf den Stuhl setzen. Gewonnen hat, wer am Ende noch steht.

! Einfacher ist es, wenn man vor Beginn des Spiels Bildkarten oder Gegenstände auf den Boden legt.

Montagsmaler

GRUPPE

Die Klasse teilt sich in zwei Mannschaften auf. Ein S aus Team A bekommt eine Bildkarte oder eine Wortkarte. S beginnt danach, den entsprechenden Gegenstand an die Tafel zu zeichnen. Währenddessen versuchen seine Teammitglieder, den Begriff in einer festgelegten Zeit zu erraten. Gelingt dies nicht, ist der Punkt verloren, Team B zieht eine Bildkarte oder Wortkarte und beginnt das Spiel von vorn. Gewonnen hat das Team mit den meisten Punkten.

Paare finden

PARTNER GRUPPE

Beim Spiel „Paare finden" müssen die Spieler Kartenpaare aufdecken. Hat man ein gleiches Paar gefunden, darf man es behalten und weiterspielen. Hat man kein passendes Paar, kommt der nächste Spieler an die Reihe. Beim „Paare finden" im DaZ-Unterricht sollen SuS einen bestimmten Wortschatz erarbeiten, sich konzentrieren und auch das Einhalten von Regeln üben. Geben Sie einige wenige Regeln vor, die über ein normales Spiel „Paare finden" hinausgehen. SuS sollen zu jedem Bild, das sie aufdecken, das richtige Wort, möglichst mit Artikel, sagen. Je weiter die Lerner fortschreiten, umso strenger werden die Regeln. Bei ★★★-SuS darf das Kartenpaar nur genommen werden, wenn das Wort und der Artikel richtig sind. Absolute Neulinge können auch mitspielen, bekommen das Kartenpaar aber schon beim richtigen Aufdecken.

Varianten: Es gibt Karten zu bestimmten Themen, z. B. zum Thema Deutschland. Dann sind auf den Karten Bilder von Lebkuchen, Gugelhupf, Kuckucksuhr u. a. typisch deutschen Dingen zu sehen. Hier empfiehlt es sich, den Wortschatz vorher zu erarbeiten. Das kann anfangs über Bild-Wort-Kartenpaare geschehen, bevor man dann ohne Wortkarten spielt.

Pantomime

GRUPPE

Man braucht Bild- oder Wort-Karten, die Aktivitäten zeigen. Ein S zieht verdeckt eine Karte und versucht, das Wort darzustellen, ohne zu sprechen. Die anderen raten, um welches Wort es sich handelt.

Reimwörter

GRUPPE

Beginnen Sie schon früh im DaZ-Unterricht damit, Reimwörter zu suchen, z. B. *ein* und *kein*, *sich* und *mich*, *Flasche* und *Tasche*, *blau* und *grau* ... Bilden Sie kleine Sätze, z. B. beim Klingeln: „In die Pause, nicht nach Hause.", „Die Flasche kommt in die Tasche.", „Einmal ist keinmal." ... So wird auch die Aussprache geübt.

Silben klatschen

GRUPPE

Klatschen Sie zweimal in die Hände. SuS müssen ein zweisilbiges Wort suchen, es nennen und dabei klatschen. Wer zuerst ein Wort gefunden hat, darf neu klatschen. Begrenzen Sie die Silbenzahl je nach Lernstand. Wörter mit mehr als acht Silben sind schwierig zu finden.

! Dieses Spiel eignet sich vor allem beim Einüben von Komposita. Die Betonung (Wortakzent, Satzakzent) wird geübt, wenn man die betonte Silbe laut klatscht und die anderen nur leise.

Stadt – Land – Fluss

PARTNER GRUPPE

SuS zeichnen eine Tabelle mit mehreren Spalten auf ein Blatt Papier. Jede Spalte entspricht einer Kategorie. Zum Beispiel: *Stadt, Land, Fluss, Name, Tier, Obst* und *Gemüse*. Nun müssen sie Wörter finden, die zu den Kategorien passen und mit dem gleichen Buchstaben anfangen. Zum Beispiel: *Paris, Portugal, Po, Petra, Panda, Pfirsich*. Diese Wörter tragen sie in die Tabelle ein. Die SuS haben für jede Runde zwei Minuten Zeit. Wer die meisten richtigen Wörter hat, gewinnt.

! Man kann auch mit Substantiv / Verb / Adjektiv o. Ä. spielen.

Staffelspiel

GRUPPE

Die Klasse teilt sich in zwei Gruppen. Jede Gruppe stellt sich in einer Reihe hintereinander auf. Beide erhalten einen Kartenstapel mit denselben Wörtern, die verdeckt am Beginn der Reihe liegen. Als Staffelstab dient je ein Stück Kreide. Die SuS mit der Kreide decken die erste Karte auf, prägen sich das Wort ein, laufen zur Tafel und schreiben das Wort an die Tafel. Dann laufen sie zurück und übergeben die Kreide an das nächste Gruppenmitglied. Pro richtig geschriebenem Wort gibt es einen Punkt. Steht es unentschieden, entscheidet die Zeit.

! Korrigieren Sie die Wörter erst, wenn die Gruppen fertig sind, dann haben die SuS die Möglichkeit, ihre Fehler selbst zu verbessern.

Wer findet die meisten Wörter?

GRUPPE

SuS suchen zu einem Buchstaben des Alphabets Wörter. Sieger ist, wer in einer bestimmten Zeit die meisten Wörter gefunden hat. Man kann die Wörter auf Wortarten einschränken, also nur Nomen oder nur Adjektive suchen lassen.

Varianten: Wer hat Wörter gefunden, die sonst niemand hat? Wer findet Wörter mit einem bestimmten Laut? (langer Vokal, Ich-Laut, ...)

! Dieses Spiel kann als Vorbereitung zu Stadt – Land – Fluss dienen.

Wörter und Sätze verpuzzeln

GRUPPE

SuS schreiben die Buchstaben bekannter Wörter kreuz und quer verteilt auf ein Blatt. Alle Blätter werden gesammelt und gemischt. Dann wird die Klasse in zwei Gruppen eingeteilt. Ist die Schülerzahl ungerade, macht ein S den Spielleiter. Dieser zeigt die Hälfte der Blätter Gruppe 1. Sobald ein Wort richtig erraten ist, kommt das nächste Blatt. Stoppen Sie die Zeit. Dann ist Gruppe 2 dran. Welche Gruppe war schneller?

Variante 1: SuS verpuzzeln die Buchstaben ihres Namens und gestalten das Bild mit Farben. Anschließend hängen sie die Blätter im Flur auf. SuS anderer Klassen können die Namen erraten. Das schafft Kontakte.

Variante 2: Analog zu Wörtern kann man auch Sätze verpuzzeln. Einfache **Variante:** Satzanfang großschreiben.

Wochentage und Monate üben

GRUPPE

SuS stehen im Kreis. Der erste S sagt „Montag", der nächste „Dienstag" usw. Wer „Sonntag" sagt, darf den Kreis verlassen. SuS spielen weiter, bis ein S übrig bleibt. Ebenso mit den Monaten von Januar bis Dezember spielen.

Variante: Wochentage, Monate oder andere Begriffe in umgekehrter Reihenfolge nennen, z. B. auch mit Zahlen von 1 bis 10 oder nur Zehnerzahlen von 10 bis 100.

Wortketten bilden

GRUPPE

Sie geben ein Wort vor. Das folgende Wort muss mit dem letzten Buchstaben des vorangehenden Wortes beginnen: *Schule – Elefant – Tomate – eins – ...* jedes Wort darf nur einmal vorkommen. Wer hat die längste Kette?

Grammatik: Lernen – Üben – Wiederholen

Adjektive einüben

GRUPPE

SuS stehen im Kreis. Der erste S nimmt einen Gegenstand (z. B. einen Apfel) in die Hand. S2 fragt ihn: „Was ist das?" S1 antwortet: „Das ist ein Apfel." Dann ergänzt er: „Das ist ein schöner Apfel." Dabei strahlt er und vermittelt eine positive Emotion. S2 nimmt den Apfel und gibt ihn an S3 weiter, nachdem dieser wie S2 gefragt hat. Dabei muss er ein weiteres Adjektiv hinzufügen und begeistert sprechen: „Das ist ein schöner, roter Apfel." Findet ein S kein weiteres positives Adjektiv, kann er die Sache umkehren: „Nein, das ist kein … Das ist ein hässlicher Apfel." Dabei zeigt er Abscheu vor dem Apfel. Die nachfolgenden SuS müssen nun negative Adjektive finden und dies auch mit Emotionen darstellen.

Flaschen drehen

GRUPPE

Beim Flaschendrehen können verschiedene Dinge geübt werden: Einzahl / Mehrzahl, Infinitiv / Partizip Perfekt, Nebensätze ergänzen, unregelmäßige Verbformen (Infinitiv / du-Form) u. a. Beispiel: S1 dreht die Flasche und nennt ein Nomen mit Artikel. S2, bei dem die Flasche stehenbleibt, nennt die Pluralform. Kann er sie nicht nennen, muss er ein Pfand abgeben.

Als Pfand eignen sich die Schulmaterialien der SuS. Haben sich maximal zehn Pfandgegenstände angesammelt, dürfen SuS die Pfänder auslösen. Dafür muss ausreichend Zeit eingeplant werden. Der Spielleiter nimmt versteckt ein Pfand in die Hand und fragt: „Was muss der Schüler tun, dem das Pfand gehört?" SuS besprechen sich und einigen sich auf eine Aufgabe. Die Aufgabe muss gut erfüllbar sein und darf S nicht lächerlich machen. Es empfiehlt sich am Anfang, einige Aufgaben vorzugeben:

- ein Lied singen (auch in der Muttersprache)
- einen Zungenbrecher aufsagen
- ein Verb konjugieren
- 10 Wörter mit A nennen
- auf einem Bein um das Klassenzimmer hüpfen
- einen kleinen Text vorlesen

! Man kann die Aufgaben auch vor dem Spiel auf Kärtchen schreiben und diese dann verdeckt auf einen Stapel legen. Der jeweilige S zieht sich dann eine Aufgabe. So vermeidet man, dass Sympathien und Antipathien bei der Aufgabenwahl eine Rolle spielen.

Fragen würfeln

PARTNER
GRUPPE

Beschriften Sie einen Würfel mit Fragewörtern. Bei Sprachanfängern können das auch nur zwei Fragewörter wie „Was?" und „Wer?" sein. Dann zeigt der Würfel dreimal „Was?" und dreimal „Wer?". Als Hilfe können Sie SuS ein Bild aus dem SB geben, wie z. B. Lektion 1A – Im Klassenzimmer (SB 1, Seite 14). SuS würfeln, fragen dann: „Wer ist das?" oder „Was ist das?" und zeigen dabei. Im Verlauf des Schuljahres kommen immer mehr Fragewörter dazu: „Woher?" nach L1; „Welcher? Welche? Welches?", „Wann?" nach L3; „Wo?" nach L6 usw. SuS erhalten Bilder oder Texte, zu denen Fragen gesucht werden, oder fragen frei.

Klassisches Puzzle

PARTNER
GRUPPE

Schreiben Sie einen Text auf ein Blatt und zerschneiden Sie das Blatt in beliebig viele Puzzleteile. SuS legen den Text wieder zusammen. Zur Selbstkontrolle kann man auf der Rückseite des Blattes ein Bild aufkleben oder aufdrucken. Der Text kann auch von SuS erstellt werden.

„Onkel Fritz sitzt in der Badewanne"

GRUPPE

Dieses Sprachspiel kann in verschiedenen Schwierigkeitsstufen gespielt werden. Jeder S erhält ein Blatt Papier. Bei Sprachanfängern teilt man das Blatt durch Falten in Längsrichtung in drei Spalten. In die erste Spalte schreibt jeder S eine Person. Dann knickt er das Blatt, sodass man den Begriff nicht mehr sehen kann, und gibt das Blatt dem nächsten S weiter. Dieser schreibt nun ein Verb in der dritten Person Singular in die zweite Spalte, verdeckt das Verb durch erneutes Knicken und gibt an den nächsten S weiter. Dieser schreibt einen Ort auf. Jetzt kann man das Blatt auffalten und den Satz lesen. Das gibt lustige Sätze wie z. B.: *Oma duscht im Schulhof.* (oder *Onkel Fritz sitzt in der Badewanne).* Bei fortgeschrittenen Lernern kann man das Satzmuster erweitern, z. B. mit einer Zeitangabe, einer Modalangabe u. a.: *Oma duscht fröhlich am Abend im Schulhof.*

Ortsangaben mit Dativ und Akkusativ

GRUPPE Schreiben Sie Ortsangaben / Personen auf große Karten. SuS ziehen je eine Karte und setzen sich in einen größeren Stuhlkreis. Es ist ein Stuhl weniger als SuS. Alle SuS halten ihre Karten in die Höhe. Ein S steht in der Mitte und sagt z. B.: „Ich reise / fahre vom Wald in die Stadt." Die entsprechenden SuS müssen die Plätze tauschen. Der stehende S versucht, einen freien Platz zu ergattern. Wer keinen Platz mehr hat, bildet den nächsten Satz.

Sätze bilden

GRUPPE Teilen Sie die Klasse in zwei, drei oder vier Gruppen. Ziehen Sie im Abstand von ca. einem Meter eine Linie mit Kreide vor der Tafel. Jede Gruppe erhält einen Tafelteil. Alle müssen hinter der Linie bleiben. Der erste Spieler jeder Gruppe tritt dann vor und schreibt ein Wort als Satzanfang in sein Feld an der Tafel. Der zweite Spieler ergänzt mit einem weiteren Wort usw. Am Ende werden die Wörter gezählt. Die Gruppe mit dem längsten Satz gewinnt. Hier kann man differenzieren: Bei fortgeschrittenen Lerngruppen müssen die Wörter in Kasus, Genus und Orthografie richtig sein. Wenn man mit Nebensätzen arbeitet, muss auch die Interpunktion stimmen.

Varianten: Man kann mit diesem Spiel auch Wortschatz üben, indem man ein bestimmtes Thema wie z. B. Kleidungsstücke vorgibt. Gewonnen hat die Gruppe mit den meisten richtigen Begriffen. Man kann so auch die Verbkonjugation üben, dann darf jede Gruppe aber maximal sechs Spieler haben (oder acht, wenn man dreimal die dritte Person mit *er, sie, es* nimmt).

Satzmuster einüben

PARTNER GRUPPE Zwei SuS stehen sich gegenüber. Sie bekommen einen Satz mit einer ungeraden Anzahl Wörter. Dann sagen sie den Satz auf, indem immer einer nur ein Wort davon ausspricht. Ist der Satz fertig, beginnt man wieder von vorne. Da die Anzahl der Wörter ungerade ist, sind SuS immer wieder mit anderen Wörtern an der Reihe.

Variante: Das Spiel kann auch zu dritt gespielt werden, dann muss die Wortanzahl gerade sein.

Wortarten üben

GRUPPE Erstellen Sie Wortkarten mit Verben, Nomen und Adjektiven oder lassen Sie sie von SuS anfertigen. Von jeder Wortart müssen es gleich viele Karten sein. Verteilen Sie die Wortkarten vermischt am Boden mit dem Begriff nach unten. Teilen Sie dann die Klasse in drei Gruppen ein. Jede Gruppe ist für eine bestimmte Wortart zuständig. SuS gehen im Zimmer umher und drehen die am Boden liegenden Karten um. Wenn sie eine zur Gruppe passende Wortart gefunden haben, bringen sie diese zu einem Sammelplatz der Gruppe. Gewonnen hat die Gruppe mit den meisten richtigen Wortkarten.

! Bei Sprachanfängern bekommt die schwächste Gruppe den Auftrag für die Nomen, weil sie an der Großschreibung leicht zu erkennen sind, bei fortgeschrittenen Lernern schreiben Sie alles in Großbuchstaben.

Schreiben: Lernen und Üben

Teilbereich Wörter schreiben

Schwierigkeiten sind hier Doppelkonsonanten wie ***ss, mm***, …, typisch deutsche Laute und Lautverbindungen wie ***eu, au, st, ch, ck***, …, Umlaute, Groß- und Kleinschreibung.

Übungsideen: Lückenwörter, Blümchenspiel, buchstabieren, Wörterdiktate, Scrabble, Übungen mit Wort- und Bildkarten, Silbenschreibweise, Formulare ausfüllen

Teilbereich Sätze schreiben

Schwierigkeiten sind hier neben den oben beschriebenen auch die Positionen im Satz und die Satzzeichen.

Übungsideen: Lückentexte; Texte mit kleinen Bildern, die ersetzt werden müssen; analoge Sätze zu vorgegebenen Sätzen erstellen, Satzteile ersetzen; Spiele zum Satzbau (s. o.)

Teilbereich eigene Texte erstellen
Schwierigkeiten sind hier neben den oben beschriebenen auch Inhalt, Stil (Bindewörter, Satzanfänge, …) sowie Zeiten und Zeitenfolge.
Übungsideen: Leitfragen, Ideen sammeln, Satzanfänge vorgeben, Nebensatzgefüge vorgeben, Themen aus der Lebenswelt der SuS, z. B. Ich und meine Familie, Schule in Deutschland / in meinem Heimatland

Kennenlernspiele / Gruppendynamik

Für alle SuS bedeutet eine neue Schule und Klasse eine schwierige Situation. Sie fühlen sich unsicher. Ein wichtiges Ziel ist es, diesen SuS wieder „Heimat" zu geben. Es ist wichtig, die Klassengemeinschaft zu stärken und den SuS einen stabilen Ort in der noch fremden Umgebung anzubieten. Auch wenn neue SuS in die bestehende Klasse kommen, sollten Willkommensrituale entwickelt werden. Kennenlernspiele können Teil dieser Rituale sein.

Ballspiel
Dieses Konzentrationsspiel kann man zum **Namenlernen** aber auch zum **Wortschatzüben** einsetzen. Zum Namenlernen werfen Sie S1 einen Ball zu und sagen seinen Namen. S1 wirft zu S2 und nennt dessen Namen usw. Zu Beginn halten alle die linke Hand (Linkshänder die rechte) hoch. Wer dran war, senkt seine Hand, so kann man sehen, wer noch nicht im Spiel war. Der letzte S wirft den Ball zu Ihnen zurück. Dann geht es in der gleichen Reihenfolge von vorne los. SuS müssen sich also merken, von wem der Ball kam und an wen sie ihn weitergeworfen haben. Messen Sie dabei die Zeit. Die Durchgänge sollen immer schneller werden. GRUPPE
Variante: Das kann man auch mit verschiedenen Themen spielen, z. B. mit Obst: Ein S sagt „Apfel", der nächste „Orange" usw. Bei sehr guten SuS kann man nach einiger Übung auch zwei Bälle gegenläufig zu zwei Themen werfen lassen.
Weitere Varianten: ganz laut sprechen, ganz leise sprechen, Bewegungen übertreiben, nur Bewegungen ohne Text, …

Hänschen piep einmal
S1 werden die Augen verbunden. Er sagt: „Hänschen piep einmal." S2 piepst mit verstellter Stimme. S1 muss erraten, wer das ist, und dabei auch den richtigen Namen nennen. Hat er richtig geraten, nimmt S2 seinen Platz ein und bekommt die Augen verbunden. GRUPPE

Mein Name / meine Bewegung
Stellen Sie sich mit SuS in einen Kreis. Sagen Sie: „Ich heiße …" und machen Sie eine Bewegung dazu, z. B. sich verbeugen, mit dem Fuß stampfen. Alle wiederholen: „Sie / Er heißt …" und wiederholen die dazugehörige Bewegung. Der nächste S sagt: „Ich heiße …" und macht eine andere Bewegung. Alle wiederholen: „Er / Sie heißt …" und machen die Bewegung nach usw. GRUPPE

Mein linker, linker Platz ist leer, …
SuS sitzen im Stuhlkreis. Es gibt einen Stuhl mehr als SuS. Der S rechts neben dem freien Platz sagt: „Mein linker, linker Platz ist leer, ich wünsche mir den / die … her." Dabei nennt er den Namen eines Mitschülers. Wer schon einmal den Platz gewechselt hat, bekommt einen Klebepunkt auf die Stirn und darf nicht mehr aufgerufen werden. GRUPPE

Stuhlwechselspiel
SuS bilden einen Stuhlkreis. Es muss ein Stuhl weniger sein, als es Spieler gibt. Ein S steht in der Mitte des Kreises und gibt vor, wer die Plätze tauschen soll. Während die angesprochenen SuS die Plätze tauschen, versucht S, sich auf einen freien Stuhl zu setzen. Der S in der Mitte kann Namen, mit zunehmenden Grammatikkenntnissen auch Gegenstände oder Merkmale nennen. Zum Beispiel: „Ali und Susan tauschen die Plätze." oder „Banane und Ananas tauschen die Plätze." oder „Alle, die einen Pullover anhaben, tauschen die Plätze." Für die Begriffe können auch Bildkarten benutzt werden. GRUPPE

Rhythmisierung der Woche / Aussprache

Reim der Woche

GRUPPE

Jede Woche lernen SuS einen neuen Reim. Beginnen Sie mit rhythmisch gesprochenen einfachen Kinderreimen, wie z.B.: Ene mene Miste, es rappelt in der Kiste, … Sus machen Gesten, z. B. bei jedem betonten Wort auf jemanden zeigen. Auch hier können Abzählreime in anderen Sprachen den Unterricht bereichern.

Sprichwort / Redensart der Woche

GRUPPE

Sind SuS im Spracherwerb schon etwas fortgeschritten, bietet es sich auch an, deutsche Sprichwörter und Redensarten in den Unterricht mit einzubeziehen. Das sollte themengebunden erfolgen: „Ein voller Bauch studiert nicht gern." passt zum Thema Ernährung; „Was man nicht im Kopf hat, hat man in den Beinen.", würde beim Verb *vergessen* passen. SuS sprechen das Sprichtwort nach und klatschen auf die betonten Silben. Dann können sie variieren: „Ein voller Bauch macht nicht gern Hausaufgaben / Sport / …" Lassen Sie SuS Bilder dazu malen.

Ebenso: Wortschatz der Woche, Grammatik der Woche, …

Zungenbrecher der Woche

GRUPPE

Stellen Sie SuS jede Woche einen neuen Zungenbrecher vor. SuS lernen ihn und versuchen, ihn möglichst schnell hintereinander aufzusagen. Wer den Zungenbrecher am häufigsten fehlerfrei aufsagen kann, hat gewonnen. Die Zungenbrecher können dem aktuellen Thema angepasst sein. Zum Beispiel bei Farben: „Blaukraut bleibt Blaukraut und Brautkleid bleibt Brautkleid." Oder bei Ortspräpositionen: „In Ulm und um Ulm und um Ulm herum."

! SuS können Zungenbrecher in ihrer Erstsprache vortragen. Die anderen SuS und Sie versuchen, diese zu lernen.

Handelsübliche Spiele, Schwerpunkt Konzentration und Kommunikation

Viele einfache Spiele, z. B. „Mensch ärgere dich nicht", eignen sich, um Spielregeln zu verstehen. Schreiben Sie gemeinsam Regeln und Spielablauf auf. Zerschneiden Sie den Text und lassen Sie ihn von SuS neu zusammensetzen (Puzzletechnik).

Mau-Mau

GRUPPE

Geben Sie SuS Sprechwerkzeuge an die Hand: „Du musst aussetzen.", „Du musst zwei nehmen.", „Das geht nicht. Du hast falsch abgelegt." Lassen Sie außerdem bei jeder Kartenablage die Karte benennen: „Kreuz sieben." …

Mikado

GRUPPE

Beim Mikado-Spiel müssen sich SuS stark konzentrieren. Es bietet sich an, um Ruhe in den Unterricht zu bringen. Gleichzeitig werden beim Punktezählen Zahlen geübt. Um die Punktezahl der Stäbchen herauszubekommen, geben Sie SuS die Spielanleitung. Auch ohne den ganzen Kontext zu verstehen, können die Werte herausgelesen werden.

Scrabble

PARTNER
GRUPPE

Dieses Siel eignet sich nur für fortgeschrittene Lerner. Geben Sie SuS ein Wörterbuch wie den Duden dazu. Sie sollen darin aber keine Wörter suchen, sondern überprüfen, ob die gesetzten Wörter der Mitspieler richtig sind. Was nicht im Wörterbuch steht, gilt nicht.

Uno

GRUPPE

SuS sprechen beim Spielen die Zahlen und Farben laut aus. Nur bei richtiger Nennung ist die Kartenablage gültig. Bei fortgeschrittenen Lerngruppen kann man auch den Imperativ mit den Sonderkarten üben: „Ändere die Richtung!", Wechsle die Farbe!", „Nimm zwei Karten!"…

Bildnachweis:

DGE-Ernährungskreis®, Copyright: Deutsche Gesellschaft für Ernährung e. V., Bonn **66.1**; Fotolia, New York: **22.19** (fotodesign-jegg.de); **24.11** (BillionPhotos.com); iStockphoto, Calgary, Alberta: **22.20** (Luis Alvarez); **103.3** (ogergo); Klett-Langenscheidt Archiv, München: **57.2**; Shutterstock, New York: **22.17** (Africa Studio); **24.9** (Josef Hanus); **24.19** (photka); **58.1** (tantai pornchanthong); **103.1** (Samuel Borges Photography); **103.4** (Photographee.eu) **59.1, 59.3, 59.4, 59.6** (sunt); **59.2** (sunt); **68.1** (iktoriya89); **68.2** (jassada watt); **68.14** (emuck); **68.15** (rdnzl); **86.1, 86.2, 86.3** (Alexandra Karamyshev); **86.4, 86.5** (Alexandra Karamyshev); **L04** KV D7.1 (DigiClack); Thinkstock, München: **L10** (AlexRaths); **L04.1** (Plush Studios/Bill Reitzel); **86.9** (Ljupco); **22.10, 22.18** (Hemera Technologies); **24.8** (airdone); **89.6** (shironosov); **22.6** (Ryan McVay); **22.9, 22.14, 24.2, 68.6** (Wavebreakmedia Ltd); **68.11** (recose); **22.13** (darkbird77); **24.5** (Zoonar RF); **68.1** (EdnaM); **89.7** (DusanManic); **22.2** (Jiradelta); **22.3** (Devonyu); **22.4** (AlexKalina); **22.7, 24.6** (3D_generator); **22.15, 22.16** (GooDween123); **24.1** (talipcubukcu); **24.3, 60.1** (Monsterstock1); **24.10** (Creatas Images); **24.12** (ImageDB); **24.13** (PauDIDesigns); **24.14** (Ingvar Bj÷rk); **24.15** (binbeter); **24.16** (JÃn Helgason); **24.17** (Simon Krzic); **24.18** (Zedcor Wholly Owned); **29.1** (Kenshi991); **30.1, 40.5** (opico); **30.2, 40.6** (Phongsiri); **30.7, 40.1, 40.2, 40.7** (SurfUpVector); **32.1** (Christopher Futcher); **35.1** (kot2626); **40.3** (-Panya-); **40.4** (Alexander Gatsenko); **46.1** (Caroline Schiff); **54.1** (jurisam); **57.1** (slalomp); **59.5** (Helmut-Seisenberger); **68.3** (karandaev); **68.4** (hayaletsek); **68.5, 68.10** (anna1311); **68.7** (MariuszBlach); **68.8** (Buriy); **68.9** (Noraluca013); **68.12** (rimglow); **68.13** (Osipovfoto); **68.14** (dianazh); **69.1** (unalozmen); **71.1, 84.1** (Sandra Van der steen); **71.2** (Ecelop); **71.3** (mucella); **74.1** (Murika); **80.1** (Baz777); **86.6** (Fotosmurf03); **86.7** (crokogen); **89.3** (IPGGutenbergUKLtd); **89.4** (fotokostic); **102.2** (Professor25); **L02.35**

Alle anderen Bilder: Gunther Pagel, Viernheim.